2013年度教育部人文社会科学研究青年基金项目"中国对东盟直接投资的质量评价及优化对策研究"（项目批准号：13YJC90083）资助

中国对东盟直接投资的质量评价及优化对策研究

李 轩/著

中国财经出版传媒集团

经济科学出版社
Economic Science Press

图书在版编目（CIP）数据

中国对东盟直接投资的质量评价及优化对策研究/李轩著.
—北京：经济科学出版社，2016.9
ISBN 978 - 7 - 5141 - 7305 - 5

Ⅰ.①中… Ⅱ.①李… Ⅲ.①对外投资 - 直接投资 -
研究 - 中国②外商投资 - 直接投资 - 研究 - 东南亚国家
联盟 Ⅳ.①F832.6②F833.304.8

中国版本图书馆 CIP 数据核字（2016）第 234029 号

责任编辑：杜　鹏
责任校对：靳玉环
版式设计：齐　杰
责任印制：邱　天

中国对东盟直接投资的质量评价及优化对策研究

李　轩/著

经济科学出版社出版、发行　新华书店经销
社址：北京市海淀区阜成路甲 28 号　邮编：100142
总编部电话：010 - 88191217　发行部电话：010 - 88191522
网址：www. esp. com. cn
电子邮件：esp@ esp. com. cn
天猫网店：经济科学出版社旗舰店
网址：http: // jjkxcbs. tmall. com
北京汉德鼎印刷有限公司印刷
三河市华玉装订厂装订
710 × 1000　16 开　14.5 印张　260000 字
2016 年 10 月第 1 版　2016 年 10 月第 1 次印刷
ISBN 978 - 7 - 5141 - 7305 - 5　定价：49.00 元

目　　录

绪　　论

一、研究的目的和价值

（一）研究目的

提高、优化中国对东盟直接投资的质量，积极发挥中国对东盟直接投资对母国经济的拉动、产业结构的优化、技术进步的促进、就业的增长、环境的改善等方面的作用，减少投资保护主义摩擦、促进中国—东盟自由贸易区内投资、贸易、经济、生态的和谐发展。

（二）研究价值

目前，学术界对外商直接投资的研究大多集中在"引进来"的质量、效应上，对"走出去"的质量、效应的研究关注较少，缺乏开创性、系统性的研究。本书主要研究中国对东盟直接投资的质量并进行评价，分析质量存在问题的原因，并提出优化投资质量的对策。

本书从宏观等方面系统地研究中国对东盟直接投资对母国的经济、就业、产业结构、出口、环境等方面的影响效应；从微观方面研究中国企业在东盟直接投资的经营绩效，进而综合评价中国对东盟直接投资的质量，分析中国对东盟直接投资质量欠佳的原因，提出优化中国对东盟直接投资的策略。理论上，系统研究中国对东盟直接投资的质量问题是对学术界"走出去"效应理论、质量理论研究的开拓；实践上，为中国政府制定"走出去"战略下的具体政策提供咨询帮助，对已开展或拟开展跨国投资的中国企业而言，有利于这些企业提高在东盟直接投资质量，趋利避害，从而起到拉动母国和东道国的经济增长、改善生态环境、协调社会关系等方面的作用。

二、研究的思路和方法

（一）研究的思路

在研究中国对东盟直接投资的状况，中国对东盟直接投资的经贸历史，中国对东盟直接投资的总体投资环境和国别环境，分析中国对东盟直接投资的决定影响机制等方面基础之上，本书着重就中国对东盟直接投资的质量进行评价，分析中国对东盟直接投资质量存在的问题、原因，提出优化中国对东盟直接投资质量的对策。

中国对东盟直接投资的质量评价从两个方面展开：一是从宏观上分析中国对东盟直接投资对母国经济、生态、社会等方面的影响效应；二是微观上评价中国对东盟直接投资企业的微观经营绩效，在质量评价方面以宏观层面评价为主。

判断中国对东盟直接投资对母国宏观经济、社会、环境影响的主要评价标准为：第一，中国对东盟直接投资对母国产业结构的影响，是否起到了优化作用；第二，中国对东盟直接投资对母国技术吸收、提高的影响；第三，中国对东盟直接投资对母国的出口、进口贸易的影响，是替代关系还是促进关系；第四，中国对东盟直接投资对母国的就业及就业结构的影响，是否促进了母国的就业，是否改善了母国就业结构；第五，中国对东盟直接投资对母国生态环境的影响。在分析对东盟直接投资中国企业的微观经营绩效时，除了采用传统的财务绩效指标外，还引用衡量企业发展的非财务绩效指标来综合评价投资企业的微观经营绩效。

对中国在东盟直接投资的质量作出评价后，分析其投资质量存在的主要问题及原因，提出优化中国对东盟直接投资质量的对策。

（二）研究方法

主要采用理论和实证相结合的方法，定性分析和定量分析相结合的分析方法。国内外有关对外直接投资决定理论、经济效应理论、区位选择理论等理论为本书研究提供了理论上的支持，本书在理论研究方面，以上述对外直接投资理论为基础，并加以拓展和深化；在实证研究方面，本书结合中国对东盟直接投资企业的实际情况，运用计量模型、数理分析等方法具体评价中国对东盟直接投资的质量。

三、研究的基本内容

（一）中国对东盟直接投资基本状况研究

本书就中国对东盟直接投资的基本情况、双边的经贸往来历史、中国对东盟直接投资所具有的比较优势、所面对的投资环境、所面临的风险及投资保护主义等方面进行具体研究

2008 年以后，受美国金融危机、欧洲债务危机的影响，世界经济开始呈现低迷态势，一些国家（地区）贸易、投资保护主义抬头，中国对外直接投资面临着巨大的挑战，综观全球经济形势，我们发现中国与东盟间的直接投资未受低迷的世界经济形势的影响，相互间投资合作势头迅猛，目前，东盟已成为中国企业对外投资的第一大市场。

中国对东盟直接投资具有地缘、文化、风俗习惯、制度相近的比较优势，与发达投资体相比，中国所具有的与别国完全不同的、不断变化的制度环境使中国投资企业更具有相对的比较优势，能较快地适应东道国正在建设的、不完善的制度。此外，中国—东盟自由贸易区的建设成功以及双边互补的经贸关系都构成了中国对东盟直接投资的相对比较优势。

但是，我们应当看到，中国对东盟直接投资也存在着现实的或潜在的投资风险，如政治风险、战争风险、经济波动风险等，同时受全球经济低迷的影响，东盟也存在不同程度的投资保护主义。本书分析了各种潜在的投资风险和保护主义，趋利避害，为中国对东盟直接投资的顺利开展铺平道路。

（二）中国对东盟直接投资的决定及影响机制研究

1. 中国—东盟自由贸易区建设对中国对东盟直接投资的影响效分析。本书尝试利用单边引力模型，实证分析中国—东盟自由贸易区对中国对东盟国家直接投资的总体影响效应、创造效应、转移效应，兼论贸易和直接投资的关系。（1）总体效应：中国—东盟自由贸易区的全面建成从总体上扩大了中国对东盟地区的直接投资额。（2）转移效应：中国—东盟自由贸易区的建立在增加区域内成员的投资创造效应的同时，也产生了巨大的投资转移效应，中国原本在非成员间的投资项目，由于区域一体化协议的签订，而转向成员进行投

资，产生了巨大的投资转移效应。（3）个体效应：更具体地来看，同是中国—东盟自由贸易区的成员，由于各国经济发展水平、对外开放程度等方面存在差异，因此，在吸引中国 FDI 方面的力度也不同，因此，中国对外直接投资在成员之间也存在着转移效应。但应当注意的是，即使区域内整体吸引的投资增加，也并不表明在各成员之间平衡分配，只有那些拥有强大区位优势的东道国才会吸引更多的投资。

2. 中国对东盟直接投资区位选择动因分析。中国对东盟直接投资是有不同投资动因的，如市场寻求型、资源寻求型、技术寻求型、战略市场寻求型等，本书通过实证方法，分析中国对东盟直接投资选址的动因。本书根据东盟各国经济发展水平划分经济发达体和经济发展体两种类型国家，具体分析中国对这些国家直接投资选址的影响因素。

通过研究发现，中国跨国企业在东盟各个国家的直接投资动因是不同的。向发达国家进行直接投资更多是为了获取技术、管理、信息等战略资产；向发展中国家进行直接投资更多是为了寻求资源和市场。另外，中国跨国企业在东盟各国进行直接投资除了受传统经济因素制约，还受到东道国制度因素的影响。

3. 中国对东盟直接投资的政治经济学原因分析。政治与经济是密切相关的，本书尝试探寻中国对东盟直接投资的政治经济学原因。中国与东盟的投资合作也是出于双方国家的政治考量。中国与东盟的经济合作可以稳定中国的周边局势，为中国经济发展提供一个稳定的周边环境。中国与东盟的长期经济合作也有利于提升东盟的政治经济自主地位。各国各种政治利益交织，共同决定和影响中国对东盟的直接投资。

（三）中国对东盟直接投资质量评价体系的设计

1. 要明确对外直接投资质量评价的概念。对外直接投资的质量评价不仅评价对外直接投资对母国经济的贡献，还要评价对外直接投资对母国技术、社会、环境等方面的贡献。

2. 设计中国对东盟直接投资质量评价的原则。在对东盟直接投资质量进行评价时，要坚持全面性与综合性相结合、短期与长期评价相结合、整体与个体相结合评价等基本原则。

3. 从宏观和微观角度设计中国对东盟直接投资质量评价的指标体系。

在宏观层面的研究上，利用中国对东盟直接投资对经济增长的影响来衡量直接投资对经济增长贡献率；利用中国对东盟直接投资对对外贸易的影响来衡量直接投资对对外贸易的贡献率；利用中国对东盟直接投资对技术进步的影响来衡量直接投资对全要素生产率的贡献率；利用中国对东盟直接投资对产业机构的影响来衡量直接投资对产业结构优化的贡献率；利用中国对东盟直接投资对就业的影响来衡量直接投资对就业的贡献率；利用中国对东盟直接投资对生态的影响来衡量直接投资对生态环境的贡献率。

在微观层面的研究上，设计考察跨国企业对东盟直接投资的微观绩效指标。如境外企业资产运营效率指标、境外企业资产质量指标、境外企业偿债能力指标、境外企业发展能力指标、内部流程指标、境外企业学习与成长指标、社会贡献指标等，利用上述财务和非财务绩效指标结合中国企业对东盟直接投资的实践来具体分析中国企业对东盟投资的微观绩效效果。

（四）中国对东盟直接投资质量的综合评价研究

1. 中国对东盟直接投资对母国产业结构优化的影响。本书拟采用实证分析方法研究近年来中国对东盟直接投资对母国产业结构优化、升级的影响效应。已有文献大多数分析外国直接投资与东道国产业结构的关系，很少分析对外直接投资与母国产业结构的关系。本书拟利用产业结构优化指标和中国对东盟投资主要产业部门的投资数据进行实证分析。从目前状况看，中国对东盟的直接投资还主要集中于商务服务业、电力、煤气、批发和零售业，对制造业的投资份额相对不占主导地位，对制造业投资的技术含量不高，为了优化产业结构，应对目前中国劳动力成本日益上升的问题，还应相对加大投资制造业的份额。

2. 中国对东盟直接投资对母国的反向技术溢出效应。目前国内的研究主要集中于对外直接投资对东道国的技术溢出效应，关于对外直接投资对母国技术溢出效应的研究较少。本书针对东道国以发展中国家为主的特点，采用全要素生产率等指标实证分析我国对东盟直接投资对母国国内技术溢出的影响效应，分析影响反向技术溢出的各种因素，诸如母国的人力资本情况、经济开放度、金融水平、投资的国家、投资产业的技术含量高低等，建议中国对东盟直接投资应多提高技术含量，多向技术发达的产业、部门投资。

3. 中国对东盟直接投资对母国就业、对外贸易等方面的影响。

（1）中国对东盟直接投资对母国就业的影响。对外直接投资对母国就业的相关实证研究结果是复杂的，有的研究表明对外直接投资对母国国内就业具有创造效应，有的研究表明对外直接投资对母国国内就业产生替代效应。本书实证研究中国对东盟的直接投资对母国就业的影响净效应（替代效应和创造效应的综合）。

（2）对外直接投资对母国出口的影响。中国对东盟的直接投资对国内出口的影响是复杂的，既有替代效应，又有促进效应，在当今经济低迷、贸易保护主义抬头的国际发展形势下，要积极发挥中国对东盟直接投资对母国出口的拉动效应，例如，中国在香港地区的直接投资主要动机是通过香港地区的投资平台来积极寻找和扩大本国产品的海外市场，这种投资方式能够带动母国的出口。

4. 中国对东盟直接投资对母国生态环境的影响。中国对东盟直接投资对母国生态环境的改善是否有裨益呢？中国对东盟的直接投资是否满足了学术界著名的"污染天堂"假设？将国内某些污染密集型产业转移到一些发展中国家，改善了国内环境？还是为了增强对外直接投资的竞争能力，努力提高环保技术，同时也改善了母国的环境？本书拟采用实证方法检验现实情况，提倡采用通过改进环保技术、增强竞争实力来间接改善母国生态环境的对外直接投资方式。

5. 中国对东盟直接投资企业的微观经营绩效研究。结合中国对东盟直接投资的跨国企业的实际生产经营状况，分析评价跨国企业在东盟直接投资的经营绩效。目前，中国在东盟直接投资的跨国企业，从整体上来看，投资存续时间较短，主要投资传统产业，中国企业的竞争力无法与世界一些知名的跨国企业相比。中国跨国企业的经营利润率较低，企业自我发展能力较低，很多企业在东道国未能承担一些力所能及的社会责任与东道国的矛盾较多，企业规避和应对投资风险的能力较弱，投资的微观绩效效果有待改善。

（五）中国对东盟直接投资质量存在的问题及优化对策研究

中国对东盟直接投资质量存在的问题主要集中于：第一，中国对东盟直接投资对母国产业结构的改善、优化效果不显著，例如，中国对东盟制造业的投资还偏重于初级产品产业的投资，对高技术产业投资偏小，不利于带动母国制造业产业结构优化；第二，中国对东盟直接投资对母国生态环境的改善，对母国就业、出口等方面的拉动不够强；第三，中国对东盟直接投资企业的微观经营绩效效果不佳。本书在研究上述问题的基础上，深刻挖掘这些问题存在的根源。

提出优化中国对东盟直接投资质量的具体对策。第一，落实"21世纪海上丝绸之路"战略，推进中国对东盟直接投资战略布局。第二，应对国际投资保护主义，优化中国对东盟直接投资质量。本书中提出应对国际投资保护主义的对策，例如，不断创新投资方式，协调企业与东道国的社会关系等。第三，提高中国对东盟的直接投资规模，扩大投资区域和领域及合作范围，实现投资主体多样化。第四，调整、优化中国对东盟直接投资产业结构。加强政府的导向工作，鼓励高新技术产业的投资，优化投资结构，针对不同国家选择不同的重点投资产业，提高资源利用效率。第五，中国对东盟直接投资要坚持可持续发展战略，积极培养跨国企业的竞争优势，跨国企业要积极履行东道国社会责任，与东道国建立和谐的社会、经济关系。第六，完善中国与投资相关的制度体系，政府要认真研究制定重点规划和重大政策，加快完善中国与投资相关的法律和管理制度，政府要积极为境外企业提供服务，遵守和协调国际投资规则。第七，促进中国与东盟投资便利化合作，继续加强投资便利化制度和能力建设合作。第八，有力防范对东盟直接投资的风险，例如，建立投资风险预警机制，参加保险机构投保，处理好与当地政府、居民的关系，遵守法律，寻求法律保护等。

四、相关理论及文献综述

目前，国内外关于对外直接投资（FDI）一般理论的研究主要集中于三个方面：一是关于对外直接投资的发生与发展机理问题，即对外直接投资的决定问题；二是研究跨国公司对外直接投资为什么发生在某一个国家或地区的原因，即对外直接投资的区位选择理论；三是研究对外直接投资对东道国的经济影响，即对外直接投资的作用机理。

（一）关于对外直接投资决定问题的研究

1. 微观层面的对外直接投资决定论。

（1）发达国家的成本论。1976年Buckley和Casson在借鉴Coase（1937）交易成本理论的基础上提出市场内部化理论，在存在着不完全竞争市场的前提下，跨国公司内部化可以规避市场不完全而造成的交易成本偏高的问题，跨国公司对外直接投资的本质是企业管理、控制权的扩张，通过跨国公司的内部机制代替不完善的外部市场机制，达到降低成本的目的。

克鲁格曼和赫尔普曼（1985）认为，到东道国开展直接投资的一个目的是减少直接贸易带来的运输成本，绕开当地的贸易保护。Friedman（1992）等也认为，母国与东道国之间的地理距离大小直接影响到跨国公司的直接投资绩效，跨国公司倾向于就近投资，以降低运输成本和搜寻成本。

（2）发达国家的优势论。

第一，垄断优势理论。1960年美国学者Stepsen Hymer首先提出"垄断优势"理论，70年代后由美国麻省理工学院的Kinderburger（1969）作了补充和发展。在东道国市场"不完全"的情况下，跨国公司可以通过对外直接投资利用自身的垄断优势排斥自由竞争，获得超额利润。他们认为市场的"不完全"性是跨国公司利用垄断优势开展对外直接投资的前提，指出"不完全性"主要体现在以下方面：产品市场不完全，主要是商品性能、商标、市场技能存在差异；生产要素市场不完全性，各种生产要素的性能存在差异；由于规模经济引起的市场不完全；由政府关税等政策造成的市场不完全性。他们认为跨国公司的垄断优势主要体现在：市场垄断优势，如产品性能差别、特殊销售技巧、控制市场价格的能力等；生产垄断优势，如经营管理技能、融通资金的能力优势、掌握的技术专利与专有技术；规模经济优势，通过一体化生产，扩大生产规模，降低成本；信息网络技术优势。

垄断优势理论解释了跨国公司进行对外直接投资的根本原因在于自身所具有的垄断优势。

第二，相对优势论：产品生命周期理论。产品生命周期理论是由美国学者Vernon（1966）提出来的。其理论的主要内容是：每一个产品都要经历创新阶段、成长阶段、标准化阶段和衰退阶段，在产品生命周期的各个阶段，产品的市场需求、要素密集度、生产区位都是不断变化的。在产品的创新阶段，产品市场需求较小，需要大量的资本、研发投入，产品生产区位位于创新国，有少量的产品出口；当产品走向成长阶段时，产品的需求、生产量开始上升，生产企业可以选择到一些对该产品需求旺盛、技术资金较好的发达国家进行生产投资；当该产品进入标准化阶段时，产品的创始国放弃在本国生产该产品，因为该产品的国内市场需求接近饱和，将产品转移到其他国家包括一些发展中国家进行投资生产；当产品步入衰退阶段时，产品已经老化，不能适应市场需求，该产品就会完全退出世界市场。产品生命周期理论指出，企业对外直接投资主要基于产品的生命发展周期。

第三，比较优势论：边际产业扩张理论。边际产业扩张理论是由日本的小岛清（1976）教授提出的。边际产业扩张理论的主要内容是：对外直接投资应从本国已经处于或即将处于比较劣势的产业即边际产业开始，逐渐依次进行。与以往支持发达国家开展对外直接投资的垄断优势等理论不同，边际产业扩张理论强调开展对外直接投资时应选择投资国具有比较劣势的产业，将其投向能将该产业转化成具有潜在比较优势的东道国，这将引起本国的产业结构调整和进出口组成结构的变化，而这一产业将在东道国演变成比较优势的产业。边际产业扩张有利于投资国优化资源配置，重新调整产业结构，对东道国而言，接受了投资国的技术、管理、资本，有利于形成新的比较优势产业。

该理论为发达国家跨国公司转移一些标准化产业到发展中国家提供了理论依据，解释了经济发展水平存在较大差异的国家之间投资的情况。

（3）发达国家的综合论：国际生产折衷理论。该理论是由英国瑞丁大学教授邓宁（1977）提出来的。国际生产折衷理论在吸收有关国际投资的垄断优势理论和内部化理论等的基础上，结合区位理论解释跨国公司从事对外直接投资问题。国际生产折衷理论认为，开展对外直接投资的跨国公司必须满足三个优势条件：所有权优势、内部化优势和区位优势。所有权优势指的是一国企业所拥有的而国外企业所没有的优势。如一国企业所拥有的技术诀窍、研究开发、销售技巧等方面的技术优势，企业所拥有的规模经济优势，大公司所具有的先进管理能力，企业家才能，大公司所具有的金融与货币优势。内部化优势指的是为避免不完全市场给企业带来的不利影响，诸如对外交易成本较高、外部买者对技术出售价值的不确定，将其所拥有的资产加以内部化而保持企业所拥有的优势，它指出了跨国公司内部交易的必要性。区位优势指的是东道国在投资环境方面所具有的优势，包括诸如东道国较低的劳动力成本、很好的市场发展潜力和东道国的贸易政策等。

国际生产折衷理论认为，跨国公司开展对外直接投资时必须将所有权优势、内部化优势、区位优势三者结合起来加以考虑。国际生产折衷理论特别强调了区位优势对跨国公司对外直接投资的重要性，对跨国公司对外直接投资的区位选择具有理论上的指导意义。

（4）有关发展中国家对外直接投资决定理论。美国经济学家 Louis Wells（1983）从发展中国家角度提出"小规模技术理论"，说明发展中国家凭借"小规模技术优势"开展对外直接投资的可能性。他认为，发展中国家拥有为小市场需要服务的劳动密集型小规模生产技术，与发达国家跨国公司相比，生产成本低，有利于发展中国家在国际竞争中取得地位。

2. 宏观层面的对外直接投资决定论。宏观层面的理论主要有东道国市场规模决定论和东道国生产要素决定论。上述理论认为，东道国的市场达到一定的规模，东道国的生产要素价格较低决定了对外直接投资的发生和发展。

（1）东道国市场规模决定论。该理论认为，当东道国的经济发展水平和市场规模很大时，可以产生规模经济效应，吸引跨国公司到东道国开展直接投资。该理论没有考虑到母国与东道国投资成本的差异，东道国的政治制度、文化、宗教、语言，当地相关产业的竞争等因素可能对跨国公司投资产生的影响。Moore（1993）、Wang 和 Swain（1995），分别把东道国的实际 GDP 作为衡量东道国市场规模的主要指标，实证分析发现，对外直接投资与东道国市场规模存在正相关关系；Lipsey（2000）采用实证分析方法用东道国的名义 GDP 及其增长率、人均 GDP 增长率、固定投资占 GDP 比重来衡量东道国市场规模，实证结果显示，东道国市场规模对跨国公司直接投资起到促进作用。

（2）东道国生产要素决定论。该理论认为跨国公司倾向于寻找生产要素低的国家或地区进行直接投资，利用当地廉价生产要素，降低投资成本，获取投资收益。Riedel（1975）研究跨国公司在台湾地区投资的情况，研究发现台湾地区比较廉价的劳动力是吸引跨国公司进行投资的主要原因。Sauders（1983）、Schneider 和 Frey（1985）等研究跨国公司对外直接投资与东道国劳动力价格之间的关系，研究发现，东道国劳动力价格与对外直接投资之间呈负相关关系，东道国劳动力价格上升会影响跨国公司对东道国的直接投资；Love 和 Lage – Hidalgo（2000）研究美国对墨西哥直接投资的影响因素时也发现，墨西哥廉价劳动力生产要素是美国跨国企业在当地开展直接投资的原因之一。

（二）关于对外直接投资区位选择问题研究

1. 邓宁的国际生产折衷理论。邓宁（1977）认为，当厂商拥有特定资产所有权优势和内部化优势时，一国是否有区位优势决定了厂商对该国进行直接投资还是贸易。跨国公司是否开展对外直接投资取决于所有权优势、内部化优势和区位优势三者之间的结合，所有权优势和内部化优势是跨国公司开展对外直接投资的必要条件，区位优势是跨国公司开展对外直接投资的充分条件。所有权优势主要是指企业所拥有的技术优势、组织管理优势、规模经济优势、市场销售优势以及大公司所具有的货币金融优势等；内部化优势是指为避免不完全市场给企业带来的不利影响，诸如对外交易成本较高、外部买者对技术出售价值的不确定，将其所拥有的资产加以内部化而保持企业所拥有的优势，它指出了跨国公司内部交易的必要性；区位优势是指东道国在投资环境方面所具有的优势，包括诸如东道国较低的劳动力成本、很好的市场发展潜力、东道国的贸易政策等。

在这里他论述了区位优势在国际直接投资中所起的决定性作用。同时，他概括了吸引外商直接投资的一些区位优势：自然和人造资源及其空间分布、投入品的价格、质量及生产效率、市场规模及其发展潜力、贸易壁垒、国家外资政策、跨国间文化、意识、商业管理及政治差异等。

2. 基于跨国公司全球发展战略视角。20 世纪 80 年代后，随着世界经济出现全球化、一体化的趋势，理论界一些观点认为，跨国公司对外直接投资的区位选择要和全球经济的发展结合在一起，跨国公司对外直接投资的区位选择要考虑跨国公司在全球的生产经营战略，跨国公司应当在全球范围内而不是在某一个特定国家内去整合资源，优势互补，安排生产、销售，谋求全球长期的、全面的利益。

例如，跨国公司要整合全球生产，协调各部分的价值链。价值链最早是由波特提出的，他认为企业的活动分为基本活动和支持性活动，两者构成了价值链，基本活动主要包括后勤、生产、销售、售后服务等，支持性活动包括人事、财务、计划、研究与开发、采购等。全球生产价值链理论要求企业要综合全球的比较优势，安排生产、投资，取得最大的利益，价值链理论对对外直接投资区位选择有很大的指导意义。刘伟全（2011）认为，"随着全球化的发展，发达国家将一些失去竞争力的价值环节重组到发展中国家，其本身重点关注高附加值的价值链环节，低端嵌入价值链的发展中国家企业可以通过对外直接投资，在地理上靠近先进厂商分享技术扩散的好处，实现价值链升级。"

3. 基于微观视角的研究。传统的有关对外直接投资区位选择的理论多把不同类型的跨国公司看做一个统一的整体，从宏观角度来研究跨国公司的对外直接投资区位选择问题。近些年来，有些学者从更微观的角度来研究对外直接投资的区位选择问题。

从企业异质性的角度，他们以跨国公司企业间存在异质性为前提，具体分析异质性企业的区位选择。关于企业的异质性，最初 Bernard 等（1995）通过分析美国微观出口企业和非出口企业的经济规模、生产率、资本和劳动密集度等经济数据，发现出口企业与非出口企业存在异质性。Metliz（2003）利用主流框架研究企业异质性，一般把各企业的生产要素差异作为衡量异质性的主要标准。Chen，M. 和 Moore，M.（2010）从微观角度分析了法国跨国企业对外直接投资区位选择问题。法国各跨国企业生产力的不同，直接影响各企业的对外直接投资区位选择。法国高生产率的跨国企业更倾向于在那些市场潜力较小、较高单位劳动成本、较低劳动生产率、较低进口关税的地区开展直接投资。谢冰（2006）认为不同性质的企业存在很大的差异，尤其是高新技术企业因其创新能力强、产品生命周期短、定制化程度高而与其他企业相比有着很大的不同，应针对其特点来研究中国高新技术企业对外直接投资的区位选择问题。王方方（2012）在经典的企业异质性理论框架基础之上构建了中国企业对外直接投资区位选择的动力机制框架，论证企业异质性对其对外直接投资的影响，结论证明，由企业异质性所带来的对外直接投资数量、模式的扩展及其企业异质性的空间效应对企业对外直接投资区位选择有直接的影响。

4. 基于投资动因——投资诱发要素组合理论视角。近些年，学者为了弥补对外直接投资传统理论的不足，提出了投资诱发要素组合理论。投资诱发要素包括影响直接投资的各种直接要素如资本、劳动力、科学技术、管理等，也包括间接要素如文化、制度等。这些要素无论是在投资国还是东道国都成为影响跨国企业对外直接投资区位选择的因素，由此而产生资本寻求型、技术寻求型等区位选择动因。

（1）寻求影响直接投资的直接要素。例如，第一，市场寻求动因：Bevan和 Estrin（2004）认为，东道国市场规模大，能够使直接投资者扩大产量、降低生产成本，从而实现规模收益。Braunerhjelm 和 Svenson（1996）以及 Venables（1999）认为，东道国市场规模越大，其对外来投资者的吸引力就越大。国内学者江小涓（2003）认为，更好地贴近海外市场是中国发展对外直接投资的主要原因之一。丁祥生（2011）认为，发展中国家经济发展水平较低，国内市场发育不成熟，随着企业生产规模的扩大，国内市场已经不能满足企业发展的需要，企业较好的途径是开拓海外市场。第二，寻求资源的动因。Dunning（1993）认为，寻求和获得持久的生产资源也是对外直接投资的动机之一。江小涓（2003）认为，中国开展对外直接投资以便于更多地参与国外资源的开发。第三，寻求效率的动因。主要寻求东道国相对廉价、充裕的劳动力、土地和其他生产要素。2006 年《世界投资报告》指出，发展中国家企业对外直接投资的动机有三个方面：寻求市场、寻求效率和母国政府对国有跨国公司的战略要求。第四，寻求战略资产。跨国企业到国外进行直接投资可以吸收较发达国家的先进技术、管理经验、品牌、经销网络等战略性资产以获得比较优势。Deng（2004）认为，寻求战略资产（如品牌和市场网络）构成了中国对外直接投资的主要动因；Buckley 等（2007）认为，通过对外直接投资，弱势企业可以从发达的企业那里获得技术优势，弥补自身的不足。

（2）寻求影响直接投资的间接要素，包括东道国或投资国比较优惠的投资政策、制度环境、文化、双边协定等非经济要素。例如，第一，寻求有利于投资的规章制度。当选择是否进入一个国家的市场进行投资时，东道国规章制度的合理性与否是投资企业主要考虑的问题。一般来说，投资企业总是选择那些外资管制制度较宽松的地区进行投资，这使得跨国企业较容易适应当地的规章制度。现有一些学者的实证研究表明，到有利于吸引外资制度的地区投资（如稳定的经济政策、保护财产安全、较少限制所有权、较少腐败官僚主义）对跨国企业在该国进行直接投资具有积极的作用。邓明（2012）认为，东道国制度因素对于中国企业"走出去"是非常重要的。此外，母国的制度环境也对其企业在海外进行直接投资选址产生很大的影响。Meyer 等（2009）认为，中国所具有的与别国完全不同的、不断变化的制度环境使得中国的对外直接投资与众不同。如果中国与引资国的制度差异大，即相对于中国的引资制度，东道国的引资制度较宽松，对吸引外资较友好，那么，中国的跨国企业就会倾向于选择东道国与中国制度差异大的地方进行直接投资。柴忠东（2013）认为，母国在市场转型过程中存在的"制度缺陷"，既促使一部分新兴市场企业退出本国市场投资海外以规避高昂的交易成本和风险，但同时也增加了这些企业在与母国相类似环境中从事经营的优势。因此，制度的差异会导致对外直接投资选址分布的不同，倘若中国政府给跨国企业制度上的支持，中国跨国企业也会投资于风险较大的地区，进而获得投资利益。宗芳宇、路江涌、武常歧（2012）等认为，双边投资协定是促进投资的特殊机制，能够替代较差的东道国制度环境。发展中国家与潜在投资目标国家的制度环境往往差距较大。制度较差的东道国法制薄弱、政策多变，外国企业的投资很难得到东道国一般性制度的有效保护，外国企业的风险很大，投资协定能够保护其利益，减少投资风险。Spender 和 Grevesen（1999）认为，跨国企业海外子公司在东道国需要获得和维持其合法性，因此，面临当地制度环境的同构压力。第二，寻求较小文化价值观差异。东道国已经形成的价值观、标准制约着跨国组织行为。跨国企业需要树立和培养当地的社会认知体系，因其更容易遭受当地利益群体的攻击，还要面对当地已经形成的各种约定成俗的标准。Kostova 和 Zaheer（1999）认为，树立当地的社会认知体系恐怕比遵守当地的法律制度更困难，因为社会认知已经根深蒂固。Yiu 和 Makino（2002）认为，文化差异是主要的海外投资障碍，对投资选址有强烈的影响。东道国与母国的文化差异越大，跨国企业越难获得东道国的文化认可。因此，从这点来说，跨国企业倾向于在那些与母国文化差异较小的东道国投资。关于文化差异的衡量，目前普遍使用 Hofstede（2005）提供的方法，Hofstede 归纳出比较不同文化价值观的四个维度：权力差距、不确定性的规避、个人主义与集体主义、男性度与女性度。Buckley 等（2007）基于 1998～2004 年中国企业在世界上 49 个国家政府批准的对外直接投资流量数据，发现市场规模更大，与中国文化相似性更强的东道国能够吸引更多的中国企业对外直接投资。

5. 基于空间组织发展模式的视角。Porter（1990）在阐述其竞争优势理论时，首次提出产业集群概念，竞争优势所需要的关键要素的地理集中性，直接导致相关产业地理集聚的出现，比如美国的硅谷、英国的拍卖业、意大利的纺织业等。Porter 在有关跨国公司开展对外直接投资的研究中还建议跨国公司到相关产业集聚的地区投资，便于利用产业集聚带来的技术、规模等效应。

现在产业集聚已经成为发达国家的主要产业组织模式，也成为引导跨国企业对外直接投资区位选择的一个新趋向，高新技术企业只有嵌入产业集群体系中才能更好地获得集群创新资源，这种集群优势是其他区位优势难以具备的。Nachum L. Keeble. D.（2003）等认为，单凭借跨国公司内部获得知识存在着局限性，跨国公司必须进入集群网络，因为集群拥有更多的技术、信息和管理经验，跨国公司子公司开展对外直接投资要尽可能地融入当地集群，以便于获得更好的创新资产。Teece D. J（2005）研究外国跨国公司选择在美国硅谷投资的原因时发现，跨国公司之所以选择在硅谷进行直接投资是为了利用硅谷集群产生的知识技术溢出效应。

6. 基于心理距离的视角。还有学者从"心理距离"的角度阐述跨国公司对外直接投资的区位选择决定因素，例如，John Cantwell（1987）认为，发展中国家开展对外直接投资的区位选择很大程度上受到"心理距离"的影响，其对外直接投资倾向于首先选择周边国家、然后是发展中国家、最后是发达国家这样的区位选择顺序。

7. 基于习惯效应的视角。Scott（2011）认为，一种行为被多次重复，会视作习惯。在投资选址中，赶时髦、随大溜效应会起一定的作用。东道国与母国交易的频繁性可以通过两国之间的贸易额体现。大的双边贸易额体现了东道国与母国经济来往频繁，不断重复的交易被视作习惯，这会影响投资企业选择与其母国有频繁交易的国家和地区进行投资。因为投资国企业会感到与其有频繁交易的国家信誉更好，更有安全感。中国学者胡昭玲、宋平（2012）应用动态 VAR 模型和面板格兰杰因果检验方法对我国对外直接投资与对外贸易关系进行检验，结果表明，中国对外直接投资与对外贸易存在双向格兰杰因果关系，对外贸易和对外投资是良性互动的，这说明与中国有频繁贸易联系的国家越能吸引中国企业的直接投资。

国内学者主要从微观层面探讨我国企业对外直接投资的区位选择影响因素，总结出东道国政策性因素、经济性因素、其他商业性因素都是影响企业对外直接投资区位选择的主要原因。

（三）关于对外直接投资作用机理问题的研究

主要偏向于实证研究，分为对外直接投资对东道国经济的影响和对外直接投资对母国经济的影响，其中前者论述的较多。

1. 对外直接投资对东道国经济的影响。

（1）外资对东道国产业的溢出效应研究。Gaves（1974）通过对 1969 年澳大利亚产业数据进行分析发现，外资在澳大利亚的制造业中产生了正面溢出效应。还有一些类似的国别研究也证实了外资对东道国经济产生溢出效应，例如，Globeman（1979）对加拿大的外资溢出进行研究，Blomstrom（1983，1986）对墨西哥的外资溢出效应进行研究。国内学者也在近些年开展了外资对中国经济溢出效应影响的分析。何洁（2000）考察外资对我国 28 个省市经济溢出效应，结果表明，外资对我国各省市工业部门产生溢出效应，尤其是在经济比较发达的省份，外资溢出效应尤为明显。外资对东道国国家安全产生影响。国内学者贾颖（2011）采用理论和实际相结合的分析方法论述了吸引外资与东道国金融安全、战略产业安全之间的联系和可能产生的影响；崔校宁、李智（2003）构建外资经济效应分解模型，将外资的经济效应分为直接产出效应、超额产出效应、间接外溢效应和就业效应，进而探究外资对东道国经济的作用机理和经济根源；丁翠翠（2013）选取 1996～2011 年我国省际面板数据，利用动态面板数据模型的广义矩分析法，实证分析外资对我国经济的动态影响和区域差异，结果发现，外资对我国东、中部地区经济增长的影响是正面的，但对西部地区的经济增长影响不显著。

也有学者得出相反结论。王飞（2003）对外资对中国各省经济影响进行回归分析，结果显示，外资对我国经济没有产生明显的溢出效应；潘文卿（2003）对外资对我国西部地区的经济影响进行实证分析，结果显示，外资对西部地区的影响是负面的；陈洪涛、潘素昆（2012）基于溢出效应视角分析了外资对我国产业安全的影响问题，实证分析结果表明，外资对我国第一产业影响不显著，对第二产业有较大的正向影响，对第三产业存在负面影响，加剧了我国产业不合理，对我国产业安全造成了威胁。

（2）对外资对东道国经济溢出效应影响因素的分析。Findlay（1978）认为，外资对东道国经济的溢出效应受东道国经济开放程度影响，东道国对外资开放程度越高，外资对东道国企业的经济、技术示范效应越大，外资的溢出效应也会明显；Perez（1997）认为，外资的溢出效应同母国与东道国之间技术差距存在着非线性的关系，在某一临界值以下，技术溢出效应随着技术差距的增大而变大，超过临界值，技术差距变大对外资的技术溢出产生阻碍效应；Kokko（1996）研究了外资企业类型对外资溢出效应的影响，结果发现，市场导向型外资企业相对于出口导向型外资企业对东道国经济溢出效应明显，究其原因主要是由于市场导向型外资企业更容易与东道国企业产生合作，而出口导向型外资企业不太善于与东道国企业开展合作；陈涛涛、宋爽（2005）研究东道国外资政策因素对外资在东道国经济溢出的效应进行研究，结果发现，"行业的开放程度"、"对外资企业进入形式的限制"对东道国企业吸收外资企业的溢出效应有较正面的影响，但是"合资企业中方所持股比例"对外资对东道国的溢出效应影响不明确。

2. 对外直接投资对母国经济的逆向影响。首先，关于对外直接投资对中国贸易的影响问题研究。如中国学者项本武（2009）运用面板协整模型和面板误差修正模型，对中国对外直接投资长短期贸易效应进行了检验，研究结果显示，中国对外直接投资与中国出口及进口均存在长期协整关系，在长期，中国对外直接投资对中国进出口的拉动作用相当大；谢杰、刘任余（2011）的研究表明，贸易是投资的先导，贸易与投资存在互补效应。其次，关于对外直接投资对母国产业结构影响的研究。国外理论方面的研究以小岛清（1981）的边际产业扩张理论为代表，该理论认为，对外直接投资可以将本国已经处于或即将处于比较劣势的产业向国外转移，节省投资国对边际产业的资源投入，有利于投资国集中力量发展比较优势产业，从而促进投资国产业结构升级；坎特威尔和托兰惕诺（1990）的技术创新产业升级理论认为，对外直接投资可以提高发展中国家企业的技术能力，从而促进投资国产业结构的升级。国内学者刘明霞（2010）利用2003～2007年省际面板数据对我国对外直接投资的逆向技术溢出效应和国内外技术差距对逆向技术溢出的影响进行了实证分析，研究显示，中国对外直接投资对本国的全要素生产率存在显著的逆向溢出效应，技术差距影响我国对外直接投资的逆向技术溢出效应。

目前，关于外资的作用机理方面的研究主要集中于外资对东道国经济、国家安全等方面的研究，相关研究比较全面和系统，而就外资对母国经济的逆向影响的研究刚刚起步，相关研究文献还比较少，相关研究内容缺乏系统性。

（四）关于中国对东盟直接投资问题的研究

随着中国—东盟自由贸易区的建设成功，学者们从不同角度探讨自由贸易区内的经济建设问题。主要包括四方面。

1. 中国对东盟直接投资的影响决定因素。赵春明（2011）采用实证分析说明我国对东盟直接投资主要以市场导向型为主，市场规模以及投资环境的稳定性是决定我国在东盟直接投资的主要原因；王晓蓓（2011）指出，市场规模、投资竞争、投资环境与中国对东盟直接投资正相关；金洪、赵达（2012）利用 2003～2009 年面板数据设立引力模型实证分析中国对东盟直接投资的影响因素，结果发现，中国与东盟各国的经济规模是促进中国对东盟直接投资的主要影响要素；张岩、王丽（2013）实证分析中国对东盟直接投资的决定因素，结果显示，中国对东盟国家的出口以及东盟国家的市场规模、资源禀赋、消费能力、基础设施状况、劳动力成本，是影响中国对东盟直接投资的重要影响因素；李斌、王婷婷（2012）利用 2003～2009 年的面板数据，运用系统广义矩估计方法，研究中国对东盟直接投资的影响因素，发现东盟国家的市场国规模和政治稳定程度有利于推动我国对东盟直接投资，东盟的要素禀赋、基础设施和双边贸易额与中国对东盟的直接投资正相关。

2. 中国—东盟自由贸易区本身带来的投资效应分析。刘志雄（2011）认为，CAFTA 的建立为我国对东盟直接投资带来了明显的投资创造效应和投资转移效应；张宏、蔡彤娟（2007）分析了中国—东盟自由贸易区建设带来的投资创造效应和投资转移效应；汪占熬、陈小倩（2013）结合空间经济学理论实证分析中国—东盟自由贸易区的建立对成员间外资流动的影响，结果显示具有正面影响，但是力度较小，还有很大的上升空间。

3. 中国对东盟投资的区位选择问题。杜玉兰、常弘、范馨月（2014）针对中国对东盟开展直接投资企业的不同投资动机，提出中国在东盟直接投资区域选择的具体对策；王晓蓓、李俊（2011）具体分析了中国对东盟直接投资区位选择的影响因素，并提出了区位选择对策，认为市场规模、投资竞争、投资环境与中国对东盟直接投资正相关，经济联系与中国对东盟直接投资负相关。

中国对东盟直接投资对母国经济的影响方面主要集中于对母国对外贸易的影响，研究对东盟贸易与对其直接投资的关系，主要分析投资和贸易之间的替代或促进关系。如赖石成（2011）分别就东盟不同国家与中国间的贸易和投资关系进行了实证分析；金洪、赵达（2012）通过实证分析得出中国与东盟双边贸易的发展和中国对东盟的投资之间呈现替代关系的结论。

4. 中国对东盟直接投资的对策性研究。宏观上，主要针对中国对东盟直接投资的主要问题，如投资产业不合理、投资分布不均衡、投资国模小等问题，在投资方式、投资产业、投资国别、政府政策、企业等方面提出优化对策。从微观上，具体分析企业对东盟直接投资的优势、劣势，并提出相应的对策。

目前，从国内外相关研究的情况来看，关于中国对东盟直接投资问题的研究还是较新的课题，关于中国对东盟直接投资对母国经济的逆向影响效应的研究很少，少数文章只集中于研究对东盟直接投资与对东盟贸易之间的关系，就中国对东盟直接投资质量问题的系统研究，从我们目前搜集的资料来看，几乎是没有的。我们认为，中国对东盟的直接投资不仅要关注"数量"，还有重视"质量"，传统研究只重视"引资"对东道国的影响效应而不重视"投资"对母国经济的影响是不可取的，这种研究也不符合中国目前经济发展的实际情况，因为中国现在已经不仅仅是"引资大国"，它还将是"投资大国"。本书针对中国对外直接投资区域化的发展趋势，具体研究中国对东盟的直接投资质量问题，尤其是就中国对东盟直接投资的质量、对母国经济的影响效应加以评价，其目的是，优化中国对东盟直接投资的质量，更好地促进中国与东盟国家贸易、投资一体化的健康、可持续发展。

五、相关研究的发展趋势

中国—东盟自由贸易区框架的建设成功为中国与东盟之间开展双向投资提供了投资便利化的基础。随着世界范围内自由贸易区的盛行，中国对外直接投资日益呈现区域化的趋势，中国对东盟的直接投资是中国开展区域直接投资的一个亮点，随着中国—东盟双边投资框架的日臻完善，中国对东盟的直接投资无论是在规模还是在质量上，必定有很大的发展潜力。今后，随着中国经济实力的逐步增强，中国不仅仅是"引资大国"，也会朝着"投资大国"的方向迈进。研究中国对东盟的直接投资，除了要研究传统意义上的对外直接投资的决定机理、对外直接投资对东道国的经济效应外，还要从投资国的角度深度发掘对外直接投资的质量问题，即对外直接投资对母国经济、非经济影响，投资企业的微观经营绩效等，因为对投资国而言，只重视对外直接投资的"数量"，而轻视"质量"，结果是事倍功半。系统评价中国对东盟直接投资质量，找出企业对东盟直接投资质量不足的问题所在，在协调自由贸易区内的投资规则，减少投资摩擦、投资风险，促进自由贸易区内投资便利化的基础之上，提出优化对东盟直接投资质量的策略，是今后研究对东盟自由贸易区直接投资的主要发展方向。

第一章

中国对东盟直接投资状况分析

第一节 中国与东盟的投资、引资发展历程分析

东南亚的新加坡、老挝、越南、柬埔寨、马来西亚、泰国、菲律宾、文莱、印度尼西亚、缅甸 10 个国家组成东南亚国家联盟（Association of Southeast Asian Nations），简称东盟。东盟的前身是由马来亚（现马来西亚）、菲律宾和泰国于 1961 年 7 月 31 日在曼谷成立的东南亚联盟。1967 年 8 月，印度尼西亚、泰国、新加坡、菲律宾、马来西亚 5 国在曼谷举行了会议，发表了《曼谷宣言》，正式宣布东南亚国家联盟成立，决定由东南亚国家联盟正式取代东南亚联盟。该组织成立的宗旨是基于平等与合作的精神，共同促进该地区的经济增长、社会进步和文化发展，为建立一个繁荣、和平的东南亚国家共同体奠定基础，以促进本地区的和平与发展。

东盟成立初期主要是为了维护自身安全抵御西方威胁的战略联盟，成员间主要在经济、文化上进行交流和合作。1976 年 2 月东盟成员在印度尼西亚的巴厘岛召开了第一次会议，会议签署了《东南亚友好合作条约》（《巴厘宣言》），此后，东盟成员间除了制定经济发展战略、开展经济合作外，还在政治、军事等领域加强了战略合作，后来，文莱（1984 年）、越南（1995 年）、老挝（1997 年）、缅甸（1997 年）和柬埔寨（1999 年）也加入了东盟，使得东盟成员增至 10 名，该组织覆盖整个东南亚地区，成员人口总计超过 5 亿，面积达 450 万平方公里。东盟的主要机构是首脑会议、外长会议、常务委员会、经济部长会议、秘书处、专门委员会等机构。东盟成立后积极开展以东盟为中心的区域合作，2003 年东盟首脑在印度尼西亚巴厘岛举行会议，通过了

《东盟协调一致第二宣言》（简称《第二巴厘宣言》），决定于 2020 年成立东盟共同体。为了实现经济一体化，2002 年东盟自由贸易区正式成立，促进区域成员间的贸易、投资便利化。东盟还与美国、日本、韩国、加拿大、澳大利亚、新西兰、中国、俄罗斯、印度等 10 个国家形成对话伙伴关系。

一、东盟利用外资的发展进程

第一阶段（20 世纪 60 年代至 80 年代中期），引资开始阶段。东盟吸引外商投资是从 20 世纪 60 年代开始的，20 世纪 60~70 年代东盟各国吸引外资都保持比较稳定的状态，颁布了吸引外资的法律法规。1967 年东盟各国开始引资，1967 年印度尼西亚颁布第一部外国资本投资法，简化投资程序、拓宽投资领域，鼓励出口创汇和在边远地区投资的企业，为投资企业提供税收优惠等。马来西亚 1968 年颁布了《投资奖励法》，并设立了外商投资委员会，1970 年马来西亚引进外资 0.94 亿美元，1979 年达到了 8.73 亿美元，吸引外资明显增加。1972 年泰国公布了《外商投资法》，20 世纪 80 年代又进一步放宽外商投资政策。越南是 1987 年开始颁布《外国人在越南投资法》，此后，外商对越南投资逐渐增加。

第二阶段（20 世纪 80 年代中期至 2002 年），引资初步发展阶段。20 世纪 80 年代中期至 1997 年，东盟国家吸引外资呈现稳步增长状态，其中印度尼西亚在 1987 年采取简化投资程序、放宽投资领域，鼓励出口创汇、到边远地区投资，减少外国资本注册资金，优惠税收等多种措施，放宽外资投资政策，1986~1991 年共吸引外资 289.2 亿美元，占有史以来至当时吸引外资总额的 60.5%，外资的涌入给印度尼西亚经济发展增添了活力。马来西亚 1986 年颁布新的外商投资条例，放宽外商持股比例，1990 年马来西亚吸引外资 70.4 亿美元[①]，创下历史纪录。泰国在 20 世纪 80 年代一直保持比较宽松的吸引外资政策，所以在该阶段外资流入一直比较稳定，1988 年，泰国吸引外资达到 62.5 亿美元[②]，进入 20 世纪 90 年代受国内政局不稳的影响，吸引外资开始减少。

1998~2002 年，由于受东南亚金融危机以及东盟一些国家政治局势不稳的影响，东盟吸引外商投资进入衰退。据东盟秘书处统计，1995~2000 年东

---

①② 袁喜清：《东南亚引进外资情况及政策法规简介》，载《国际研究参考》1992 年第 7 期，第 4、5 页。

盟外资流入年均增长率为 - 5.0%。1995 年东盟吸引外资流入 281.6 亿美元，1996 年达到 301.8 亿美元，1997 年达到 340.8 亿美元，而 1998 年只有 229.6 亿美元。此后引资一直呈现衰退状态，2002 年东盟吸引外资金额为 180.2 亿美元，开创了 1995 年以来东盟引外资金额的最低纪录。具体见表 1 - 1。

表 1 - 1　　　　　　　　1995 ~ 2002 年东盟吸引外资金额　　　　　单位：亿美元

年份	1995	1996	1997	1999	2000	2001	2002
金额	281.6	301.8	229.6	273.7	235.4	203.7	180.2

数据来源：《东盟统计年鉴（2008）》。

第三阶段（2003 年至今），吸引外商投资加快发展阶段。受 1997 年东南亚金融危机影响，引资经受了一段低迷的时间，直到 2003 年后才开始恢复，恢复速度很快，2004 年就超过了 1997 年金融危机前的最高纪录。该阶段，东盟吸引外资流入也有波动，2008 年受全球经济危机的影响，东盟吸引外资流入的规模下降到低谷，之后逐渐上升，2013 年达到有史以来新的顶峰。据东盟秘书处统计，2000 ~ 2013 年东盟年均外资流入增长率为 14.2%。2013 年东盟吸引外资 1223.8 亿美元（见表 1 - 2），其中非东盟成员的外资流入达 1010 亿美元，占整个外资流入的 80%。2013 年东盟的外资流入量几乎是 1995 年外资流入量的 5 倍。2013 年欧盟 28 国对东盟直接投资占首位，占东盟吸引外资流入总额的 22%，其次是日本，占东盟吸引外资流入总额的 18.7%，第三位是东盟成员国，占东盟吸引外资流入总额的 17.4%，第四位是中国，占东盟吸引外资流入总额的 7.1%，第五位是中国香港，占东盟吸引外资流入总额的 3.7%。外商对东盟直接投资的产业主要集中于制造业和服务业，2013 年外商投资制造业所占比重为 33.3%，投资服务业所占比重 53.2%。在东盟成员中，新加坡一直是吸引外资最多的国家，2008 ~ 2012 年新加坡吸引外资占整个东盟吸引外资的 48.5%，其次是印度尼西亚，占 16.1%，第三位是泰国，占 10.1%，第四位是越南，占 9.8%，第五位是马来西亚，占 9.4%，第六位是菲律宾，占 2.3%，第七位是缅甸，占 1.8%，第八位是柬埔寨 1.1%，第九位是文莱，占 0.6%，第十位是老挝，占 0.4%[①]。具体见表 1 - 3、表 1 - 4 和图 1 - 1。

---

① ASEAN Secretariat, ASEAN Economic Community Chartbook, 2013, P. 42.

表1－2　　　　　　　　　2003～2013年东盟吸引外资金额　　　　单位：亿美元

年份	2003	2004	2005	2006	2007	2008	2009	2010	2011	2012	2013
金额	242.3	353.4	396.3	549.7	694.8	606	479.3	1003.6	975.4	1142.8	1223.8

数据来源：ASEAN Secretariat. ASEAN Commuity in Figures Special Edition 2014：A Closer Look to at Trade Performance and Dependency, and Investment.

表1－3　　　　　　　　　　对东盟直接投资的主要国家　　　　单位：百万美元

年份	1995	2000	2009	2010	2011	2012	2013
东盟成员	4651	1219	6672	15200	15228	20658	21322
澳大利亚	535	－325	994	4001	1530	1831	2002
加拿大	609	－98	753	1298	768	924	851
中国大陆	137	20	1965	4052	7858	5377	8644
欧盟28	5049	9210	8598	19018	29693	18085	26980
中国香港	1257	912	5650	1735	4274	5030	4517
印度	108	59	553	3474	－2230	2233	1317
日本	5633	968	3919	11171	9709	23777	22904
新西兰	35	24	－157	22	7	－108	246
巴基斯坦	3	1	15	30	12	－21	－1
韩国	611	－191	1799	4299	1742	1708	3516
俄罗斯	—	—	140	60	68	184	542
中国台湾	913	866	－70	1116	1033	2317	2242
美国	4335	6913	5215	12285	9130	11080	3758
其他国家	4286	2563	10695	22683	17432	21284	24456
总计	28164	21809	47927	100360	97538	114284	122377

数据来源：ASEAN Commuity in Figures Special Edition 2014：A Closer Look to at Trade Performance and Dependency and Investment. AAEAN Secretariat.

表1－4　　　　　　　　外商在东盟投资的主要产业及比重　　　　单位：%

产业＼年份	2005	2010	2011	2012	2013
农渔林业	0.5	0.6	0.7	1.5	1.9
采矿业	6.4	4.7	8.9	5.8	6.7

续表

年份 产业	2005	2010	2011	2012	2013
制造业	37.7	27.5	25.3	15.5	33.3
服务业	51.5	62.1	60.3	75.1	53.2
其他	4.0	5.2	4.8	2.2	4.9
总计	100.0	100.0	100.0	100.0	100.0

数据来源：ASEAN Commuity in Figures Special Edition 2014：A Closer Look to at Trade Performance and Dependency and Investment. ASEAN Secretariat.

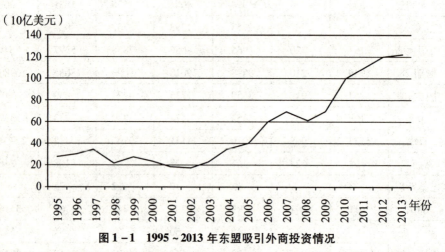

图 1 - 1　1995 ~ 2013 年东盟吸引外商投资情况

数据来源：根据东盟秘书处数据库提供数据整理。

为了促进吸引外资，在该阶段越来越多的东盟国家开始调整税收政策，不断降低税收。新加坡在 2008 年将企业所得税由原来的 24.5% 降到 18%，马来西亚给外来投资者提供 5 ~ 10 年的免税期，越南在 2008 年也将企业的所得税从 28% 降到 25%。东盟的许多国家对外商投资领域进一步放宽，2007 年印度尼西亚出台的《投资法》取消外商投资最低限额限制，泰国对原来限制外商投资的 12 个领域进行了开放，鼓励外商投资汽车制造、信息通信技术、替代能源、农业等产业领域，菲律宾也放宽了外资持股比例和投资范围限制。另外，东盟国家也积极参与世界经济一体化，东盟与中国、日本、韩国、印度等国结成多边、双边自由贸易区协定，促进外资流入东盟的效应明显。

二、中国对东盟投资的发展进程

中国对东盟的直接投资发展进程大致分为三个阶段。

1984 年以前，中国对东盟直接投资几乎是零，当时中国与东盟的外交关系没有完全建立起来，中国与东盟的关系颇费周折，东盟是 1967 年成立的，中国直到 1991 年才与东盟的所有成员恢复和建立了外交关系，因为东盟投资市场长期被西方一些发达国家所把持，中国正处于发展中国家经济恢复和建设中，经济建设以国内为主，几乎没有与东盟的投资合作项目。

1984～2002 年中国开始对东盟开展直接投资，随着中国国内经济水平的显著提高，以及改革开放政策实施的进一步深化，特别是在 20 世纪 90 年代中国政府积极鼓励对外投资，实施"走出去"战略，在经济的发展和本国政策的支持下，中国开始了对外直接投资的步伐，与此同时中国与东盟的外交、经贸关系的开展也有利于促进中国对东盟的直接投资。1991 年 7 月，中国政府代表出席东盟外长会议，标志着中国与东盟成为磋商伙伴。1996 年，中国与东盟成为全面对话伙伴国。1997 年 12 月，中国与东盟领导人发表了《联合宣言》，确定了面向 21 世纪的睦邻互信伙伴关系，这标志着中国—东盟关系进入了一个新阶段。2002 年 11 月，在第六次中国与东盟领导人会议上，中国与东盟签署了《中国与东盟全面经济合作框架协议》，该协议提出了在 2010 年建立中国—东盟自由贸易区的目标。中国对东盟的直接投资正是受上述多种因素的影响而逐渐开展起来，但是，在该阶段，中国对东盟直接投资的规模较小，主要因为中国的经济、技术水平还较低，没有形成完整的生产价值链，对东盟直接投资的主要目的是寻求海外市场，带动出口，追求短期利益。

2003 年至今为中国对东盟直接投资合作进入全面、深入的发展时期。1991 年中国与东盟开始正式对话。2003 年 10 月，在中国与东盟第七次领导人会议上，双方签署了《面向和平与繁荣的战略伙伴关系联合宣言》，并且中国正式加入了《东南亚友好合作条约》，中国宣布与东盟建立"面向和平与繁荣的战略伙伴关系"，中国成为第一个与东盟建立战略伙伴关系的国家，加强了双方在政治上的互信。2004 年中国—东盟自由贸易区进入实质性建设阶段，中国与东盟签署了《中国与东盟全面经济合作框架协议货物贸易协议》和《中国与东盟争端解决机制协议》；2007 年中国与东盟签署了中国—东盟自由贸易区《服务贸易协议》；2009 年 8 月 15 日中国与东盟签订《中国—东盟自由贸易区投资协议》；2010 年 1 月 1 日，中国—东盟自由贸易区全面建设成功；2011 年是中国与东盟建立对话关系 20 周年，中方宣布 2012 年在东盟建立常驻东盟使团；2013 年 8 月中国与东盟外长在庆祝中国—东盟战略伙伴关系10 周年之际，提出打造中国东盟关系的升级版；2013 年 10 月，国家主席习近平出访印度尼西亚、马来西亚，出席 APEC 第 21 次领导人非正式会议，发表题为《携手共建中国—东盟命运共同体》的演讲，提出构建覆盖太平洋两岸的亚太互联互通格局。

此阶段中国对东盟直接投资在规模上大幅度提升。2013 年中国对东盟直接投资流量为 72.67 亿美元，占流量总额的 6.7%，存量为 356.68 亿美元，占存量总额的 5.4%，中国已成为东盟第四大外资来源地。2014 年中国对东盟直接投资流量为 78.09 亿美元，占流量总额的 6.3%，存量为 476.33 亿美元，占存量的 5.4%。2014 年年末，中国共在东盟设立直接投资企业 3300 多家，雇用外方员工 15.95 万人①。中国对东盟直接投资领域广泛，遍布电力生产、商务服务、制造、批发零售、金融、采矿、通信等领域。新加坡、印度尼西亚、老挝、缅甸、柬埔寨都是中国对外直接投资的主要目的地。2014 年年末，中国对新加坡的直接投资存量为 2063995 美元，其次为印度尼西亚（679350 万美元)②。

第二节　东盟的投资环境分析

一、东盟总体投资环境分析

（一）东盟的政治及法律环境

1. 东盟的政治环境。东盟国家的政治体制呈现多样化。越南、缅甸实行人民代表制度，由共产党统一领导。1945 年越南独立后颁布了第一部宪法，宣布国家实行人民代表制度，一切权利属于人民。新加坡实行议会共和制，权力集中，法制严格，能有效地铲除腐败现象。印度尼西亚和菲律宾实行总统共

---

①② 商务部：《2014 年度中国对外直接投资统计公报》，中国统计出版社 2014 年版，第 31 页。

和制。泰国、柬埔寨、马来西亚、文莱则实行君主立宪制。

东盟国家中的新加坡、文莱政治局势比较稳定，其他国家政治局势时有波动，不安全因素还依然存在。如印度尼西亚国内存在着民族关系矛盾、宗教极端势力活跃等不稳定因素。近些年发生的菲律宾与中国的南海岛屿争端对中国与菲律宾之间的经贸合作产生了不利的影响，菲律宾国内反华势力的抬头也严重威胁着中国在当地投资的企业的安全。

东盟政治一体化建设步伐加快。2009 年第 14 届东盟峰会上，《东盟政治安全共同体蓝图》被通过，根据该蓝图，东盟政治共同体的三个目标是：建立一个实行法治、拥有共同规范和价值观的共同体；团结、和平、稳定、有活力的地区，在综合安全上承担集体责任；在更加一体化和相互依赖的世界中，把东南亚建设成为一个更加开放的地区。东盟政治合作的目的是加强民主，推行良治和法治，保护人权和自由，使得东盟成为地区机制和规范的塑造者，地区安全理念的构造者，民主和良治的推动者，以及地区合作的领导者。在该蓝图的指引下，东盟已经在政治方面取得了一些进展，2012 年 11 月，在柬埔寨金边举行的第 21 届东盟峰会上，通过了《人权宣言》，从公民和政治权利，经济、社会和文化权利，发展权，和平权四个方面对东盟人权做出了承诺。目前处于构建政治合作机制和机构阶段，如何加强这些机制与成员之间的联系，如何推进民主和良治，由于各国间意识形态的差异，还面临着巨大的挑战，在重大战略问题上制定统一的最低标准和规范仍是东盟达到政治一体化的良好途径。

2. 东盟的法律环境。东盟国家中，马来西亚、新加坡、文莱和泰国四国法制比较健全，法律执行比较有力。其他 6 个国家也基本形成了较健全的法律法规体系，但是具体执行效果较弱，经常出现有法不依、执法不严的情况。柬埔寨国内一些人对外商投资有抵触，国内法制法规不健全，国内秩序混乱，经常发生罢工、游行示威等活动。

东盟国家法律体系复杂，这里主要介绍东盟与引进外资相关的法律环境状况。东盟各国外资立法所依据的基本原则是尊重主权、经济互利、参照国家惯例原则。东盟各国都要求外来投资者尊重东道国国家主权，遵循东道国的国家发展计划，对与东道国宪法相抵触的投资应当立即终止。东盟各国引资法律普遍把互利共赢作为引资的主要目的，各国认为吸引外资应该能同时增进投资者和东道国的经济福利，东盟各国有关外资优惠的立法体现了经济互利原则。东盟各国立法参照世界贸易组织（WTO）《投资协定》等国际规则和惯例，这样，有利于各国投资法律与国际相关规则接轨，从而便于投资者接受相关法律，促进投资便利化。

东盟国家从 20 世纪 60 年代开始对吸引外资进行立法，各国先后颁布鼓励外资进入的法律法规，简化投资申请和审批手续，投资立法促进了 20 世纪 70 年代外资进入东盟，带动了东道国经济发展。20 世纪 70 ~ 80 年代，世界经济危机下东盟各国经济结构发展不平衡的问题变得更加突出，东盟各国对外资立法进行调整，增加控制性，通过法律引导外资在东盟各国投资的产业领域，重点引导外资发展化工产业和提高产品的质量。此阶段，东盟各国吸引外资的速度变得缓慢起来。20 世纪 80 年代中期以后至今，各国外资立法进一步发展，各国对电子、汽车、机械等技术资本密集型产业的引资放宽限制，采取放宽外资持股比例、降低外资企业注册资本最低限额、减少外资企业的税收征收、向外资开放更多的投资领域等措施，进一步简化投资手续，促进投资便利化，创造了较好的引资法律环境，促进外资融入东盟。

（二）东盟的社会文化环境

1. 东盟的人口状况。东盟总人口约 5.85 亿，1980 ~ 1990 年东盟人口平均增长率为 2.1%，1990 ~ 1995 年东盟人口平均增长率为 1.8%，2005 ~ 2012 年东盟人口平均增长率为 1.45%[①]。人口总数唯一过亿的国家是印度尼西亚，2008 年印度尼西亚人口达到 2.28 亿，文莱人口最少，只有 46.98 万。菲律宾、越南、泰国、缅甸人口较多，分别为 9112 万、8616 万、6680 万、5700 万，新加坡、老挝、柬埔寨、马来西亚人口数相对较少，分别是 483.9 万、668 万、1632 万、2773 万。东盟国家中，新加坡、文莱、马来西亚城市人口占总人口比重大，其中新加坡的城市人口比重为 100%，是完全城市化国家，其他东盟国家农村人口占总人口比重较大，见表 1 - 5。从人口密度来看，新加坡的人口密度最大，2012 年新加坡每平方公里有 7429 人，老挝的人口密度最小，2012 年老挝每平方公里有 28 人[②]。东盟大部分发展中国家的人民生活较贫困，很多人生活在贫困线以下，如表 1 - 6 所示，除了文莱、新加坡、马来西亚外，其余国家处在贫困线以下的人数比重较大，尤其是柬埔寨、菲律宾、老挝等国家的贫困人口较多。

---

① 根据《东盟统计年鉴》，2013 年第 2 页中的数据计算得出。
② 根据《东盟统计年鉴》，2013 年第 3 页中的数据计算得出。

表1-5 东盟城市人口比重 单位：%

年份\国家	1990	2005	2006	2007	2008	2010	2011	2012
文莱	—	73.5	73.6	74.4	—	75.7	78.5	78.7
柬埔寨	12.6	17.7	20.0	17.8	17.9	19.9	21.0	20.5
印度尼西亚	30.6	49.0	43.1	43.1	—	49.8	51.2	51.9
老挝	18.1	21.6	21.0	29.7	29.7	33.2	35.0	36.0
马来西亚	50.7	63.0	—	63.4	63.5	71.0	71.9	72.7
缅甸	24.2	30.4	30.5	30.5	30.6	30.7	30.8	30.8
菲律宾	48.8	62.7	63.0	63.5	64.2	66.4	48.5	48.6
新加坡	100.0	100.0	100.0	100.0	100.0	100.0	100.0	100.0
泰国	18.7	32.5	30.0	32.9	33.8	33.3	36.1	33.9
越南	19.7	26.9	27.0	27.4	29.1	29.6	31.7	31.9
东盟	30.1	43.7	44.1	44.3	—	43.6	44.2	44.7

数据来源：《东盟统计年鉴（2013）》，第4页。

表1-6 贫困线以下人口比重 单位：%

年份\国家	1993	1997	1998	1999	2000	2001	2002	2003	2004	2005	2007
文莱	—	—	—	—	—	—	—	—	—	—	—
柬埔寨	39.0	36.1	—	35.9	—	—	—	34.7	—	—	—
印度尼西亚	—	17.7	24.2	23.4	19.1	18.4	18.2	17.4	16.7	16.7	16.6
老挝	46.1	38.6	—	—	—	33.5	32.7	—	—	—	—
马来西亚	8.7	6.1	—	7.5	—	—	5.1	—	5.7	—	3.6
缅甸	—	22.9	—	—	26.6	—	—	—	—	—	—
菲律宾	40.6	36.8	—	39.4	—	—	39.0	—	—	—	—
新加坡	—	—	—	—	—	—	—	—	—	—	—
泰国	13.0	11.4	13.0	15.9	14.2	13.0	9.8	—	11.2	—	—
越南	50.9	—	37.0	—	—	—	28.9	—	18.1	15.5	14.8

数据来源：《东盟统计年鉴（2013）》，第4页。

2. 东盟的民族宗教情况及特点。东盟地区既是多种民族聚集的地区也是多种宗教聚集的地区。从民族结构来看，缅甸、越南、老挝、柬埔寨属于蒙古人种，马来西亚有马来族人，印度尼西亚有 100 多个民族，泰国有 30 多个民族，其中傣族约占总人口的 40%，越南有 60 多个民族，其中越族约占总人口的 60%，老挝有 60 多个民族，老龙族约占总人口的 60%，柬埔寨有 20 多个民族，其中高棉族约占总人口的 20%。华人在东南亚的聚居人数也比较多，总人口为 2000 多万。

在宗教信仰方面，世界三大宗教佛教、伊斯兰教和基督教在东盟都有信仰者。柬埔寨、老挝、缅甸和泰国主要信奉小乘佛教。新加坡民族众多，信仰呈现多元化，主要信奉佛教、道教、基督教、伊斯兰教等。越南主要信奉佛教、道教。文莱、马来西亚、印度尼西亚主要信奉伊斯兰教。菲律宾绝大多数人信奉天主教。印度尼西亚绝大多数人口信奉伊斯兰教。

东盟的民族问题和宗教问题相互交织出现，宗教常常成为激化民族矛盾的主要因素。一国的矛盾冲突往往是民族冲突和宗教冲突的混合体，宗教也常常成为民族矛盾冲突方制造冲突的主要手段和工具。目前，东盟的民族主义和宗教极端主义呈现上升趋势。

东盟很多国家在 19 世纪成为西方国家的殖民地，如菲律宾是西班牙的殖民地，马来西亚、新加坡、文莱、缅甸在历史上是英国的殖民地，老挝、柬埔寨是法国的殖民地，各殖民主义分别控制着各自的殖民地，造成东盟国家民族主义、民族矛盾兴起和突出，受压制民族反抗掌权民族的斗争一直在延续着。

东盟的民族和宗教问题常与恐怖主义事件联系在一起。根据 2014 年全球恐怖主义指数显示，东南亚地区受恐怖主义活动冲击的程度加剧，在全球恐怖主义指数排名前十位的国家中，东盟国家就有两个，分别是菲律宾（排名第 9 位）和泰国（排名第 10 位），此外，印度尼西亚排名第 31 位，缅甸排名第 35 位，马来西亚排名第 48 位，这些国家都是受恐怖主义活动影响较大的国家。全球恐怖主义指数是由世界经济及和平协会依据恐怖袭击个案、恐怖袭击死难者人数、恐怖袭击事件造成财产损失多寡等为全球 162 个国家进行排名的。2002 年和 2005 年印度尼西亚巴厘岛先后发生两次爆炸恐怖事件，"伊斯兰祈祷团"曾是东南亚最大的恐怖主义组织，该组织被印度尼西亚击溃后，其精神领袖巴希尔策划成立游击队，依然威胁着东南亚的安全。东南亚恐怖主义猖獗的原因之一就是东南亚地区民族、宗教矛盾复杂，分裂分子、宗教分子行动活跃，为恐怖主义的发展提供了空间。另外，由于"9·11"事件后美国对恐怖主义的打击加强，使得一部分恐怖组织转移到东南亚地带。

民族、宗教问题导致军事势力进入东南亚地区。东南亚地区由于民族、宗教矛盾引起的一些恐怖事件，威胁到东南亚地区的安全。近年来东南亚地区大规模提高军事预算，加强军事演习，同时，美国以"反恐"为名，也想派其军事势力进驻东南亚。现在，美国以联合军事演习的名义达到进驻东盟国家、扩大其军事存在的目的。

（三）东盟的经济环境

东盟各国均保持比较好的经济增长势头，有很强的经济活力。按照经济发展水平来衡量，在东盟处于经济发展水平第一层次的国家是新加坡和文莱，处于经济发展水平第二层次的国家是泰国、菲律宾、马来西亚、印度尼西亚、越南等经济发展较好的国家，处于经济发展水平第三层次的国家是柬埔寨、老挝、缅甸等经济发展比较落后的国家。

东盟 2012 年 GDP 是 2.3 万亿美元，占当年中国 GDP 的 28%（中国 2012 年 GDP 是 8.2 万亿美元），占当年美国 GDP 的 15%（美国 2012 年 GDP 是 15.7 万亿美元）。东盟 GDP 的增长率 2005~2012 年一直保持平均 5.3% 的较高年均增长率，2005 年东盟 GDP 增长率为 5.9%，2012 年略下降到 5.7%，而 2012 年中国 GDP 的年均增长率是 7.8%，美国 2012 年 GDP 的年均增长率是 2.3%。具体见表 1-7 和表 1-8。

表 1-7　　　　　　　　　东盟的经济增长率　　　　　　　　单位：%

年份\国家	2005	2006	2007	2008	2009	2010	2011	2012	2005~2012
文莱	0.4	4.4	0.2	-1.4	-1.8	2.6	3.4	1.0	1.1
柬埔寨	13.6	10.8	10.2	6.7	0.1	6.0	7.1	7.0	6.8
印度尼西亚	5.7	5.5	6.3	6.0	4.5	6.3	6.5	6.2	5.9
老挝	7.3	8.3	6.0	7.8	7.5	8.1	8.0	7.9	8.0
马来西亚	5.3	5.6	6.3	4.8	-1.5	7.4	5.1	5.6	4.7
缅甸	13.6	13.6	13.1	12.0	10.3	10.6	9.6	5.6	10.8
菲律宾	4.8	5.2	6.6	4.2	1.1	7.6	3.6	6.8	5.0
新加坡	7.4	8.6	9.0	1.7	-0.8	14.8	5.2	1.3	5.6
泰国	4.6	5.1	5.0	2.5	-2.3	7.8	0.1	6.5	3.5
越南	8.4	8.2	8.5	6.3	5.3	6.8	6.0	5.0	6.6
东盟	5.9	6.1	6.7	4.7	1.7	7.8	4.7	5.7	5.3

数据来源：《东盟统计年鉴（2013）》，第 37 页。

表 1 - 8 东盟按当前价格计算的 GDP 金额 单位：百万美元

年份 国家	2005	2006	2007	2008	2009	2010	2011	2012
文莱	9525	11464	12281	14483	10815	12402	16691	16970
柬埔寨	6250	7258	8636	11073	10354	11229	12804	14401
印度尼西亚	284790	364371	431024	513032	546527	710068	846317	878223
老挝	2872	3309	4224	5291	5595	6852	8061	9083
马来西亚	143551	163550	193901	231382	202627	243429	289230	305154
缅甸	10989	13188	19132	25435	31831	42228	52466	52525
菲律宾	103112	122419	152126	173427	168644	199976	224108	250543
新加坡	125417	145637	177869	190859	189334	232075	265652	276610
泰国	176341	207328	247178	272946	264041	319276	345825	366127
越南	52953	60965	70965	90942	97078	106531	i23345	141669
东盟	915801	1099488	1099488	1528871	1526846	1884068	2184499	2311304

数据来源：《东盟统计年鉴（2013）》，第 40 页。

　　东盟各成员人均 GDP 存在很大差异，2012 年从 50000 美元到不到 1000 美元不等，2012 年新加坡和文莱的人均 GDP 均超过 40000 美元，而柬埔寨、缅甸的人均 GDP 不到 1000 美元，印度尼西亚、马来西亚、菲律宾和泰国的人均 GDP 在 2500～10400 美元之间。2012 年东盟总体人均 GDP 是 3745 美元，占当年中国人均 GDP 的 40%（2012 年中国人均是 6076 美元），也远远落后于东盟的主要贸易伙伴国的人均 GDP，2012 年美国人均 GDP 是 49922 美元，日本是 46736 美元，欧盟 28 国是 46736 美元，俄罗斯是 14247 美元。具体见表 1 - 9。

表 1 - 9 按照当时市场价格计算的人均 GDP 单位：美元

年份 国家	2005	2006	2007	2008	2009	2010	2011	2012
文莱	26569	31452	33191	38621	28454	32063	42439	42445
柬埔寨	453	515	601	827	735	785	882	977
印度尼西亚	1295	1636	1910	2245	2362	2988	3497	3578
老挝	511	576	719	882	913	1095	1262	1394

续表

国家＼年份	2005	2006	2007	2008	2009	2010	2011	2012
马来西亚	5511	6160	7166	8393	7216	8515	9952	10338
缅甸	198	233	333	436	538	706	869	861
菲律宾	1209	1408	1717	1917	1829	2127	2338	2565
新加坡	29401	33089	38763	39439	37961	45714	51247	52069
泰国	2709	3162	3743	4106	3947	4743	5116	5391
越南	643	732	843	1068	1129	1225	1404	1596
东盟	1641	1942	2294	2631	2591	3139	3586	3745

数据来源:《东盟统计年鉴（2013）》, 第23页。

（1）东盟的通货膨胀率。文莱、马来西亚2005～2012年一直保持较低的通货膨胀率。印度尼西亚在2005年和2006年通货膨胀率较高达到10%以上, 此后逐步下降到2012年的4.2%。越南的通货膨胀率也比较高, 2011年达到18.6%。具体见表1-10。

表1-10　　　　　　　　　东盟年均通货膨胀率　　　　　　单位: %

国家＼年份	2005	2006	2007	2008	2009	2010	2011	2012
文莱	1.2	0.1	0.3	2.7	1.8	0.4	2.0	0.5
柬埔寨	5.8	4.7	5.9	19.7	-0.7	4.0	5.5	2.9
印度尼西亚	10.5	13.1	6.4	11.3	5.0	5.1	5.4	4.2
老挝	6.8	-3.1	3.7	7.6	0.03	6.0	7.6	4.2
马来西亚	3.0	3.6	2.0	5.4	0.6	1.7	3.2	1.7
缅甸	10.5	18.9	34.9	12.0	7.7	7.7	5.0	1.5
菲律宾	7.6	6.3	2.8	9.3	4.2	3.8	4.6	3.2
新加坡	0.4	1.0	2.1	6.6	0.6	2.8	5.2	5.0
泰国	4.5	4.7	2.2	5.4	-0.9	3.3	3.8	3.0
越南	8.6	7.2	8.3	-11.7	-1.3	9.2	18.6	9.3

数据来源:《东盟统计年鉴（2013）》, 第45页。

（2）东盟的失业率。东盟的印度尼西亚、菲律宾失业率较高，2005 年印度尼西亚 15 岁以上人的失业率为 10.3%，此后有所下降，2012 年为 6.1%。菲律宾 2005 年 15 岁以上人的失业率为 7.5%，2012 年为 6.8%。见表 1-11。

表 1-11　　　　　　　　　　东盟各国 15 岁以上失业率　　　　　　　　单位：%

年份 国家	2005	2006	2007	2008	2009	2010	2011	2012
文莱	4.3	4.0	3.4	3.7	3.5	2.9	1.7	1.7
柬埔寨	0.8	—	0.7	0.3	0.1	0.3	0.2	0.2
印度尼西亚	10.3	10.3	9.1	6.5	5.8	5.5	5.0	6.1
老挝	1.3					1.9		
马来西亚	3.5	3.3	3.2	3.3	3.7	3.3	3.1	3.0
缅甸	4.0	4.0	4.0	4.0	4.0	4.0	4.0	4.0
菲律宾	7.5	7.4	6.3	6.8	7.1	7.1	6.4	6.8
新加坡	4.1	3.6	3.0	3.2	4.3	3.1	2.9	2.8
泰国	1.8	1.5	1.4	1.4	1.5	1.0	0.7	0.7
越南	5.3	4.8	4.6	4.7	4.6	4.0	3.6	3.2

数据来源：《东盟统计年鉴（2013）》，第 23 页。

（四）东盟的资源环境

1. 东盟的矿藏资源。东盟有丰富的煤炭、铁矿、有色金属矿藏资源，煤炭主要分布在越南、马来西亚、泰国等国家。越南已探明的煤炭储量约 38 亿吨，其中优质无烟煤 34 亿吨，主要分布在越南广宁省，广宁省拥有东南亚最大的煤矿。马来西亚探明煤的储量是 50 亿吨，主要分布在苏门答腊和加里曼丹。泰国煤炭的主要品种是和褐煤和烟煤，总储量 15 亿吨；东盟铁矿主要分布在越南、马来西亚、缅甸、泰国等国家。越南铁矿总储量达到数十亿吨，有贵砂铁矿、磁铁矿等多种类型铁矿；东盟拥有丰富的铜、锡、镍、锌、锰、钨、铅、金、银等有色金属。印度尼西亚、泰国和马来西亚的锡储量约占世界锡储量的 50%[①]。泰国的锡储量位于世界锡储量之首，锡是马来西亚最主要的矿藏资源，马来西亚的锡储量居于世界第二，此外还有锑、锰、铝土、铬、

---

① 黄锦华：《中国与东盟矿产资源合作现状研究》，载《广西财经学院学报》2010 年第 1 期，第 7 页。

钛、铀、钴等稀有金属矿藏。菲律宾主要拥有铜矿，铜矿储量占其金属矿总储量的 1/2 以上，还有镍、铬铁、石灰石、磷、硅、钴、铝土等有色金属矿藏资源。

2. 东盟的森林资源。全球森林资源主要集中在南美、俄罗斯、中非和东南亚，这四个地区拥有的森林资源约占全球森林资源的 60%。东盟拥有的热带森林占世界的 10%。东盟还有丰富的森林木材资源，尤其是缅甸木材种类繁多，材质优良得到木材市场广泛认可。缅甸由于海拔高、日照充分，拥有大面积原始森林，柚木、椿木、西南桦、黑胡桃、水冬瓜、金丝柚等均是缅甸木材品种。缅甸的森林覆盖率达到 50%，主要出口柚木原木、柚木加工、硬木原木及制成品。文莱的森林覆盖率达到 78%。老挝的森林资源也是东盟的宝贵资产和该国长期发展的资源，柬埔寨的森林资源也很丰富，主要有干旱林和湿地林。

近年来，由于砍伐严重，东盟的森林资源遭到了破坏，东盟国家森林覆盖率急剧下降。例如，柬埔寨由于战争、农业开荒和过度砍伐森林等原因，过去 20 年柬埔寨毁林约 200 万公顷。现在，东盟各国开始保护森林资源，积极关注森林资源的可持续性发展，各国纷纷出台保护森林资源的法律法规，以达到恢复原有森林资源的目的。

3. 东盟的油气资源。由于地理位置优越，东南亚地区成为世界新兴产油国家。2008 年东盟是亚洲 10 个主要原油供应商之一，在亚洲 10 个主要原油供应商排名中仅次于沙特阿拉伯，位于第二，2009～2011 年亚洲 10 个主要原油供应商排名中位列第三，2012 年排名第四。印度尼西亚、马来西亚、越南和文莱、泰国是该地区重要的产油国家，印度尼西亚石油蕴藏量占整个东盟石油蕴藏量的 65%[①]，印度尼西亚的苏门答腊岛、加里曼丹岛和马来西亚近海的马来盆地、沙捞盆地和沙巴盆地是原油的主要分布地区。东盟石油剩余探明储量是 14.3 亿吨，占全球的 0.88%，印度尼西亚原油出口一直位居东盟之首，2003 年印度尼西亚原油出口 56.21 亿美元，此后原油出口额一直上升，2012 年达到 122.93 亿美元。东盟的天然气主要分布在印度尼西亚和马来西亚，两国天然气最终可采资源量都在 2.97 万亿立方米以上，印度尼西亚长期是世界上最大的天然气出口国，还是 OPEC 组织中唯一的亚洲成员。东盟国家油气开采还有很大的潜力，印度尼西亚西海域是 20 世纪 90 年代世界油气田大发现的重点区域，是拥有大型油田最多的地区。具体见表 1 - 12。

----

① 黄锦华：《中国与东盟矿产资源合作现状研究》，载《广西财经学院学报》2010 年第 1 期，第 7 页。

表1-12 东盟原油出口情况

单位：百万美元

年份\国家	2003	2004	2005	2006	2007	2008	2009	2010	2011	2012
文莱	1637.6	2897.6	3888.3	5126.6	5050.7	4271.0	3438.6	4332.2	6277.1	6258.1
柬埔寨	—	—	—	—	—	—	—	—	—	—
印度尼西亚	5621.0	6241.4	8145.8	8168.8	6309.1	12418.7	7820.3	10402.9	13828.7	12293.4
老挝	0.0	0.0	0.0	0.0	0.0	0.0	0.0	0.0	0.0	0.0
马来西亚	4194.5	5994.6	7953.4	8692.3	9761.8	12412.0	7251.2	9607.7	10924.5	10463.8
缅甸	—	—	—	—	—	—	—	—	—	—
菲律宾	2.9	100.1	157.2	129.6	135.2	160.5	225.2	339.8	415.2	597.8
新加坡	0.0	0.0	57.5	77.6	45.3	53.4	21.2	21.9	0.5	0.2
泰国	652.2	831.8	1378.4	1442.2	1159.2	1707.3	1038.4	837.4	1378.8	1662.2
越南	0.0	3814.3	4527.4	4642.7	4819.1	6650.3	3247.1	3137.4	5386.8	7946.7
东盟	12108.2	19879.6	26108.1	28280.0	27280.4	37673.3	23041.9	28699.3	38211.6	39222.1

数据来源：《东盟统计年鉴（2013）》，第225页。

4. 相对低廉的劳动力资源。在东盟的一些经济发展水平较低的国家，如柬埔寨、越南、老挝、缅甸，劳动力成本与中国的劳动力成本相比较低廉，具有生产劳动力密集型产业的比较优势。表 1 - 13 是东盟一些成员如柬埔寨、缅甸、越南与中国在服装加工生产业方面的劳动力成本的比较。2013 年中国在服装产业的劳动力的最低月工资是 180 美元，远远高于缅甸的月工资 32 美元，越南的月工资 97 美元，柬埔寨的月工资 100 美元（见表 1 - 13）。中国劳动力的最低周工资是 240 美元，也同样远高于东盟上述国家劳动力的最低周工资水平，这说明东盟具有劳动力成本低廉的比较优势，中国对东盟开展直接投资可以利用当地低廉的劳动力成本优势，开展劳动力密集型产业的直接投资。中国不断增加的劳动力成本促使劳动力成本敏感型的中国服装生产企业到东盟劳动力成本低廉的国家开展投资。2012 年，85 家企业在柬埔寨开展投资，其中 2/3 的企业来自中国。来源于柬埔寨投资局的数据显示，2013 年在柬埔寨投资于服装、制鞋等相关产业的中国企业有 83 家，2012 年有 72 家，2014 年 1～4 月又有 30 家类似的中国企业获得批准在柬埔寨投资。

表 1 - 13　　　**2013 年中国与东盟部分国家在服装产业方面的劳动力成本差距**

单位：美元

工资	柬埔寨	缅甸	越南	中国
最低月工资	100	32	97	180
最低周工资	125	64	130	240

数据来源：Opportunities and Challenges for the Garment Industry in Myanmar, Yarn and Fibers, http：//www. Yarnsandfibers. com/preferredsupplier/reports-fullstory. php? id = 664, 6 May, 2013.

二、东盟的国别或地区投资环境分析

（一）新加坡投资环境分析

新加坡地理位置优越、基础设施完善、政治社会稳定、商业网络广泛、融资渠道多样、法律体系健全、政务环境廉洁高效。新加坡是高度开放的经济体，经济对外依存度很高，对外商品和服务贸易相当于其 GDP 的 4 倍，2011年新加坡人均 GDP 为 50123 美元，名列全球第三。1997 年东南亚金融危机后，新加坡大力推进经济结构向知识密集型转变；2008 年国际金融危机爆发后，随着全球经济重心向亚洲转移，新加坡抓住这一机会，于 2010 年确定未来 10 年经济发展的提高劳动生产力、提升企业能力和打造环球城市三大战略重点。具体见表 1 – 14。

表 1 – 14　　　　　　　2003 ～ 2012 年新加坡的宏观经济数据

年份	GDP（亿美元）	经济增长率（%）	人均 GDP（美元）
2003	959.6	4.6	23319
2004	1126.9	9.2	27046
2005	1254.1	7.4	29400
2006	1457.5	8.8	33114
2007	1775.8	8.9	38700
2008	1899.7	1.7	39255
2009	1888.3	– 0.8	37860
2010	2317.0	14.8	45640
2011	2656.0	5.2	51237
2012	2765.2	1.3	52051

数据来源：商务部，《对外投资合作国别指南——新加坡》，2013 年，第 12 页。

吸引外资是新加坡的基本国策，据新加坡统计局发布的数据，截至 2011 年年底，新加坡吸收外资存量 6509 亿新元，约合 5175 亿美元，前十大外资来源地分别为美国（579 亿美元）、荷兰（525 亿美元）、英国（450 亿美元）、日本（413 亿美元）、瑞士（213 亿美元）、印度（191 亿美元）、中国香港（184 亿美元）、挪威（169 亿美元）、马来西亚（121 亿美元）和中国大陆（118 亿美元）。新加坡吸收外资的主要行业是金融保险业、制造业和批发零售业。制造业领域里的石油化工、生物医药、电子元器件的一些国际大型跨国公司如生物制药的葛兰素史克、蚬壳石油跨国公司等都在新加坡进行投资。对外来投资，新加坡采取宽松的投资准入政策，除国防相关行业及少数特殊行业外，对外资的进入几乎没有限制。新加坡政府还制定了区域总部奖励、跨国营业总部奖励、金融与资金管理中心奖励等多项计划以鼓励外资进入。新加坡政府在 2010 年公布的电子、石油化工、生命科学、工程、物流等 9 个行业为奖励投资领域，对外资进入新加坡的方式也无限制，除了金融、保险、证券等特殊领域需向主管部门报备外，绝大多数产业领域对外投资的股权比例无限制性措施。新加坡制定了《防止贪污法令》、《贪污、贩毒和其他严重罪行法令》、《公务员惩戒条例》等对遏制商业贿赂、贪污发挥了重要作用，公务员贪污后需要向政府缴纳的腐败成本十分高昂，减少了腐败现象的发生，此外，政府高效、平等的服务以及清晰、透明的政策也减少了腐败。

（二）马来西亚投资环境分析

马来西亚主要有棕榈油、橡胶、可可、木材和胡椒等，是世界第二大棕榈油及相关制品的生产国和最大的出口国，是世界第三大天然橡胶生产国和出口国。马来西亚投资环境的主要优势是：地理位置优越，位于东南亚核心地带，经济增长前景较好，原材料丰富，人力资源素质较高，工资成本较低，民族关系融洽，政治动荡风险较低。世界经济论坛《2012～2013全球竞争力报告》表明，马来西亚在全球竞争力国家排名中列25位，列东盟国家竞争力排名第2位。

马来西亚的宏观经济发展稳定，2012年GDP增长5.6%，人均国内生产总值9974美元，农业、矿业、制造业、建筑业和服务业是其主要产业，尤其是服务业，2012年服务业占比54.6%，其中旅游业是服务业重要部门之一。其采矿业以开采石油、天然气为主，制造业是国民经济发展的主要动力，主要包括电子、石油、机械、钢铁、化工及汽车制造等行业。具体见表1-15。

表1-15　　　　　　2004～2012年马来西亚宏观经济数据

年份	经济增长率（%）	人均GDP（美元）
2004	7.1	4372
2005	5.3	4938
2006	5.9	5826
2007	6.3	6721
2008	4.6	7738
2009	-1.7	6634
2010	7.2	8140
2011	5.1	9693
2012	5.6	9974

数据来源：商务部，《对外投资合作国别指南——马来西亚》，2013年，第14页。

马来西亚的基础设施比较完善，除了完善的公路、铁路和空运外，马来西亚 95% 的贸易都是通过水运完成，巴生港濒临马六甲海峡，为马来西亚最大的港口，是东南亚集装箱的重要转运中心。

马来西亚政府鼓励外商投资运输设备、化学原料及制品、石化产品、电子电器、金属制品等制造业，2012 年对马来西亚制造业投资的主要国家是日本、沙特阿拉伯、新加坡、中国、韩国、法国、挪威、印度、荷兰、德国。许多知名的跨国企业如 Intel、Dell、Sumsung 都在马来西亚开展投资活动。

外商投资严格限制的领域是金融、保险、法律服务、电信、直销和分销等，一般外资持股比例不得超过 50% 或 30%。2009 年 4 月为了吸引外资，马来西亚政府开放了 8 个服务业领域的 27 个分支领域，允许外商独资，不设股权限制，这 8 个领域是计算机相关服务领域、保健与社会服务领域、旅游服务领域、运输服务领域、体育及休闲服务领域、商业服务领域、租赁服务领域、运输救援服务领域。2012 年马来西亚政府又逐步开放了 17 个服务业分支行业的外资股权限制，它们是电信领域的服务供应商执照申请、电信领域的网络设备供应与网络服务商执照申请、快递服务、私立大学、国际学校、技工及职业学校、特殊技术与职业教育、技能培训、私立医院、独立医疗门诊、百货商场与专卖店、焚化服务、会计与税务服务、建筑业、工程服务以及法律服务。马来西亚政府鼓励外国投资进入其出口导向型的生产企业和高科技领域，享受优惠政策的领域有农业生产、农产品加工、橡胶制品、石油化工、医药、木材、纸浆制品、纺织、钢铁、有色金属、机械设备及零部件、电子电器、医疗器械、科学测量仪器制造、塑料制品、防护设备仪器、可再生能源、研发、食品加工、冷链设备、酒店旅游及其他与制造业相关的服务业等。投资方式自由，可以包括现金投入、设备入股、技术合作及特许权等，鼓励 BOT 投资方式。通过各种形式的税收优惠、补贴、享有各种优惠政策的工业园区来积极吸引外资。

（三）泰国投资环境分析

泰国的社会总体较稳定，对华态度较好，经济增长前景良好，市场潜力较大，地理位置优越，位于东南亚地理中心，工资成本低于发达国家，政策透明度较高，贸易自由化程度较高。世界经济论坛《2012～2013 年全球竞争力报告》显示，泰国在全球竞争力排名中位列第 38 位。受经济危机的影响，泰国经济一直有波动，自 2010 年以来，经济增长较为稳定。2012 年 GDP 构成，农业占 12.3%，制造业及其他工业产业占 45.6%，服务业占 42.1%。具体见表 1 – 16。

表 1 – 16 泰国的 GDP 状况

年份	GDP（百万美元）	增长率（%）	人均 GDP（美元）
2008	2726	2.5%	4092
2009	2633	− 2.3%	3936
2010	3188	7.8%	4736
2011	3456	0.1%	5113
2012	3650	6.4%	5382

数据来源：泰国央行。

泰国在吸引外资方面有显著成绩，尤其是 1995～2005 年期间，年均增长率约为 10%，主要集中在工业制造业领域。泰国限制投资的领域包括：因特殊理由禁止外国人投资的业务，如报业、广播电台、电视台、种稻、临海捕鱼、土地交易等；涉及国家安全稳定或对艺术文化、风俗习惯、民间手工业、生态环境造成不良影响的投资业务；本国人对外国人不具竞争能力的业务。对农业、畜牧业、渔业、勘探与采矿业的投资中，泰国投资者的持股比例不得低于 51%。投资方式主要是股权投资、上市、收购，关于 BOT 的投资项目较少，也实施不同程度的行业投资、地区投资优惠政策。

（四）印度尼西亚投资环境分析

印度尼西亚自然资源丰富，盛产棕榈油、橡胶等农林产品，其中，棕榈油产量居世界第一，天然橡胶产量居世界第二。主要矿产资源有石油、天然气、锡、铝、镍、铁、铜、金、银、煤等。印度尼西亚是世界第四人口大国，2010 年人口达 2.37 亿。

印度尼西亚吸引外资的速度很快，2008 年金融危机后，以 15% 的增长速度吸引外资，其丰富的自然资源、较为稳定的政局、良好的经济增长前景、重要的地理位置、丰富且廉价的劳动力、较为开放的金融市场等都成为吸引外资的竞争优势。

目前，外资流入以资源型、制造业为主，2012 年矿业投资 43 亿美元，占 17.3%；交通、仓储与通信行业 28 亿美元，占 11.4%；化工行业 28 亿美元，占 11.3%；金属、机械和电子工业 25 亿美元，占 10%。新加坡、日本、韩国、美国是印度尼西亚的主要外资来源国。

但是，印度尼西亚投资环境还需要进一步完善，当地基础设施严重滞后，物流成本十分高，通信设施落后，电力供应不足，基础工业落后，无法与外资配套形成完整的产业链，政府效率低下，腐败现象还很严重，一些行政部门管理混乱，税费复杂，资源民族主义和贸易保护主义抬头，这些因素都影响了外资在印度尼西亚开展投资的效率。

尽管受到经济危机的影响，印度尼西亚的经济还是保持较高的增长率（见表 1 - 17）。2012 年，印度尼西亚油气产业占 GDP 比重为 7.3%，第一产业农林牧渔占 14.44%，采矿业占 11.78%，制造业占 23.94%，第三产业占 38.6%。

印度尼西亚对投资行业的管制分为鼓励、限制、禁止，此外，外国投资者可以投资绝大部分部门。对外资在某些行业的持股比例有限制，例如，从事邮递业必须获得特殊许可，且外资股权比例最高不得超过 49%；电讯基站建设、运营和管理等，须 100% 由内资控股。投资方式主要是合资、独资和外资并购。

表 1 - 17　　　　　　　　2008 ~ 2012 年印度尼西亚宏观经济数据

年份	经济增长率（%）	人均 GDP（美元）
2008	6.1%	2245
2009	4.5%	2349
2010	6.1%	3005
2011	6.5%	3500
2012	6.23%	3660

数据来源：印度尼西亚中央统计局。

（五）菲律宾投资环境分析

菲律宾矿藏资源丰富，主要矿藏有铜、金、银、铁、铬、镍等 20 余种。铜蕴藏量约 48 亿吨，镍 10.9 亿吨，金 1.36 亿吨。地热资源丰富，预计有 20.9 亿桶原油标准的地热能源。巴拉望岛西北部海域初步探测的石油储量约 3.5 亿桶；森林面积 1585 万公顷，覆盖率达 53%，有乌木、紫檀等名贵木材；水资源丰富，鱼类品种达 2400 多种，金枪鱼资源居世界前列；菲律宾还是世界上人口增长率较高的国家之一，截至 2012 年年底，菲律宾总人口为 9580 万。

20 世纪 90 年代以来，菲律宾政局动荡，经济形势恶化，还有数个武装力量较大的反动政府武装组织，治安状况较差，绑架、爆炸、抢劫时有发生。2012 年菲律宾挑起与中国黄岩岛海域的纠纷，严重影响了两国经贸交流的气氛。2013 年 7 月 24 日，菲律宾全球反华游行在首都马尼拉举行，参加人数达400 余人。

菲律宾吸引外资的最大优势是拥有数量众多、廉价、受过教育、懂英语的劳动力，其劳动力成本大大低于发达国家的水平，吸引了西方大量跨国企业来菲律宾投资。

竞争劣势是菲律宾政局较为动荡、基础设施有待改善、法制改革进展缓慢。经济发展改革进程缓慢，基础设施严重滞后，尤其是落后的电力系统导致电力成本高昂成为阻碍外资的重要因素。根据世界经济论坛《2012～2013 年全球竞争力报告》，菲律宾全球竞争力排名第 65 位。

尽管有所起伏，但菲律宾一直保持经济增长势头，2010 年最高达到 7.3%的增速，2012 年菲律宾农业、工业和服务业分别占 11.89%、31.05% 和57.06%。具体见表 1-18。

表 1-18　　　　　　　　　　菲律宾经济增长情况

年份	经济增长率（%）	人均 GDP（美元）
2008	3.8	1866
2009	1.1	1846
2010	7.3	2007
2011	3.7	2347
2012	6.6	2710

数据来源：菲律宾国家统计协调委员会、IMF 和世界银行。

在菲律宾，外资的主要来源地是日本、美国、荷兰、韩国、新加坡等。在菲律宾投资的著名跨国公司有宝洁公司、IBM、德国仪器、雀巢、加德士集团、意大利航空公司、FedEx 等。

菲律宾政府将投资领域分为三类，即优先投资领域、限制投资领域和禁止投资领域。对于优先投资领域，菲律宾政府每年制定一个《投资优先计划》，列出政府鼓励投资的领域和可以享受的优惠条件。优惠条件包括减免所得税、免除进口设备及零部件的进口关税、免除进口码头税、免除出口税费等财政优惠，以及无限制使用托运设备、简化进出口通关程序等非财政优惠。

投资方式的规定：对于绝大多数公司，菲律宾公民必须有至少60%的股份及表决权，不少于60%的董事会成员是菲律宾公民，如果公司不能满足上述条件要求，必须符合下列条件才可在菲律宾投资：第一，经投资署批准，属于先进项目，菲律宾公民无法承担，且至少70%的产品用于出口；第二，注册之日起30年内，必须成为菲律宾本国企业，但是产品100%出口的公司无须满足该要求；第三，公司涉及的先进项目领域不属于宪法或其他法律规定应由菲律宾公民所有或控制的领域。菲律宾关于商业并购等商业行为有一系列法律，《公司法》对并购的手续和流程进行了相关规定，《反垄断和限制贸易的合并法》明确了由并购等行为造成的垄断或贸易阻碍的情形及相关处罚措施。

（六）文莱投资环境分析

文莱油气资源丰富，已探明原油储量为14亿桶，天然气储量为3900亿立方米。油气产业是文莱的经济支柱，产值约占全国GDP的2/3。文莱森林资源丰富，森林覆盖率达到70%以上。

文莱工业基础薄弱，经济结构单一，多年来主要以石油和天然气开采与生产为主，农业收入也较低，在国内生产总值中不到1%，现仅种植水稻、橡胶、胡椒和椰子、木瓜等热带水果。2000年，文莱成立国际金融中心，标志着文莱正朝着金融界、银行业、证券业和保险业方面深入发展。

文莱政治经济高度稳定，财政收支平衡，法律完善，执法严格，政策透明，投资风险较低，投资环境政策优越。文莱政府为实现多元化发展，重视建设良好的商业和投资环境，提供了该地区最宽松的税收政策。文莱免征流转税、个人所得税等诸多税种，还提供"先锋产业"政策，对国内亟须发展的行业实施企业所得税和设备进口关税减免，免税期高达11年，并根据后续投资情况延长免税期。鼓励国内外商人在文莱投资、经商，促进中小型私人企业、商业部门的发展，外资在高科技和出口导向型工业项目可以拥有100%的股权。对外资投资的行业分为禁止的行业（包括武器、毒品及与伊斯兰教相悖的行业）、限制的行业（林业不对外资开放）和鼓励的行业（包括化工、制药、制铝、建筑材料及金融等行业）。

世界经济论坛《2012~2013年全球竞争力报告》显示，文莱在全球竞争力排名第28位。

（七）越南投资环境分析

越南是传统农业国，工业基础较薄弱，主要依靠投资拉动经济，科技创新对经济发展贡献不高。2012 年国内生产总值为 1416 亿美元，2012 年越南农业占国民经济的 21.65%，工业和建筑业占 40.65%，服务业占 37.7%。越南的海洋运输发展较快，其海运船队总载重量 620 万吨，世界排名第 31 位，其通信业发展也较快，电力供需较紧张。

越南吸引外资的有利条件是：劳动力成本相对较低，地理位置优越，海岸线长达 3260 公里，港口众多，运输便利。影响外资的不利因素是：一是近年来宏观经济不稳定，通货膨胀压力大。二是劳动力素质不高，仅 30% 的劳动力受过技术培训。三是配套工业较落后，生产所需机械设备和原材料大部分依赖进口。

越南吸引外资的主要来源地是日本、中国台湾、新加坡、韩国、英属维尔京群岛、中国香港、美国、马来西亚、泰国、荷兰。其吸收外资的主要领域主要有加工制造业、房地产业、酒店餐饮、建设行业、水电气生产和分销、信息传媒、艺术与娱乐、仓储运输、农林渔业、矿产开发。

越南投资行业分为禁止投资项目（危害国防、国家安全和公共利益的项目；危害越南文化历史遗迹、道德和风俗的项目；危害人民身体健康、破坏资源和环境的项目；处理从国外输入越南的有毒废弃物、生产有毒化学品或使用国际条约禁用毒素的项目）；限制投资的项目（对国防、国家安全、社会秩序有影响的项目；财政、金融项目；影响大众健康的项目；文化、通讯、报纸、出版等项目；娱乐项目；房地产项目；自然资源的考察、寻找、勘探、开采及生态环境项目；教育和培训项目；法律规定的其他投资项目）；鼓励投资项目（基础设施建设、教育、医疗、种养及加工农林水产等）和特别鼓励投资项目（新材料、新能源的生产，应用高科技、现代技术，保护生态环境、高科技研发与培育等）。根据《越南投资法》的规定，外国投资者可以选择投资领域、投资形式、融资渠道、投资地点和规模、投资伙伴及投资项目活动期限等，外国投资者可以根据法律规定成立企业，资助决定已登记注册企业的活动。

世界经济论坛《2012～2013 年全球竞争力报告》显示，越南在全球竞争力排名第 75 位。

（八）柬埔寨投资环境分析

农业是柬埔寨国民经济第一大产业，农业资源丰富，大米出口保持增长速度。制衣业和建筑业是柬埔寨工业的两大支柱，柬埔寨充分利用欧盟给予的新普惠制待遇，吸引外资，发展制衣业；建筑项目主要包括住宅、工厂、商业大楼、酒店和赌场等。柬埔寨也是旅游资源丰富的国家，旅游业直接或间接创造了35万个岗位。

柬埔寨吸引投资的主要优势是：实行开放的自由市场经济政策，经济活动高度自由化，在东盟的经济自由度指数排名中，柬埔寨排在新加坡、马来西亚、泰国之后名列第四；柬埔寨近年来一直保持着比较稳定的经济增长速度，2012年柬埔寨三大产业占GDP的比重，农业为30%，工业为30%，服务业为40%。柬埔寨的GDP状况如表1-19所示。

表1-19　　　　　　　　　　柬埔寨的GDP状况

年份	GDP总额（亿美元）	GDP增长率（%）	人均GDP（美元）
2007	87.5	10.2	670
2008	102.9	6.7	715
2009	103.1	0.1	716
2010	114.4	5.9	792
2011	129.4	6.9	909
2012	140.4	7.3	987

数据来源：柬埔寨财经部。

柬埔寨的基础设施比较落后，对引资不利。柬埔寨主要靠公路运输，铁路设施不足，仅有南北两条铁路线，电力供应不足，依赖从泰国、越南进口。

2012年柬埔寨最大的三个外资来源国是韩国、中国、日本，在柬埔寨投资活动比较宽松，不受国籍限制，除禁止或限制外国人进入的领域外，外国人可以采取个人、合伙、公司等商业组织形式在商业部注册并取得相关许可，自由实施投资项目，拟享受投资优惠的项目需要向柬埔寨发展理事会申请注册并最终获得注册证书后方能实施。合资企业股东国籍或持股比例不受限制。

（九）老挝投资环境分析

老挝属于经济不发达国家，实行社会主义制度。1991年老挝党"五大"确定"有原则的全面改革路线"，提出坚持党的领导和社会主义方向等六项基本原则，对外实行开放政策。2001年老挝党"七大"制定了至2010年基本消除贫困、至2020年摆脱不发达状态的奋斗目标。

2012年老挝国内生产总值达到87.9亿美元，人均1349美元，同比增长8.3%，近年来其经济一直保持较快的增长。

老挝自然资源丰富，有数量众多的未开发的矿产资源，主要矿藏有金、银、铜、钾盐、铝土、铅、锌等。水电资源丰富，老挝是东南亚水能蕴藏量最丰富的国家，农业资源条件良好，土地资源丰富。

老挝的基础设施有待完善，没有高速公路，公路运输占全国运输总量的79%，现有铁路3.5万公里，有8个机场，10条国际航线，水路运输全长3000多公里，运输总量占18%。

除危及国家稳定和严重影响环境、人民身体健康和民族文化的行业和领域外，老挝政府鼓励外国公司及个人对各行业各领域投资，其中矿产、水电行业为外资在老挝主要投资领域，越南、泰国、中国分别为老挝前三大投资国。老挝对外国投资给予税收、制度、措施、提供信息服务及便利方面的优惠政策。外国投资者可以按照"协议联合经营"、与老挝投资者成立"混合企业"和"外国独资企业"等三种方式到老挝投资。"协议联合经营"是指老挝投资法人与外方在不成立新法人的基础上联合经营；"混合企业"是指由外国投资者和老挝投资者依照老挝法律成立、注册并共同经营、共同拥有所有权的企业。外国投资者所持股份不得低于注册资金的30%。"外国独资企业"是指由外国独资者独立在老挝成立的企业，形式可以是新法人或者分公司。

（十）缅甸投资环境分析

2012/2013财年，缅甸国内生产总值为517亿美元，增长率为7.6%；2013/2014财年国内生产总值为559.7亿美元，增长率为8.3%；2014/2015财年国内生产总值为607.2亿美元，增长率为8.5%。2014年国内生产总值构成中，农业占37.1%，工业占27.3%，服务业占41.6%[①]。

缅甸自然资源丰富，主要有锡、钨、锌、铝、锑、锰、金、银等，宝石和玉石在世界上享有美誉。石油、天然气储量丰富，已探明储量20.21亿桶，前景储量131亿桶，天然气主要蕴藏在近海，专家预计储量2.54亿立方米。森林资源丰富，2010年森林覆盖率为41%，水量充沛，利用水力发电潜力巨大，据有关方勘测，缅甸蕴藏水力的装机容量为1800万千瓦。海岸线漫长，渔业资源丰富，沿海鱼虾500多种。

缅甸吸引外资的主要优势是：丰富的自然资源、人力资源和文化遗产；市场潜力大，国内政局相对稳定，政府积极吸引外资，支持以资源为基础的外国投资项目、出口项目以及以出口为导向的劳动密集型项目。

---

① 商务部贸易经济合作研究院：《对外投资合作国别（地区）指南——缅甸》，2015年，第33页，http://fec.mofcom.gov.cn/article/gbdqzn/。

中国、泰国、韩国、英国、新加坡为主要投资国，主要投资领域为电力、石油和天然气、矿产业、制造业和饭店旅游业。外国企业在缅甸的投资方式有独资、与缅甸国民或相关政府部门或组织进行合作、根据双方合同进行合作，在所有合资公司里，外商至少要占到本公司35%以上的股份。

第三节　中国对东盟直接投资的基本状况分析

一、中国对东盟直接投资总额状况分析

2013年中国对东盟十国的投资流量为72.67亿美元，同比增长19.1%，占中国对外直接投资流量总额的6.7%，占中国对亚洲直接投资流量的9.6%（见表1-20）；存量为356.68亿美元，占中国对外直接投资存量总额的5.4%，占中国对亚洲地区直接投资存量的8%。2013年年末，中国在东盟设立直接投资企业2700多家，雇佣当地员工15.97万人[①]。

表1-20　　　　　　　中国对东盟直接投资流量情况　　　　　　　单位：亿美元

年份	2003	2004	2005	2006	2007	2008	2009	2010	2011	2012	2013
金额	1.20	1.96	15.77	33.58	9.68	24.84	26.98	44.05	59.05	61.0	72.67

数据来源：商务部，《中国对外直接投资统计公报》，2004年、2013年。

二、中国对东盟国别直接投资状况分析

从中国对东盟直接投资的国别来看，新加坡是中国对东盟直接投资的最大投资目的国，2013年中国对新加坡的直接投资存量占其对整个东盟直接投资存量的41.4%，新加坡是亚洲主要的金融交易中心，拥有较开放、透明的投资制度环境和较便利的投资基础设施，十分吸引中国的对外直接投资者，中国对新加坡投资主要集中于石油、航运、电力和商贸等领域。中国在印度尼西亚（13.06%）、缅甸（10.00%）、柬埔寨（8.00%）、老挝（7.77%）、越南（6.08%）等国的直接投资也比较多。具体见表1-21和表1-22。

---

① 商务部：《2013年中国对外直接投资统计公报》，中国统计出版社2014年版，第28页。

表 1－21　中国对东盟各成员国直接投资存量情况

单位：万美元

年份	2003	2004	2005	2006	2007	2008	2009	2010	2011	2012	2013
新加坡	16483	23309	32548	46801	144393	333477	485732	606910	1060269	1238333	1475100
泰国	15077	18188	21918	23267	37862	43716	44788	108000	130726	212693	247200
马来西亚	10066	12324	18683	19696	27463	36120	47989	70880	79762	102613	166888
印度尼西亚	5426	12175	14093	22551	67948	54333	79906	115044	168791	309804	4657000
菲律宾	875	980	1935	2185	4304	8673	14259	38734	49427	59314	69200
文莱	13	13	190	190	438	651	1737	4566	6613	6635	7200
柬埔寨	5949	8989	7684	10366	16811	39066	63326	112977	175744	231768	284900
越南	2873	16032	22918	25363	39699	52173	72850	98660	129066	160438	216700
老挝	911	1542	3287	9607	30222	30519	53567	84575	127620	192784	277100
缅甸	1022	2018	2359	16312	26177	49971	92988	194675	218152	309372	357000

数据来源：商务部，《中国对外直接投资统计公报》，2004 年、2013 年。

表 1 – 22　　　　　　　2013 年中国对东盟直接投资的主要行业　　　单位：万美元

行业	流量	比重（%）	存量	比重（%）
电力、热力、燃气及水的生产和供应业	82211	11.3	603915	16.9
采矿业	123399	17.0	528078	14.8
批发和零售业	123445	17.0	476315	13.4
租赁和商务服务业	62133	8.5	391975	11.0
制造业	118858	16.4	467252	13.1
金融业	54234	7.5	281026	7.9
建筑业	69804	9.6	293430	8.2
交通运输、仓储和邮政业	14571	2.0	138554	3.9
农、林、牧、渔业	54331	7.5	159708	4.5
科学研究和技术服务业	8181	1.1	53897	1.5
房地产业	5121	0.7	133257	3.7
信息传输、软件和信息服务业	1473	0.2	13363	0.4
居民服务、修理和其他服务业	2045	0.3	8421	0.2
住宿和餐饮业	5235	0.7	8200	0.2
文化、体育和娱乐业	—	—	1978	0.1
其他行业	—	—	3493	0.1
合计	726718	100.0	3566835	100.0

数据来源：商务部，《中国对外直接投资统计公报》，2013 年，第 29 页。

三、中国对东盟直接投资的行业状况分析

从中国对东盟直接投资的流量行业分布来看，2013 年中国对东盟投资主要流向如下：采矿业 12.34 亿美元，占 17%，主要分布在印度尼西亚、缅甸、老挝、新加坡等；批发和零售业 12.34 亿美元，占 17%，主要分布在新加坡、印度尼西亚、老挝等；制造业 11.89 亿美元，占 16.4%，主要分布在泰国、越南、印度尼西亚、柬埔寨、马来西亚、缅甸等；电力、热力、煤气燃气及水的生产和供应业 8.22 亿美元，占 11.3%，主要分布在缅甸、印度尼西亚、老挝、新加坡、柬埔寨等；建筑业 6.98 亿美元，占 9.6%，主要分布在老挝、印度尼西亚、柬埔寨、新加坡、马来西亚等；租赁和商务服务业 6.21 亿美元，占

8.5%，主要分布在马来西亚、新加坡、越南、印度尼西亚等；农、林、牧、渔业 5.43 亿美元，占 7.5%，主要分布在老挝、印度尼西亚、柬埔寨、马来西亚等；金融业 5.42 亿美元，占 7.5%，主要分布在新加坡、印度尼西亚、泰国、老挝等。

从 2013 年中国对东盟直接投资的存量行业分布来看，电力、热力、燃气及水的生产供应业 60.39 亿美元，占 16.9%，主要分布在新加坡、缅甸、柬埔寨、印度尼西亚、老挝等；采矿业 52.81 亿美元，占 14.8%，主要分布在印度尼西亚、缅甸、老挝、新加坡、泰国、菲律宾等；批发和零售业 47.63 亿美元，占 13.4%，主要分布在新加坡、泰国、越南、印度尼西亚、马来西亚等；制造业 46.73 亿美元，占 13.9%，是中国对东盟投资涉及国家最广泛的行业，其中投资额上亿美元的国家有泰国（11.11 亿美元）、越南（10.29 亿美元）、印度尼西亚（5.56 亿美元）、柬埔寨（5.39 亿美元）、马来西亚（4.92 亿美元）、新加坡（4.3 亿美元）、老挝（3.53 亿美元）。租赁和商务服务业 39.2 亿美元占 11%，主要分布在新加坡、马来西亚、老挝、越南、泰国等；金融业 28.1 亿美元，占 7.9%，主要分布在新加坡、泰国、马来西亚、印度尼西亚、菲律宾等；建筑业 29.34 亿美元，占 8.2%，主要分布在柬埔寨、新加坡、泰国、老挝、马来西亚、越南等国家；交通运输、仓储业 13.86 亿美元，占 3.9%，主要分布在新加坡、泰国；农、林、牧、渔业 15.97 亿美元，占 4.5%，主要分布在老挝、印度尼西亚、柬埔寨、越南、缅甸、泰国等；科学研究和技术服务业占 1.5%；房地产业占 3.7%；信息传输、软件和信息服务业占 0.4%；居民服务和其他服务业占 0.2%[①]。

四、中国对东盟直接投资主体分析

中国对外直接投资的主体是有限责任公司（2013 年年末占 66.1%，较 2012 年提高 3.6%）、国有企业（2013 年年末占 8%，比 2012 年下降 1.1%）、私营企业（2013 年年末占 8.4%）、股份有限公司（2013 年年末占 7.1%）、股份合作企业（2013 年年末占 3.1%），外商投资企业（2013 年年末占 3%）、港澳台商投资企业（2013 年年末占 2%），个体经营（2013 年年末占 0.7%）、集体企业（2013 年年末占 0.6%）和其他（2013 年年末占 1.0%）。中国对东

---

① 商务部：《2013 年中国对外直接投资统计公报》，中国统计出版社 2014 年版，第 29 页。

盟的投资主体也主要是有限责任公司、国有企业、私营企业等，有限责任公司成为最活跃的对东盟直接投资的主体，国有企业的地位有所下降，但依然是主要的投资者。

五、中国对东盟直接投资的主要方式

主要以绿地投资和非股权经营为主，近些年来也开始尝试兼并收购方式。2011~2013 年中国在东盟制造业的兼并主要集中于服装、纺织、电子、食品、饮料、塑料及塑料制品生产业，在矿藏、服务等行业的兼并现象也较多。例如中国石化购买印度尼西亚 Chevron 公司 6.8 亿美元的股权，中国鼎辉控股公司以 1.22 亿美元的收购价格收购新加坡 Sinomem 科技公司，2012 年中国建筑设计公司以 1.46 亿美元的价格收购新加坡 CPG 公司，中国万科收购新加坡 Sherwood Development 公司的股份等。

第四节　中国在东盟直接投资的机遇和发展前景

一、中国在东盟直接投资的机遇

（一）东盟市场具有较强的投资吸引力

近年来，受经济危机、政治不稳定等因素的影响，欧美引资规模持续下降，而亚洲地区成为目前世界上引资规模最大的地区，尤其是亚洲东部及东南部地区。据《2015 世界投资报告》显示，2014 年亚洲发展中国家（地区）吸引外资创历史新高，接近 5000 亿美元，巩固了亚洲地区成为世界上第一引资地区的地位，其中东亚和东南亚吸引外资 3810 亿美元，比 2013 年增加了9.6%，占世界引资的 31%。2014 年东盟成员总体外资流入 1330 亿美元，增加了 5%，占亚洲地区外资流入的 26.6%，其中新加坡 2014 年引资 675 亿美元，增加了 4.2%，印度尼西亚 2014 年引资 226 亿美元，增加了 20%，这两国是东亚排名前 5 位的主要引资国家。

东盟各成员对外资有不同的吸引力。新加坡市场开放程度高、基础设施健全、政策透明度高、法律体系健全；印度尼西亚、马来西亚、缅甸、老挝、柬埔寨等国具有丰富的矿产、木材、天然橡胶、油气等资源，吸引资源寻求型企业去这些国家开展投资；泰国、越南、菲律宾具有人力资源比较优势，吸引劳动密集型企业到这些国家投资。

（二）东盟基础设施建设潜力巨大

东盟一些国家基础设施落后，对铁路、公路、航空、港口、能源及可再生能源、洁净水、教育、健康等方面存在着潜在的巨大需求。东盟经济水平较高的一些国家如新加坡也面临着基础设施老化，亟须完善和更新。泰国计划加强轨道、港口以及公路网建设。

东盟各国都有改善基础设施的愿望或计划。2013 年 3 月泰国基础设施发展规划（2012 ~ 2016）获得泰国重建和发展战略委员会的一致通过，泰国政府采取财政拨款的方式支持基础设施建设，计划改造制造业服务业的基础设施建设，对空置闲地进行开发利用，制定基础设施战略发展规划，加强防御自然灾害和水资源保护。根据新规划，泰国将建设连接泰国南北的高铁线路，它们是：曼谷至中部罗南府，曼谷至北部城市清迈，曼谷至东北部的廊开府，曼谷至南部泰马边境巴当勿刹。2014 年中泰两国签署铁路合作谅解备忘录，之后双方就铁路线路规划、运行速度、投资方式进行了多轮谈判，中国和泰国将合作设 4 条铁路线，即曼谷—坎桂、坎桂—玛塔卡、坎桂—呵叻、呵叻—廊开，规划建设铁路线全长 867 公里，时速 180 公里，把泰国北部的廊开与首都曼谷连接起来。菲律宾政府也把加强基础设施建设纳入政府中长期发展计划，大力倡导通过公私伙伴关系（PPP）项目，吸引私人投资，改善基础设施。菲律宾计划改善交通设施，重点项目包括海上高速公路系统连接全国各主要岛屿的滚装船码头，为到达主要景区提供便利的旅游基础设施等项目。制定水资源整合计划，就供水、污水处理等基础设施环节的完善发展进行规划。印度尼西亚在 2011 年颁布了《2011 ~ 2025 年加速和扩大印度尼西亚经济发展总体规划》，提出将实施打造六大经济走廊、加快互联互通、提高人力资源和科研水平三大战略，计划未来 15 年筹资修建电站、路桥、机场等 370 个基础项目。

亚洲次区域经济合作行动计划也促进了区域内基础设施建设和互联互通项目的运行。中国—印度—缅甸经济走廊以及东盟在 2015 年年底成立的东盟经济共同体都强调加强互联互通、基础设施建设。

（三）良好的政策环境和融资渠道

2014 年 7 月金砖国家开发银行业已成立，为金砖国家和其他新兴市场及发展中国家的基础设施、可持续发展项目融资。这些政府间国际融资机构的建立能缓解发展中成员占多数的东盟国家基础设施所需资金的缺口，促进基础设施、互联互通投资合作。

2009 年中国政府建立中国—东盟投资合作基金（CAF），这是由中国国家进出口银行提供融资支持的一个大项目，重点支持企业在东盟寻找投资机会。CAF 项目覆盖电力、交通、通讯、水力、废水处理、油气管道和社会基础设施建设项目的投资，也包括对自然资源如铁、有色金属、稀有金属、种植业等方面的融资。CAF 目前的资金是 10 亿美元，未来将扩展到 100 亿美元，2011 年 11 月 CAF 为中国在老挝投资的一家企业提供融资支持，2013 年 10 月 CAF 为上海一家公司在印度尼西亚的铁镍合金项目提供融资支持。

2015 年，包括中国在内的 57 个国家成立了亚洲基础设施投资银行，该投资银行重点支持亚洲地区的基础设施建设，利用亚投行成员间的高额资本存量优势，为亚洲地区的基础设施建设提供基金支持，促进亚洲地区互联互通和经济一体化。

二、中国在东盟直接投资的发展前景

（一）中国在东盟投资合作的领域将更加广阔

伴随着中国"一带一路"战略构想的逐步推进，以及中国与东盟全面经济合作框架的达成，中国与东盟直接投资合作的领域将更加广阔。中国将继续深化对东盟的制造业、交通运输、矿藏开发、能源、电力、洁净水、物流、金融服务、商务服务、文化产业、医疗卫生、娱乐等产业的合作，还将在新能源、新材料、低碳、互联网等新领域开展投资合作。打造区域制造业价值链供应、生产环节，投资高端制造业，中国对东盟制造业的直接投资将不断提高科技含量和竞争优势，中国制造业企业的规模将不断壮大，优秀品牌形象会逐步在东盟市场上被树立起来。

（二）中国对东盟直接投资规模将不断扩大

从国家及国际战略角度来看，目前，中国正在全面贯彻实施国家"一带一路"战略部署，目的是积极与周边国家进行互联互通，扩大开放的合作。中国与东南亚周边国家开展的经济合作正符合"21世纪海上丝绸之路战略"的要求，有利于提高与东盟国家间的政治、经济互信，提高互联互通水平，促进双边开放水平，扩大合作领域。在东南亚，中国还与东盟一道打造升级版的中国—东盟自由贸易区，将通过更新和扩充《中国—东盟自贸区协定》的内容与范围，削减非关税措施，提出新一批服务贸易承诺，从准入条件、人员往来等方面推动投资领域的实质性开放，提升贸易和投资自由化、便利化水平，形成宽领域、高层次、高水平、全方位合作格局。

可以预见，随着中国与东盟双边互联互通建设水平的提高，双边开放程度的加深，双边合作领域的不断扩大，双边投资便利化程度的不断提高，中国在东盟直接投资的规模将会不断扩大。

（三）中国对东盟直接投资合作将坚持"共享经济"新观念

2006年1月国务院发布的《关于鼓励和规范中国企业对外投资合作指导意见》中指出要"坚持相互尊重，平等互利，优势互补，合作共赢"。党的十八大又提出"互利共赢，多元平衡，安全高效"开展对外直接投资。可以看出，"合作共赢"一直是我国坚持对外经贸合作的基本原则，只有坚持该原则才能保持我国对外经贸合作健康、可持续发展。我国与东盟的直接投资合作也是秉持这项原则，与东道国优势互补，共同取得经济利益、改善民生、实现科技共同进步。

对东盟直接投资的企业将承担更多社会责任。2012年中华人民共和国商务部出台了《对外承包工程行业社会责任指引》，指导、鼓励企业重视并履行必要的社会责任。自2010年1月中国与东盟自由贸易区全面建设成功后，中国越来越多的企业走出去到东盟开展直接投资，促进了当地居民的就业和收入的提高，但是，从另一个角度，一些企业忽视在东道国履行社会责任，破坏资源，污染环境，严重地影响了中国企业的信誉。兼顾环境、社会等方面的利益，不仅关系到企业自身在东道国的可持续发展，也影响国际社会对中国企业形象的评价。未来，中国对东盟直接投资的跨国企业将会更倾向于将保护东道国生态环境、促进当地就业和民生的改善等社会责任纳入企业在东道国长期投资发展中的一项战略目标，在对东盟投资的过程中同时兼顾承担社会责任、树立中国跨国企业良好形象、打造中国跨国企业的综合竞争力。

（四）对东盟开展高端制造业的直接投资

美国经济危机、欧洲债务危机后，欧美国家意识到制造业在国民经济发展中的战略地位，纷纷提出"再制造业"的口号，大力发展制造业，这对我国在东盟直接投资制造业的跨国企业来说是一个巨大的挑战。我国虽然是制造业大国，但是，我国制造业跨国企业的国际竞争力较弱，品牌优势存在缺陷，在东盟面临着来自美国、欧盟、日本等国家或地区先进制造业的竞争。例如，中国在东盟泰国等国的高铁投资项目就不断受到来自日本高铁制造企业的竞争威胁，日本高铁生产企业以其技术成熟、安全性能高为借口，频频抢夺中国高铁企业在东盟的高铁生产项目。

未来，中国还要在东盟大力发展制造业，重点培养高端制造业的科技水平，提高其质量、安全、环保等技术标准，提高其竞争优势、品牌优势、售后服务等综合优势。大力培养高端装备新材料、新信息等战略产业，加快工业设计和研发，开发电子商务、物流等服务性产业。在未来，谁占领了制造业的高端，谁就有可能在直接投资合作中获得主动权。

（五）对东盟直接投资主体的形式、竞争力将发生变化

2007年4月国务院颁布了《关于鼓励和规范企业对外投资合作的意见》，国家鼓励民营企业到海外开展直接投资，并且逐渐拟订具体的鼓励民营企业对外直接投资的配套政策措施。未来，中国对东盟直接投资主体将会多样化，国有企业在东盟直接投资的比重将逐渐下降，但是，因为国有企业实力和经验丰富，依然会占有重要地位，民营企业对东盟直接投资发展步伐加快，尤其是从事对外劳务合作业务发展较快，在东盟会有很大的市场发展空间。

拥有较大经济规模和较高核心竞争力的企业跨国投资是我国"走出去"战略的一个发展方向。我国对东盟直接投资企业投资时间短，经验不丰富，企业的规模小，竞争力不足，从世界各国跨国投资单项平均规模来看，发达国家跨国公司的单项投资规模大约在600万美元，发展中国家跨国公司单项投资规模约260万美元，而中国对亚洲国家单项投资规模大约是120万美元，我国与世界单项投资规模存在明显差距。2014年入选全球排名前100位的非金融类跨国公司的中国内地企业仅有三家，即中信集团（第36名）、中国远洋运输总公司（第73名）和中国海洋石油总公司（第98名），而且排名较靠后。在面对海外不确定因素增多的情况下，可以预见，越来越多的中国企业将通过组

成战略联盟扩大对外投资规模，实现优势互补；企业的研发投入也将不断增大，核心技术竞争力将增加。目前中央企业的研发投入仅占其主营业务收入的1%，而世界500强企业的研发投入占其业务收入的5%～20%[1]。在未来，拥有核心技术的中国企业将会越来越多地走向东盟，凭借其核心竞争优势在海外投资中取胜。

---

[1]　商务部：《对外投资合作发展报告》，2014年，第8页，http：//fec. mofcom. gov. cn/article/tzhzcj/tzhz/

第二章

中国对东盟直接投资的
决定及影响机制分析

第一节　中国对东盟直接投资选址动因分析

跨国企业开展对外直接投资的动因是多种多样的，有的是为了寻求东道国的广阔市场，有的是为了寻求东道国先进的技术及管理经验，有的是为了寻求东道国廉价的资源、劳动力等生产要素，有的是为了提高本企业的生产效率，通过对外直接投资取得规模经济效益等。围绕着对外直接投资的不同动因，对外直接投资的区位选择问题便产生了。跨国企业不同的投资动因导致企业对外直接投资的区位选择也会存在较大的差异。中国选择在东盟地区进行直接投资的动因是多种多样的，对在东盟投资区域的选择也自然存在差异。本章试从经济、制度等视角来探讨中国在东盟直接投资选址的动因。

一、实证分析

以中国企业向 10 个东盟经济体（新加坡、印度尼西亚、马来西亚、菲律宾、越南、柬埔寨、老挝、缅甸、文莱、泰国）对外直接投资存量 *ofdi* 作为因变量，反映中国对东盟地区直接投资的情况。对外直接投资存量 *ofdi* 能比较精确地反映对外直接投资选址情况，该数据来源于中国商务部网站；以人均 GDP 表明东道国的市场规模；市场开放程度通过东道国出口额占其整体对外贸易额的比重作为衡量标准；为了反映投资企业是否有寻求资源的动机，本章用东道国铁矿石出口占其总出口的比重来衡量；单位劳动力成本 *ulc* 反映了投资企业是否是效率寻求型的，用东道国制造业平均工资水平来表示，该数据来源于国际劳工组织劳工统计；东道国专利的使用 *patent*，用来衡量东道国的技术是否是吸引外商投资的指标，该指标来源于 World Development Indicator 中的各国专利申请数据；用美国传统基金会发布的经济自由指数 EFREE 反映东道国的制度状况，该数据来源于经济自由指数，该指数主要反映了商业自由度、货币自由度、金融自由度、知识产权保护情况、腐败规避情况等，运用中国与东道国自由指数的差异来衡量制度差异是否影响外商投资；政治影响 *politic* 代表了政治、法律制度环境，主要包括政治体制、官僚、法律规章框架、政府经济政策、公司税等，以东道国与中国的差异作为衡量指标，资料来源于世界竞争力年鉴；对外直接投资的约束机制 *restr* 代表了制度体制对对外直接投资的直接约束，以外国企业取得东道国企业控制权的难度来衡量，数据来源于 WCY World Competitiveness Yearbook1995 – 2008，以中国与东道国 FDI 约束的差异为准；*cultr* 文化差异代表了东道国已形成的价值体系对中国投资企业的影响，使用 Hofstede（2005）提供的方法，Hofstede 归纳出比较不同文化价值观的四个方面：权力差距、不确定性的规避、个人主义与集体主义、男性度与女性度，本章按照 Hofstede 总结的四个维度，并运用 Kogut 和 singh（1998）提出的公式［见公式（2.1）］计算出中国与东道国的文化差异度；*trade* 东道国与母国之间的双边贸易反映了习惯效应对 *ofdi* 的影响，反映了母国与东道国之间已有的经济关系的密切程度，两国经济关系越密切，习惯效应会发生作用，两国之间的投资行为也越多，因此，中国和东道国间贸易额作为衡量 *ofdi* 仿效模式的指数；通货膨胀指数来源于世界银行 WDI。

计算公式为：

$$CD_j = \sum_{i=1}^{4} \left\{ (I_{ij} - I_{iu}^2)/V_i \right\}/4 \tag{2.1}$$

其中，I_{ij} 代表 j 国的第 i 个文化维度指数；V_i 代表第 i 个文化维度的方差；u 代表东道国；CD_j 代表东道国与 j 国的文化差异。

根据上面的讨论，我们做出如下回归模型：

$$OFDI_{it} = \alpha_{it} + \beta_1 GDP_{it} + \beta_2 GDPG_{it} + \beta_3 OPEN_{it} + \beta_4 RESO_{it} + \beta_5 ULC_{it}$$
$$+ \beta_6 PATENT_{it} + \beta_7 EFREE_{it} + \beta_8 POLITIC_{it} + \beta_9 RESTR_{it}$$
$$+ \beta_{10} CULTR_{it} + \beta_{11} TRADE_{it} + \beta_{12} INFL_{it} + u_{it}$$

其中，i 代表东道国国家；t 代表时间，$t = 2003, \cdots, 2010$。该模型用来实证分析中国跨国企业在东盟地区进行直接投资的选址问题。表 2 – 1 显示了各种变量的相关性。在实证分析中，我们采用分类法进行分析。10 个经济体被按照人均 GDP 指标排名划分为两个集团：经济水平较高的国家（地区）集团（新加坡、马来西亚、文莱）和经济水平较低的国家（地区）集团（印度尼西亚、菲律宾、泰国、柬埔寨、越南、老挝、缅甸、文莱）。具体结果见表 2 - 2。

表 2 - 1 　　　　　　　　　　　　　自变量相关性检验

变量	1	2	3	4	5	6	7	8	9	10	11
1. gdpp	1.000										
2. gdpg	0.096	1.000									
3. open	0.461	- 0.011	1.000								
4. reso	- 0.348	0.063	0.035	1.000							
5. ulc	0.791	- 0.068	0.371	- 0.232	1.000						
6. efree	0.767	- 0.006	0.641	- 0.327	0.633	1.000					
7. politic	0.467	0.074	0.375	- 0.077	0.346	0.621	1.000				
8. restr	0.652	0.123	0.675	- 0.113	0.369	0.583	0.383	1.000			
9. cultr	0.156	0.028	- 0.388	- 0.277	0.120	- 0.082	- 0.357	- 0.252	1.000		
10. trade	0.599	0.081	0.273	- 0.062	0.556	0.258	- 0.061	0.288	0.431	1.000	
11. infl	- 0.434	- 0.425	- 0.157	0.413	- 0.380	- 0.327	- 0.161	- 0.293	0.175	- 0.287	1.000

表 2 - 2 　　　　　　　　　　　　　回归结果

变量	模型 (1)	模型 (2)	模型 (3)
传统经济变量			
gdpp	0.4412	0.2922	- 0.5935
	(0.2637)	(0.3112)	(0.5344)
gdpg	0.1662	- 0.0227	0.1284
	(0.1167)	(0.0778)	(0.1567)
open	0.1845	1.867 ***	0.1924
	(0.1642)	(0.2899)	(0.1040)
reso	0.2446	0.3972	1.7657 ***
	(0.2306)	(0.0926)	(0.2054)

续表

变量	模型（1）	模型（2）	模型（3）
ulc	− 0. 8104 **	− 0. 2326 *	0. 5028
	(0. 2618)	(0. 0856)	(0. 4673)
制度变量			
efree	0. 6425 ***	0. 4679 **	− 0. 1827 *
	(0. 1887)	(0. 1437)	(0. 1142)
politic	− 0. 3324 **	− 0. 1283	0. 1932
	(0. 1291)	(0. 0862)	(0. 1312)
restr	0. 1354	0. 1424	0. 0139
	(0. 1625)	(0. 1472)	(0. 0974)
cultr	− 0. 3528	1. 7139	0. 6766 ***
	(0. 1969)	(1. 2040)	(0. 1253)
trade	0. 6789 ***	0. 5238 *	0. 6749 *
	(0. 1625)	(0. 2375)	(0. 2673)
控制变量			
INFL	0. 1272	0. 1698 *	0. 0039
	(0. 1037)	(0. 0823)	(0. 0963)
Adj. R^2	0. 5238	0. 8397	0. 7612

注：* 表示通过 10% 的显著性检验；** 表示通过 5% 的显著性检验；*** 表示通过 1% 的显著性检验。

二、检验结果分析

（一）总体检验结果分析

相关检验显示，*patent* 与其他变量显著相关，因此，最终模型去掉该变量，可以认为，中国对东盟直接投资不是战略资产寻求性型的；实证检验没有太多地支持传统的经济选址因素，在这些传统的经济选址因素中，只有单位劳动成本是显性的，呈现负相关性，高劳动成本是阻碍中国在东盟进行直接投资的因素。

实证结果显示，制度因素对中国企业在东盟直接投资选址的影响非常大。

五个制度因素变量中的四个是显著的。*efree* 有很强的显著性。结果显示，中国跨国企业偏向于选择与母国制度有较大差异的东道国地区进行直接投资。中国跨国企业倾向于选择市场导向的国家或地区，以便于它们很容易适应当地的规章制度；*politic* 具有很明显的负效应，这显示中国与东道国的政治体制差异越小，越吸引中国在该东道国直接投资。实证结果显示，中国跨国企业喜欢在高风险地区投资，最可能的解释是，与其在政治风险大的母国投资还不如到相似环境的东道国进行投资，因为中国跨国企业比发达跨国企业更适应于中国政治风险相似国家的环境，这也可以看做是一种比较优势，中国跨国企业更容易适应东道国的腐败干预、体制脆弱等政治风险，结果显示，中国跨国企业倾向于选择经济自由、政治风险大的东道国进行直接投资，这与中国政治制度的影响有关。*cultr* 文化差异具有负显著性，这表明中国跨国企业喜欢在与其有相似文化背景的东道国进行直接投资。*trade* 双边贸易对 *ofdi* 也有显著的正影响，这说明中国与东道国之间的贸易经济联系越紧密越促进中国在该东道国进行投资，这被称为仿效效应或习惯效应。

(二) 划分两种经济体后的检验结果

对于经济发展水平较高国家经济体（新加坡、马来西亚、文莱），两个经济变量（"开放"*open*、"单位劳动成本"*ulc*）和两个制度变量（"经济自由"EFREE、"贸易"*trade*）显著。*open* 变量呈显著性，表明东道国出口导向强有助于中国企业在这些发达国家进行直接投资。传统的市场寻求变量不显著，这说明中国通过 *ofdi* 是为了寻求最广泛的海外市场，而不仅仅局限于东道国的市场，中国通过在这些发达经济体投资，以这些国家为媒介，寻找更广阔的海外市场。*ulc* 具有强的显著性，表明东盟发达国家如新加坡的高劳动成本成为阻碍中国在这些国家地区进行直接投资的一个因素；两个制度变量是显著的，*efree* 变量显著，反映了中国企业喜欢选择出口导向型的地区进行投资，*trade* 显著，表明中国的贸易模式对中国的对外直接投资起到促进作用。

对于经济发展水平较低国家经济体（印度尼西亚、菲律宾、泰国、越南、柬埔寨、缅甸、老挝）*open* 和 *resou* 两个传统经济变量是显著的。*open* 变量呈显著性，表明发展中国家出口导向强有助于吸引寻求广阔海外市场的中国 *ofdi*，而不是单纯依靠这些国家的市场规模。*resou* 变量显著，表明发展中国家的丰富资源是吸引中国跨国企业到这些国家投资的主要因素。三个制度变量是显著的，但是不同于发达经济体，这里的经济自由 EFREE 制度变量呈现负显著性，中国与东亚发展中国家制度差异越小，越吸引中国企业到这些国家投资。文化差距 *cultr* 呈现正显著效应，中国倾向于在文化差距大的发展中国家投资。双边贸易 *trade* 与发达经济体一样都呈正显著性。

三、对策建议

通过实证分析，我们发现，中国跨国企业在东盟各个国家的直接投资动因是不同的。向发达国家进行直接投资更多是为了获取技术、管理、信息等战略资产；向发展中国家进行直接投资更多是为了寻求资源和市场。另外，中国跨国企业在东盟地区进行直接投资，除了受传统经济因素制约，还受到东道国制度因素的影响。为了促进中国在东盟地区直接投资的广度和深度，提出如下对策建议。

（一）加强与东盟地区各东道国的政策、制度协调和文化交流

制度是影响中国跨国企业在东盟地区直接投资的决定性因素之一，为了减少制度因素对中国跨国企业直接投资的阻碍，中国政府应积极与东道国政府就有关税收、自由贸易区政策以及环境规范等政策、制度与东道国政府进行积极协调，敦促引资国家提高政策的透明度，尽量缩小与引资国家的制度差距。

政府和企业要多参与与东盟地区人民的文化交流活动，通过文化交流活动，加深企业对东道国文化、风俗的了解，缩小投资国与引资国之间的文化差距，为中国海外直接投资铺平道路。

（二）政府要对跨国企业提供政策、信息咨询

政府要努力为跨国企业提供有关引资国家的政策、信息，增加跨国企业对这些国家政策、制度的了解，制定风险预警机制，帮助中国企业规避风险，积极公布有关东道国投资环境的分析报告，帮助企业加深对东道国市场经济、制度等方面的了解。

（三）企业应根据自身情况合理选择东盟投资区域

企业应根据自身情况，合理选择在东盟的直接投资区域。就技术寻求型企业来讲，东盟的新加坡、马来西亚、泰国等国家应作为直接投资重点，因为这

些地区拥有比较优秀的人力资源、较强的技术研究与开发能力、先进的管理经验，有利于中国企业分享当地的优势资源，提升自身的竞争力。就资源开发型企业而言，以东盟一些资源储量大的国家如印度尼西亚、缅甸、越南、柬埔寨等国作为投资重点；对于市场寻求型的企业，投资区域应以目标市场为导向，选择东盟有市场潜力的国家和地区。我国企业目前主要投资制造业，纺织、家电、食品、日用制造品的投资生产地区的选择应以东盟发展中国家市场为主。

（四）加强企业在东盟直接投资的广度和深度

东盟地区资源丰富，市场广阔，中国跨国企业主要集中于新加坡等国家，今后还要在东盟其他国家积极开展直接投资活动，利用东盟一些国家当地的丰富资源，开发新市场。目前，资源、市场寻求是中国企业对外直接投资的主要动因，以后还要加强中国跨国企业对战略资产的寻求，从而增强中国对外直接投资的深度。

第二节　中国—东盟自由贸易区的建立对中国对东盟直接投资的影响

2002 年 11 月，《中国—东盟全面经济合作框架协定》正式签署，提出双方合作任务包括货物贸易、服务贸易、投资和经济合作等内容在内的 16 个条款。中国—东盟的贸易及其关联产业得到了快速发展，多方面展示出持续深化合作对促进双方经济持续稳定发展的重要作用。

2010 年 1 月 1 日，中国—东盟自由贸易区以签署《货物贸易协定》、《服务贸易协定》、《投资协议》和大部分地区的大部分商品实现零关税为标志进入建成时期。在货物贸易方面，自 2003 年 1 月 1 日起中国 - 东盟实施《货物贸易协定》早期收获计划，双方农产品实行零关税；2004 年 11 月正式签署《货物贸易协定》，双方 500 多种商品开始加速削减关税。自 2010 年 1 月 1 日起，中国和东盟六个老成员即文莱、菲律宾、印度尼西亚、马来西亚、泰国和新加坡之间，有超过 90% 的产品实行零关税。东盟四个新成员，即越南、老挝、柬埔寨和缅甸，也在 2015 年实现 90% 零关税的目标。在服务贸易方面，双方于 2007 年 1 月 14 日签署协定，中国与东盟 10 国将在各自世界贸易组织

（WTO）承诺的基础上，相互进一步开放服务市场；在投资方面，2008 年 8 月，在中国—东盟经贸部长会议期间，双方签署了自由贸易区投资协议，完成了中国—东盟自贸区所有协议的签订。

中国—东盟自由贸易区的建立，不仅促进了双边贸易额的增长，而且也促进了双边投资的增长。随着中国—东盟自由贸易区的全面建成，我国与东盟相互投资的规模也不断扩大。我国对东盟的投资流量从 2002 年的 27.0 亿美元增长到 2013 年的 1078.4.8 亿美元，我国对东盟直接投资存量从 2002 年的 299 亿美元增长到 2013 年的 6604.8 亿美元。越来越多的中国企业把东盟国家作为其开展对外直接投资的主要目的地。具体见表 2-3 和表 2-4。

表 2-3　　　　　　　2002~2013 年中国对外直接投资情况　　　　单位：亿美元

年份	流量	存量
2002	27.0	299
2003	28.5	332
2004	55.0	448
2005	122.6	572
2006	211.7	906.3
2007	265.1	1179.1
2008	559.1	1839.7
2009	565.3	2457.5
2010	688.1	3172.1
2011	746.5	4247.8
2012	878.0	5319.4
2013	1078.4	6604.8

注：2002~2005 年数据为中国金融类对外直接投资同国际数据，2006~2013 年为全行业对外直接投资数据。

数据来源：商务部，《中国对外直接投资统计公报》，2008 年、2013 年。

表 2-4　　　　　　　2013 年中国对主要经济体投资情况　　　　单位：亿美元

经济体名称	金额	所占比重（%）
中国香港	628.24	58.3
欧盟	45.2	4.2

续表

经济体名称	金额	所占比重（%）
美国	38.73	3.6
澳大利亚	34.58	3.2
俄罗斯联邦	3.95	0.7
东南亚国家联盟	72.67	6.7
合计	823.37	76.7

数据来源：根据商务部，《中国对外直接投资统计公报》，中国统计出版社 2013 年版。整理得出。

目前，在关于中国—东盟自由贸易区的效应问题研究中，大多数局限于研究中国—东盟自由贸易区的贸易效应问题，鲜有学者研究中国—东盟自由贸易区对直接投资的影响效应。大部分学者采用引力模型和可计算一般均衡模型测算中国—东盟自由贸易区建立对双方贸易流动的影响效应等问题，例如，陈雯（2009）运用引力模型的"单国模式"考察中国—东盟自由贸易区的建立对中国与东盟国家进出口贸易的影响。东盟—中国经济合作专家小组（2001）运用 CGE 模型进行模拟，认为中国—东盟自由贸易区的建立将分别促使东盟和中国的出口增加50%左右。

在研究自由贸易区对直接投资的影响效应方面，Raymond MacDermott（2007）运用引力模型，研究了在国家固定效应下北美自由贸易区（NAFTA）对 FDI 流入的影响，研究结果表明，NAFTA 使流入美国的 FDI 增加了0.96%，流入墨西哥的 FDI 增加了1.73%，流入加拿大的 FDI 增加了15.4%。本书尝试系统分析中国—东盟自由贸易区对中国在东盟直接投资的影响效应，采用理论和实证分析方法证明中国—东盟自由贸易区的建立会产生投资创造效应和投资转移效应，兼论贸易和投资的关系，即贸易和投资是互补还是替代的，以及单个国家的固定效应。

一、理论框架

正如自由贸易区对贸易流动产生贸易创造和贸易转移效应一样，它同样对直接投资流动产生直接投资创造效应和直接投资转移效应。

（一）自由贸易区的直接投资创造效应

自由贸易区的直接投资创造效应包括由自由贸易区区内成员产生的直接投资创造效应和由自由贸易区区外成员产生的直接投资创造效应。

区内成员产生直接投资创造效应的原因：首先，建立自由贸易区双边关税税率降低，区域间产品交易可以享受到低关税或零关税，这会吸引一投资成员方到另一成员方进行直接投资，生产出产品，再销售回投资国，这是因为成员间减免关税的缘故。其次，自由贸易区的全面建立，不仅意味着成员方之间关税的减免，还意味着各成员更加开放内部市场，改善吸引外资的环境，给引进外资设置更为宽松的环境政策，因此，成员间的直接投资会增加。例如，中国—东盟自由贸易区于2008年8月在曼谷全面达成投资协议，在投资的国民待遇、最惠国待遇、透明度等问题上草拟协议，拟建立一个自由、便利、透明及竞争的投资体制，该自由贸易区投资协议的达成从理论上来讲，会促使FDI大规模流入成员方，产生FDI的创造效应。

区外成员产生直接投资创造效应，是指由于自由贸易区对区内成员实行贸易自由化，对区外成员却实行较高的贸易保护水平，导致外部厂商相对成本增加，对外交易由原来低成本的区外国家转到区内国家，影响区外企业的竞争优势，区外国家厂商为了取得失去的区内市场而转向在区内生产，区内FDI流入增加。

本书中所指的直接投资创造效应是指由区内成员相互FDI增加而引起的直接投资创造效应。

（二）直接投资的转移效应

直接投资的转移效应包括两种：一种是区域成员方把在区域外国家（地区）的直接投资项目转向区域内，因为区域一体化协定的签订使得成员之间的投资政策更优惠，这样，把本应投往非成员的资金转向投往成员。有些情况下，成员方并不是吸引外资的最佳场所，无法实现资源配置的帕累托最优，于是便产生了直接投资的转移效应。另一种是直接投资在区域内不同成员之间进行转移，实现资源较为优化的配置。因此，区域一体化在总体上促进成员吸引FDI的情况下，不同成员引资的份额是不均等的，有良好引资环境和竞争实力的国家会瓜分较大的FDI蛋糕，相反，无实力的成员分得的FDI蛋糕会较少。本书中所指的直接投资转移效应包括上面的两种。

（三）贸易和投资的关系

成员之间的直接投资是否在一定程度上能替代成员之间的贸易？还是贸易和投资是相互促进的？FDI 是为了绕过对方国家的贸易壁垒而采取的措施，依此推论，区域贸易协定解除了成员间的贸易壁垒，FDI 可能会减少。另一种说法是，贸易和投资是相互促进的，区域成员间可贸易商品关税消除，会吸引成员间进行直接投资，带动成员贸易。

本书中采用实证分析方法，检验中国—东盟自由贸易区成员间贸易和投资的关系究竟是替代的还是互补的。

二、实证分析

（一）模型

$$FDI_t = f(HostGDP_t, \ ParentGDP_t, \ Pch, \ Pcp, \ ASEAN_t, \ DIST, \ Z)$$

其中，FDI_t 是在 t 年中国对东道国直接投资流量；$HostGDP_t$ 是东道国在 t 年的国内生产总值；$ParentGDP_t$ 是中国的国内生产总值；Pch 是东道国人均国民生产总值；Pcp 是中国人均国民生产总值；$ASEAN_t$ 是虚拟变量，表明吸引直接投资的国家是否为东盟成员，是为 1，否为 0；$DIST$ 是中国与引资国的地理距离；Z 是其他不可观测变量的组合。

（二）数据

样本中包括的国家（地区）共计 34 个，它们是吸引中国 FDI 的主要国家（地区）。时间跨度从 2003 年至 2008 年。各国历年国内生产总值（GDP）、人均 GDP 来源于联合国（HTTP：//stats. unctad. org/Handbook/Tableviewer）统计网站；国家间距离数据来源于 WWW. geobytes. com 网站中的距离计算器。具体见表 2 - 5。

表2-5　2003~2013年分国家（地区）中国对外直接投资流量

单位：万美元

年份	2003	2004	2005	2006	2007	2008	2009	2010	2011	2012	2013
文莱	13	13	150	190	118	182	581	1653	2011	99	852
印度尼西亚	2680	6196	1184	5694	9909	17398	22609	20131	59219	136129	156338
柬埔寨	2195	2952	515	981	6445	20464	21583	46651	56602	55966	49933
老挝	80	356	2058	4804	15435	8700	20324	31355	45852	80882	78148
马来西亚	197	812	5672	751	-3282	3443	5378	16354	9513	19904	61638
缅甸	—	409	1154	1264	9231	23253	37670	87561	21782	74896	47533
菲律宾	95	5	451	930	450	3369	4024	24409	26919	7490	5440
新加坡	-321	4798	2033	13215	39773	155095	141425	111850	326896	151875	203267
泰国	5731	2343	477	1584	7641	4547	4977	69987	23011	47860	75519
越南	1275	1685	2077	4352	11088	11984	11239	30513	18919	34943	48050
日本	737	1530	1717	3949	3903	5862	8410	33799	14942	21065	43405
韩国	15392	4023	58882	2732	5667	9691	26512	-72168	34172	94240	26875
巴基斯坦	963	142	434	-6207	91063	26537	7675	33135	33328	8893	16357
哈萨克斯坦	294	231	9493	4600	27992	49643	6681	3606	58160	299599	81149
印度	15	35	1116	561	2202	10188	-2488	4761	18008	27681	14857
阿拉伯	937	831	2605	2812	4915	12738	8890	34883	31458	10511	29458
蒙古	443	4016	5234	8239	19627	23861	27654	19386	45104	90403	38879
中国香港	114898	262839	341970	693096	1373235	3864030	3560057	3850521	3565484	523844	6282378
中国澳门	3171	2658	834	-4251	4731	64338	45634	9604	20288	1660	39477

续表

年份	2003	2004	2005	2006	2007	2008	2009	2010	2011	2012	2013
阿尔及利亚	247	1121	8487	9893	14592	4225	22876	18600	11434	24588	19130
南非	886	1781	4747	4074	45441	480786	4159	41117	-1417	-81491	-8919
赞比亚	553	223	1009	8744	11934	21397	11180	7505	29178	29155	29286
尼日利亚	2440	4552	5330	6779	39035	16256	17186	18489	19742	33305	20913
德国	2506	2750	12874	7672	23866	18341	17921	41235	51238	79933	91081
法国	45	1031	609	560	962	3105	4519	2641	348232	15393	26044
英国	211	2939	2478	3512	56654	1671	19217	33033	141970	277473	141958
荷兰	447	191	384	531	10675	9197	10145	6453	16786	44245	23842
俄罗斯	3062	7731	20333	45211	47761	39523	34822	56772	71581	78462	102225
罗马尼亚	61	268	287	963	680	1198	529	1084	30	2541	217
阿根廷	100	112	35	622	13669	1082	-2282	2723	18515	74325	22141
巴西	667	643	1509	1009	5113	2238	11627	48746	12640	19410	31093
加拿大	-730	512	3244	3477	103257	703	61313	114229	55407	79516	100865
美国	6505	11993	23182	19834	19573	46203	90874	130829	181142	404785	387343
澳大利亚	3039	12495	19307	8760	53159	189215	243643	170170	316529	217298	345798

数据来源：商务部，《中国对外直接投资统计公报》，2006 年、2013 年。

（三）结果和结论

结果具体见表2－6至表2－9。

表2－6　　　中国—东盟自由贸易区对中国对外直接投资的影响（总体效应）

变量	系数	t统计值
C	1232.797	0.961763
$HostGDP$	0.666750	4.128523 ***
$ParentGDP$	2.011316	2.228950 **
Pch	3.720695	0.733562
Pcp	－516.2779	－1.829378
$ASEAN$ （$dummy$）	408.8086	3.007064 ***
$Distant$	－0.071644	－2.256678 **
R^2	0.802132	
调整 R^2	0.900341	

注：** 表示检验通过95%的显著性水平，*** 表示通过99%的显著性水平。

表2－7　　　中国—东盟自由贸易区对中国对外直接投资的影响（投资转移效应）

变量	系数	t统计值
C	1150.161	0.760736
$HostGDP$	0.634194	3.941925 ***
$ParentGDP$	0.432455	6.492983 ***
Pch	0.087880	0.432568
Pcp	0.089478	0.589760
$ASEAN$ （$dummy$）	504.9883	3.072733 ***
$Distant$	－0.07428	－2.506114 **
LDC （$dummy$）	－484.7790	－2.615100 **
R^2	0.803458	
调整 R^2	0.894789	

注：** 表示检验通过95%的显著性水平，*** 表示通过99%的显著性水平。

表 2 - 8　　　　中国—东盟自由贸易区对中国对外直接投资的影响（国家固定效应）

变量	系数	t 统计值
HostGDP	0.3459002	2.347830 **
ParentGDP	1.340203	3.498765 ***
Pch	3.589403	0.349021
Pcp	0.750035	0.976521
ASEAN（dummy）	468.794321	3.5697875 ***
Singopore	13.796123	4.568902 ***
Malaysia	5.4325761	3.235678 ***
Indonesia	9.967321	3.789043 ***
Thailand	4.678324	3.333456 ***
Philippine	0.324678	0.323260
Cambodia	0.238902	1.239032
Laos	0.965324	0.762321
Burma	0.125899	0.356903
Brunei	1.234435	1.103456
Distant	- 0.032145	- 0.765421
R^2	0.765250	
调整 R^2	0.8345678	

注：** 表示检验通过 95% 的显著性水平，*** 表示通过 99% 的显著性水平。

表 2 - 9　　　　中国—东盟自由贸易区对中国对外直接投资的影响（贸易替代效应）

变量	系数	t 统计值
C	523.324	0.461763
Trade	- 50.29345	- 9.041644 ***
HostGDP	1.794000	2.121657 **
ParentGDP	0.088467	9.880026 ***
Pch	4.777003	1.005172
Pcp	- 3.43057	- 1.75664
ASEAN（dummy）	- 308.26780	- 3.337950 ***
Distant	0.0216789	0.834876
R^2	0.8082316	
调整 R^2	0.8234312	

注：** 表示检验通过 95% 的显著性水平，*** 表示通过 99% 的显著性水平。

结论：

1. 总体效应。中国—东盟自由贸易区的全面建成从总体上对于扩大中国在东盟地区的直接投资额，实施"走出去"战略很有帮助。由表 2 - 6，我们看到，ASEAN 虚拟变量 t 值显著。随着中国—东盟自由贸易区的全面建成，中国对东盟成员的直接投资越来越大。另外，从表 2 - 6 可看到影响中国对外直接投资还存在一些因素，诸如，投资国与引资国 GDP 规模与直接投资呈现正相关关系，以及地理距离与直接投资呈负相关关系。

2. 转移效应。中国—东盟自由贸易区的建立在增加了区域内成员的投资创造效应的同时，也产生了巨大的投资转移效应，中国原本在非成员间的投资项目由于区域一体化协议的签订而转向成员进行投资，产生了巨大的投资转移效应。见表 2 - 7，我们引进与东盟有竞争力的国家 LDC 虚拟变量后，计量结果显示，LDC 符号为负，中国—东盟自由贸易区促使中国减少了在与东盟有引资竞争力国家的直接投资。

3. 个体效应。更具体地来看，同是中国—东盟自由贸易区的成员，由于各国经济发展水平、对外开放程度等方面存在差异，因此，在吸引中国 FDI 方面的力度也不同，因此，中国对外直接投资在成员之间也存在着转移效应。但应当注意的是，即使区域内整体吸引的投资增加，也并不表明在各成员之间平衡分配，只有那些拥有强大区位优势的东道国才会吸引更多的投资。见表 2 - 8，我们引进 10 个代表东盟成员的虚拟变量，探讨国家固定效应，结果显示，新加坡、印度尼西亚、马来西亚等经济水平较高和引资环境较好的国家是中国对东盟直接投资的首选国。

4. 贸易替代效应。我们通过实证分析验证了在某些情况下对外直接投资很可能会替代对外贸易。由表 2 - 9，我们增加了贸易变量，结果显示，贸易变量系数为负值，可见，中国对东盟直接投资对贸易有一定的替代作用。

三、对策建议

（一）针对东盟不同国家选取不同的投资策略

东盟 10 国经济发展水平参差不齐，可分为四个层次：一是发达国家，有新加坡、文莱；二是正在向新兴工业化国家迈进的国家，有马来西亚、泰国、菲律宾、印度尼西亚；三是正在改革中的国家，有越南；四是按部就班发展的国家，有柬埔寨、老挝、缅甸，这三国仍属于世界上最不发达国家行列。各国有关投资环境、市场结构、贸易法规、文化习俗等也都不尽相同。

具体而言，新加坡、马来西亚两国工业化程度高，目前两国都非常重视发展本国的新兴产业和高技术产业，因此，可采用技术合作投资方式进入两国市场。对马来西亚、泰国、菲律宾、印度尼西亚四国而言，其工业发展水平与中国相似，可采取合作经营方式进入四国市场。根据国际资本流动理论，目前中国的经济实力优于东盟第三层次的国家如越南、老挝、柬埔寨等，中国有实力开拓这些国家的市场，可以采用直接投资和出口贸易方式进入以上国家市场。

（二）政府应加强对投资东盟的政策性指导

首先，提供东盟市场供求信息，向企业介绍东盟的投资环境和可合作项目、促进企业间的交流和沟通、提供财政优惠政策。其次，加强研究东盟各国的经营环境，包括对东盟共同市场的政治、经济、社会文化和自然资源等经营环境进行深入了解和掌握，确保企业在东盟市场投资的安全，保障在东盟发展的中国企业的利益，增强企业投资东盟的信心。最后，充分利用华侨华人资源，为企业在当地投资扩展融资渠道、提供投资信息，使企业更好更快地投资当地市场，降低交易成本。

（三）企业应积极利用东盟自由贸易区的有利条件加快投资东盟的步伐

东盟是一个人口众多且处于发展中的新兴市场，中国与东盟相邻的地缘优势、资源和产业互补的经济优势、双方高层关系密切的政治优势，都为中国企业实施以东南亚为优先的"走出去"战略奠定了良好基础。在开展直接投资的过程中，不断借鉴投资于东盟的各大跨国公司的先进经验，提升我国企业的国际竞争力。

（四）调整对东盟的贸易、投资结构，使两者互补

合理调整对东盟的贸易和投资结构，减少对东盟的商品结构与在东盟进行直接投资生产的商品结构的重复率程度。这样，便可利用对东盟的贸易和对东盟的直接投资两驾马车，促进我国外向经济的繁荣、发展。

第三节　中国对东盟直接投资的政治经济学原因分析

跨国公司跨越国家界线进行生产经营活动会给东道国的国家安全、政治主权带来很大的挑战，东道国要运用本国的政治制度来管理跨国企业的投资活动。跨国企业的投资活动受到东道国政治制度的影响，同时资本在不同国家流动也产生复杂的政治结果，因此，投资与政治是紧密联系在一起的。

一、投资的政治经济学博弈——投资利益与政治

（一）东道国的投资利益与政治

对外贸易政治活动的产生属于成本集中型的，遭受贸易开放影响成本越大的集团，越容易产生政治活动。通常是国内与进口相竞争的集团（生产者集团）受贸易开放影响的成本较大，这些生产者集团比较容易形成政治合力，从而通过对政府施压来左右国家贸易政策的走向。与对外贸易政策的决定不同，投资政策及政治活动的产生属于利益集中型，一般来说，利益越集中，越容易产生政治活动，对外开放，外资流入东道国所产生的利益分配是不均衡的，国家一般重视外资对国家产业、国家安全的影响，一般会限制某些产业外资的进入，而地方会直接获得外资对当地税收、就业等的贡献，会支持外资的流入。

国家利益与地方利益博弈的结果影响一国投资政策的走向，当国家认为外资会影响国内某些产业安全、影响国家主权时，就会采用投资保护主义政策。如限制外资投入的产业领域、降低开放程度、规定最低持股比例等，而地方认为引资会带来较高的经济、社会收益，倾向于采取开放的投资政策。东道国最终采取什么导向的投资政策，取决于国家与地方利益的博弈以及政治权利的配置状况。一般来说，大部分东道国的政治权利主要集中于国家层面，当政治权利集中于国家层面时，国家往往以国家安全、保护环境、保护国内产业免受外来竞争为由，采取限制外资进入东道国的投资政策，而一些地方政府还主要依靠当地的劳动力、矿产资源、森林资源等要素禀赋的比较优势吸引外来直接投资，从而扩大就业、增加收入。例如，中国近年来在东盟地区矿藏、木材等传统产业的直接投资屡屡遭受东道国政府出台的各种措施的限制和阻碍。2015

年8月缅甸军政府对中国在缅甸从事木材开采的中国企业和居民给予刑事处罚，原因是缅甸新政府特别重视对木材资源的保护，而这些中国木材开采企业仅获得地方组织的开采许可，没有得到缅甸国家政府的许可。当国家利益与地方利益产生冲突时，由于国家政权主要集中于国家层面，所以国家利益普遍成为首要考虑的议题。

（二）母国的投资利益与政治

母国的投资利益较集中，政府和投资企业对投资的利益是普遍认可的。早在20世纪60～70年代，西方发达国家就开始认识到跨国公司对外直接投资能够取得经济收益、转移母国边际产业、扩大海外市场、寻求东道国丰富的自然资源等好处，发达国家政府纷纷出台政策来推动企业海外投资，可以说制度支持也是促进跨国企业海外投资的主要推动力。母国出于经济、政治等利益的考量而出台促进跨国企业海外投资的政策措施。美国在法律上支持和保护对外直接投资企业，在金融上提供信贷等金融支持业务，在信息方面积极为跨国企业提供信息咨询，在外交上，政府积极与各国开展双边和多边投资谈判和签订投资协定，为本国跨国企业寻求公平、透明等更有利的投资环境。欧盟国家提倡作为一个统一整体与世界上其他国家开展投资谈判，期望能以欧洲联盟的形式来增加对外投资谈判的筹码，同时又允许欧盟成员在管理对外投资方面可以依据成员的实际投资情况具体制定投资管理政策，这样做又增加了对投资管理的灵活性。

自从20世纪90年代起，中国实行"走出去"的对外投资战略，并颁布和实施了一系列对外直接投资促进法案，例如，在外资审批权限方面，2004年7月国务院发布《关于投资体制改革的决定》，将发改委和商务部的审批权下放到地方分支机构。2009年5月1日正式实施的《境外投资管理办法》进一步放宽对外投资审批权，简化审批程序和审批内容，缩短审批时间。2011年2月，经国务院同意，国家发改委印发了《关于做好境外投资项目下放核准权限的通知》，进一步下放对外直接投资核准权限；在对外投资管理方面，2007年4月国务院发布了《关于鼓励和规范企业对外投资合作的意见》，明确实施"走出去"战略方针、目标、原则、任务。2012年国务院办公厅制定了《关于加快培育国际合作和竞争优势的指导意见》，提出要坚持"改革创新、市场主导、互利共赢、内外联动、安全高效"的原则，培育新的增长动力，继承新的发展优势，拓展新的开放领域，这是改革开放以来第一个全面阐述中国参与经济合作和竞争政策的指导性文件。中国与东道国签订双边投资协定，加入国际组织多边投资协定，为中国对外投资创造较宽松的投资环境，对中国对外直接投资产生了正面推动作用。

二、新兴经济体投资面临的政治阻碍

目前，国际资本流动出现了新趋势，一些发展中国家逐渐由引资的东道国变成资本输出的母国，中国、俄罗斯等新兴经济体国家的投资不同于以往发达国家的"民主投资"形式，这些新兴经济体国家中，国有企业作为投资主体即"国家控制体"的比重较大，引起了传统发达国家投资国"非国家控制体"的争议。它们认为，"国有国家控制体"作为投资者拥有更多垄断性权利和资源，在传统的自由市场竞争中拥有比较优势，使得"非控制实体"在对外直接投资方面受到不公平的竞争，"非控制实体"的利益容易受到侵害。

近年来，东道国通过引入"国家安全"、保证金融体系稳定的审慎措施、国际收支平衡与保护环境等一般性例外条款，扩大东道国对投资的监管范围。很多东道国国家对跨国并购审查时都要考虑"国家安全"问题，但是却没有明确给出"国家安全"的定义，这就为东道国滥用"国家安全"限制跨国企业并购提供了广泛的空间。中国的中石油、中石化、中海油、五矿等大型国有企业集团，因为其集中了大量的国内资源，拥有较雄厚的经济实力，而成为引资东道国关注的焦点，近年来，这些海外投资集团不断地被东道国以保护"国家安全"和"主权财富基金"等政治借口，限制其海外并购和投资。

三、中国对东盟直接投资的政治因素考量

（一）中国与东盟经济合作的政治考量

中国对东盟直接投资除了出于获取经济利益的目的，也有赢得政治利益和稳定周边局势的考虑。中国政治经济发展良好，需要一个稳定的周边环境，为国内经济的持续发展提供环境保障。长期以来，台湾地区台独势力把东盟作为"金元外交市场"，拓展在东盟的政治势力，中国与东盟的经济投资合作有利于增加中国与东盟的睦邻、友好关系，分化台独势力的影响。

随着中国与东盟经济合作的加深，中国与区域内成员的历史和现实矛盾可

以得到一定程度的缓和，促进中国与东盟南海领域的安全合作，缓和中国与东盟一些国家存在的"南海争端"。通过经济合作，加强双方的睦邻友好关系，使东盟成为我国防御外敌入侵的一道天然屏障。

在东亚的区域合作中，我国的政治制度比较特殊，不易被其他国家接受。近年来，美国为了防止中国经济政治势力的扩展，不断拉拢与中国合作或将要合作的国家，而且在参与东亚地区合作的一些国家如日本、韩国、菲律宾、泰国等都是美国的军事同盟国，受美国的影响和控制较大。2015年10月5日美国主导《跨太平洋战略经济伙伴关系协定》（简称TPP协议）的谈判结束，并正式达成基本协议，这是由美国主导的，日本、加拿大、澳大利亚、墨西哥、越南、秘鲁、马来西亚、新西兰、新加坡、文莱、智利等12国参与的自由贸易协定，该协定在知识产权保护以及投资、商品进口关税减免等方面都有规定，是一项高标准的贸易协定，中国由于达不到其标准，一直被排斥在外。美国企图通过TPP把中国孤立在国际经济新秩序之下。中国与TPP单个成员签订自由贸易区协定是打破TPP对中国封锁的一条途径，东盟成员中的新加坡、文莱、马来西亚、越南都是TPP成员，中国与东盟签订自由贸易区协定进行合作，可以绕过TPP直接与TPP下的这些东盟成员进行合作。中国与东盟的经贸投资合作有利于巩固中国在东亚的经济政治地位，粉碎美国孤立中国、主导亚太地区事务的不良企图，日益发挥大国在促进亚太地区经济一体化方面的积极作用，增强世界各国与中国合作的信心。

（二）东盟与中国经济合作的政治考量

东盟长期以来奉行"大国平衡战略"，其与美国、日本、韩国都开展经济合作，它与大国中国的经济合作也是其"大国平衡战略"的部分内容之一。同时，中国与东盟的长期经济合作也有利于提升东盟的政治经济自主地位。东盟一些国家长期附属于西方一些发达国家，缺乏政治、经济自主地位，与大国中国的合作也有利于这些国家摆脱世界霸权国家对其政治经济的不利控制，更加独立、自主地参与世界生产分工、政治外交等活动。

冷战后，美国和苏联在东盟控制势力逐渐削弱，苏联由于自身解体，减轻了对东盟的控制，美国也在菲律宾等地撤军，逐渐疏离对东盟的控制。东亚地区新兴经济体大国中国经济实力、政治地位不断上升，在东亚逐步形成了中、日、美相互制衡的格局，任何一方都想胜过其他方而成为东亚地区的主导，这种大国之间的相互竞争为东盟提供了发展机遇，东盟成为第四方中立者，在东亚事务中担当主角，起到协调大国之间关系的作用。东盟承担主角，协调各大国在东亚的矛盾，被东亚大国所广泛接受，一方面，由于东盟各国整体实力较弱，不会真正与大国产生竞争对抗；另一方面，在东亚以东盟为主导的格局就会防止美、日、中等大国势力做大。这种东盟作为主导的战略被称作"大国平衡战略"，其主要内容是：第一，以东盟为中心，其他国家围绕着东盟这个中心；第二，东盟是指导者，是主角；第三，维持其他大国势力的平衡，避免某一大国势力发展过大。东盟为了实施大国平衡战略，首先，与美、日、中大国建立对话机制；其次，建立以东盟为主导的东盟地区论坛；再次，倡导亚欧会议，通过与欧盟合作来制约美国势力的膨胀；最后，开展东盟 10 + 3 合作，并且扩展到 10 + 6（十六国的东亚峰会启动），这是东盟大国平衡战略的主要内容。

1997 年东盟 10 + 3 框架正式启动，由东盟的轮值主席邀请中、日、韩领导人参加会议，东盟占据主导地位，2011 年东盟还提出建立《区域全面经济伙伴关系》（RCEP）推进东盟经济一体化和东盟经济共同体的发展，RCEP 继续保持东盟的核心领导地位。随着中国在世界经济实力与政治地位的上升，中国与东盟的合作也可以达到制约美国、日本、欧盟霸权势力抬头的作用。美、日一直对东盟的主导地位颇有微词，建议东盟峰会的轮值主席应由东盟和非东盟成员担任，中国十分理解东盟的担忧，中国意识到维持"小国领导大国"的局面可以在一定程度上避免大国间核心地位的争夺，有利于东亚地区的经济合作，因此，中国积极支持东盟在东盟 10 + 3 及东亚峰会的主导地位。东盟与中国的经济合作，可以摆脱对美、日经济的依赖，东盟的"大国平衡战略"离不开与中国在政治、经贸领域的密切合作。

（三）经济利益分配的政治考量

虽然中国与东盟经济合作有广泛的共同利益，但是，由于中国是大国，其与东盟的合作关系呈现不对称性。中国整体的经济、技术实力和抵抗风险能力要高于东盟的实力。东盟与大国中国的投资合作会存在一定的不安全感，这些国家在与中国的投资合作中更关心经济利益的分配、国家的安全、国内产业的竞争力是否受到威胁等因素。中国作为大国更应该树立大国形象，积极开展外交，对东盟国家提供技术、经济支持，增加中国与东盟间的政治互信，不计较眼前得失，对东盟直接投资要保护东道国环境，正确处理劳资纠纷，努力承担社会责任，采取可持续发展的投资战略。

　　"睦邻、安邻、富邻"是中国目前外交、经济合作的主要战略主张，中国与东盟签署了《南海各方宣言》、《非传统安全领域合作联合宣言》，加入了《东南亚友好合作条约》，免除东盟的缅甸、老挝、柬埔寨、越南的部分到期债务，实施《早期收获》计划，积极参与湄公河流域的合作，为东盟建设提供贷款及援助等，这些事例均显示了中国睦邻、安邻、富邻的决心。

　　2015 年 10 月中国与日本一起竞标印度尼西亚的雅加达—万隆高铁建设项目，最后，印度尼西亚宣布中国方案是雅加达—万隆高铁项目的唯一选择。众所周知，中国和日本都是高铁建设项目的强有力竞争者，尤其是日本拥有较先进的生产技术和长期积累的丰富经验，但是，在这次竞标中，中国却战胜了日本，究其原因是中国在竞标高铁建设项目时提出商业融资模式和无东道国政府担保的方案，还在资金、技术、金融服务等方面为印度尼西亚提供配套支持。而日本仅仅竞标印度尼西亚高铁项目本身，对东道国不提供任何其他形式的帮助，这种只关注自身经济利益、不考虑合作国家利益的行为更加重了大国与东盟之间不平衡的经济合作关系，东盟对日本的"不安全感"程度上升，非常不利于日本在东盟直接投资的开展。

　　由此可见，中国对东盟直接投资是否能做到成功和可持续性，还取决于投资利益的分配，利益分配不均会影响投资的开展，尤其是发展中东道国经济实力较弱，十分关注引资带来的经济效益，中国在这些国家进行投资时公平分配投资利益，甚至让渡一部分利益给东道国，自然增加对中国投资者的信任和安全感，从而会得到东道国在政治制度、政策等方面的积极支持，只有这样才会保持中国对外直接投资的可持续性。

第三章

中国对东盟直接投资
质量评价体系设计

第一节　对外直接投资质量评价含义的界定

一、国内外关于对外直接投资质量评价含义的相关研究

目前，国内外关于对外直接投资质量评价的研究还缺乏系统性、规范性，更没有一个全面、清楚界定对外直接投资质量评价含义的概念。目前，从东道国角度对引进、利用外商接投资质量评价的研究较多，如 Buckley（2004）从 FDI 的项目规模、产业结构变化来研究外资对东道国中国的影响。Kumar（2002）为了评价引进利用外资的质量，建立了较全面的评价指标，认为引进外资给东道国带来了新知识、给东道国更多市场机会，促进东道国技术进步。国内学者彦曦、康灿华（2009）设计出引进、利用外资质量评价指标，包括引进外资的水平和利用外资的效应两方面。

很少有文献从母国的角度提出对外直接投资质量评价体系。但是，国内外有一些关于对外直接投资对母国经济影响的文献，这些文献涉及对外直接投资质量评价的部分内容，对对外直接投资量的评价缺乏全面性。事实上，对外直接投资不仅对东道国的经济、社会、生态环境等方面产生重要影响，而且对外直接投资也会对母国的经济、社会、生态等方面产生深远的影响。目前，从母国的角度评价对外直接投资质量的研究主要集中于以下三个层面的内容。

（一）研究对外直接投资对母国宏观经济的逆向影响

1. 研究对外直接投资对母国经济的逆向影响。分别从对外直接投资对母国经济增长、产业结构、技术进步、对外贸易、国际收支等宏观经济状况的逆向影响。

2. 研究对外直接投资对母国经济增长的影响。有两种观点，一种观点认为，对外投资替代国内投资，将会引起母国经济增长下降，如 Stevens et al.（1992）曾表明过此类看法。另一种观点认为对外直接投资将会对母国经济增长起到促进作用，例如 Desai（2005）认为，如果海外子公司使用了母国的产品会促进母国产出增加、经济增长，对外直接投资对国内生产起到互补关系，可以促进母国经济增长。

3. 研究对外直接投资对母国贸易的影响。20 世纪 60 年代对外直接投资的贸易效应成为西方研究的主题，研究结果不一，主要表现为对外直接投资的贸易互补效应和对外直接投资的贸易替代效应。

4. 对母国的技术溢出效应。刘明霞（2009）利用中国省际面板数据考察中国对外直接投资的母国技术溢出效应，发现短期内中国对外直接投资的母国技术溢出效应显著，而在长期中国对外直接投资的母国技术溢出效应不显著。

5. 对母国产业结构的影响。日本小岛清（1978）提出的边际产业扩张理论就暗含着通过转移国内过剩的产业到东道国投资可以优化国内产业的含义。国内学者潘颖、刘辉煌（2010）运用学者理论和格兰杰因果关系对我国对外直接投资与国内产业结构优化的关系进行研究，结果表明，长期来看，中国对外直接投资有利于优化国内产业结构。

以上就对外直接投资质量评价含义的研究侧重于对外直接投资对母国宏观经济各方面的影响，内容是片面、孤立的，从目前搜集的文献来看，大部分学者只是研究对外直接投资对母国逆向经济影响的某个或某几个方面。

（二）研究对外直接投资企业的微观经济绩效

从微观的角度研究企业对外直接投资的经济收益，如计算企业对外直接投资的成本、收益，核算利润率等。目前关于企业微观绩效的指标标准还没有统一，研究者根据不同的研究目的、对象和内容设立研究指标。如文宁、张传庆（2014）针对我国中小企业对外直接投资企业设立绩效考核指标；林莎（2009）针对我国上市企业绩效考核，设计 5 个绩效考核指标。这种具体从某个行业或某个企业的角度研究设立对外直接投资绩效指标，并对对外直接投资的经济绩效进行考核，并不能代表我国整体对外直接投资企业的经济绩效。

（三）对外直接投资对母国的生态、社会影响效应

也有一些学者研究对外直接投资对母国的就业影响效应。具体就业效应为：（1）对外直接投资对母国就业的创造效应，如 Lipsey（1994）[1] 的工作文件中就提到这类观点；（2）对外直接投资对母国就业的损失效应或就业替代效应，在母国资本资源有限的情况下，对外直接投资将代替国内投资或消费，在其他条件不变的情况下，对外直接投资将对母国就业产生替代效应；（3）对外直接投资对母国就业的结构效应，主要是指对外直接投资可以转移劳动力、优化母国结业结构，如 Fors G，Kokko（1999）[2]。

有少数个别学者开始关注对外直接投资对母国环境的影响效应。周力、庞辰晨（2013）[3] 实证分析对外直接投资对母国的环境效应，认为对外直接投资基于规模、技术、结构的影响机制对母国环境产生或正或负面的影响。

以上关于对外直接投资质量的含义的界定都是从某些孤立角度来研究对外直接投资质量的。随着国际投资的不断深化、社会的进步和资源的进一步开发，全球对可持续发展概念的认识逐步加深，在对外直接投资领域，各国在追求对外直接投资给母国带来最大经济利益的同时，也开始关注对外直接投资与母国的社会、环境之间是否存在一定的关联性，对外直接投资企业是否能够促进母国的社会进步、环境水平的改善，对外投资企业是否能与东道国和谐相处，立足于对外直接投资在东道国的可持续发展战略。

对外直接投资质量评价不再单纯片面，它不仅考察企业投资的微观绩效，还要考察投资的宏观经济效果，不仅考察投资的经济效果，还要考察投资的社会效果，应该全面、多角度地评价对外直接投资质量。

二、对外直接投资质量评价含义的界定

笔者认为，对外直接投资质量评价是指就对外直接活动给母国带来的经

---

① Lipsey，"Outward Direct Investment and the US Economy"，NBER working paper，1994.

② Fors G and Kokko，"Home Country Effect of FDI：Foreign Production and Structural Change in Home Country Operations"．The Seventh Subonne International Conference，1999.

③ 周力、庞辰晨：《中国对外直接投资的母国环境影响效应——基于区域差异的视角，基于 1999～2010 中国省际面板数据》，载《中国人口资源与环境》2013 年第 8 期，第 131～138 页。

济、社会、环境等方面的影响，进行全面、综合评估并且与投资的预期目标利益相比较，以评估其实现目标的程度。对外直接投资质量评价属于事后评估，它不同于对外直接投资的事前评估，它是对对外直接投资的经营活动后果所做出的一种结果评估，这种评估结果有利于跨国企业总结对外直接投资的生产经营经验并把经验应用到未来的直接投资决策和直接投资经营活动之中。

具体来说，对外直接投资质量评价是指评估对外直接投资对母国经济、社会、技术、生态环境等方面的促进和改善程度。考察对外投资质量不仅要考察其拉动 GDP、增加税收等效果，还要从经济、社会和环境整体来考察，着眼于经济、社会和环境的协调、可持续发展；不仅考核对外直接投资对母国的宏观经济、社会、环境等的影响效应，还要考核对外直接投资企业的微观经营绩效。

对外直接投资质量评价主要受到投资目标的制约，如一国对外直接投资仅仅是追求短期微观经济利益，完全可以用利润率、净资产收益率等经济量化指标来衡量，但是，如果投资目标扩展到对外直接投资要能对母国产生正面的经济、社会、生态影响的目标，就要采取综合评价指标来进行对外直接投资质量评价，有些收益是非经济收益，很难量化，就必须进行一定的转化，转化成经济收益，或者对这种收益进行单独评价。

在中国国家"走出去"战略的指引下以及中国—东盟自由贸易区全面建设成功的推动下，中国对东盟直接投资的规模不断扩大，中国对东盟直接投资除了关注其直接投资数量外，还要关注其直接投资质量。对中国对东盟直接投资带给母国的经济效益、社会效益、技术进步、生态环境效益以及跨国企业的微观经营绩效进行客观、科学、综合的质量评价，分析对东盟直接投资质量存在的问题，总结经验，有助于我国管理和监督对东盟直接投资活动，对东盟直接投资质量评价结果的产生也有助于指导我国政府部门制定对东盟直接投资的相关境外管理配套政策措施。

第二节　中国对东盟直接投资质量评价原则及评价内容

一、中国对东盟直接投资质量评价原则

（一）全面性与综合性相结合原则

对中国对东盟直接投资质量进行综合评价的目的是能够全面反映中国对东

盟直接投资质量存在的问题，为跨国企业和政府提高对东盟直接投资质量提供相关政策建议和措施。因此，对东盟直接投资质量评价应该是全面、综合的，不能单独衡量对外直接投资对母国经济影响效应，评价指标的设计应该是全面综合的，既有经济方面的影响指标，也有衡量社会、环境效应的非经济方面的指标，既有宏观评价指标也有微观评价指标，坚持宏观与微观评价相结合的原则。

中国对东盟直接投资从整体上是受国家"走出去"战略、国家"一带一路"战略发展目标指引的，对东盟直接投资要符合国家的经济效益、出口效应、资源效应、产业结构优化效应、社会效益等可持续发展的目标，微观个体投资要避免同国家宏观投资目标发展相冲突，企业在保持获得经济效益的同时，也要符合国家投资发展战略目标导向，因此，从宏观角度评价中国对东盟直接投资质量更具有战略意义。

（二）短期和长期评价相结合原则

既要评价跨国企业对东盟直接投资的短期利益，也要评价跨国企业对东盟直接投资的长期发展利益。在某些大型直接投资项目中，除了企业的先期投入成本较大外，还受到政治、经济等各种投资风险的影响，短期内，企业的收入不能取得显著提高，短期投资也不可能马上对母国经济、社会、生态产生正面作用。另外，对于技术获取型投资企业，出于东道国某些企业保护自身利益的原因，跨国企业获取技术也不是一蹴而就，需要在"干中学"过程中逐渐获得。因此，还要坚持短期与长期考核相结合的原则来评价中国对东盟直接投资的质量。

（三）整体性与个体性相结合原则

首先，要从整体上来反映中国对东盟直接投资的质量，例如某些跨国公司母公司与子公司为了实现全球发展战略目标，其局部利益要服从跨国公司整体利益的安排，跨国公司会牺牲个别子公司的暂时经济利益，而维护其整体经济利益，在这种情况下，要从整体上来考察跨国企业对外直接投资的质量。

其次，对东盟直接投资质量的评价，既要从整体上反映其直接投资质量，又要尊重个体存在的差异性。由于投资方式多元化，投资主体存在差异，投资国别、投资行业也存在很大差异，因此，不能简单地按照同一标准、程序考察对外直接投资质量问题，尊重不同企业、不同行业、不同投资环境的各自特点，区别对待不同指标。为了做到整体性和个体性相结合，可以采用分类评价法，例如，可以按照不同投资主体分别建立考察目标，对不同投资主体的投资质量进行评价，再在此基础上按照不同企业在对东盟直接投资中的作用确立权重，然后进行综合性评价。另外，跨国企业的对外直接投资动机也不同，要针对不同投资动机来确定评价标准，不能一律采取一成不变的评价标准体系。

（四）企业的微观财务绩效和非财务绩效评价相结合

企业的微观财务绩效是指企业在投入和产出方面取得的成果，如企业的销售收入、销售利润增长率、股份收益率、净资产收益率、固定资产增长率等。企业的微观非财务绩效则是反映企业为了实现跨国企业的长期发展战略目标，提高企业竞争优势的一些指标，如市场占有率、产品竞争力、社会贡献率等，非财务绩效指标不仅考虑跨国企业的短期利益，而且更考虑企业的长远利益，非财务绩效比财务绩效更能全面、综合地反映企业对外直接投资的微观效果，具有更深远的意义，但是，对企业非财务绩效的评价衡量比较困难。总之，为了全面评价对外投资企业的微观绩效，要坚持财务绩效和非财务绩效评价相结合的原则。

二、对东盟直接投资质量评价体系

（一）对东盟直接投资宏观质量评价内容及评价指标

1. 评价内容。从宏观上评价中国对东盟直接投资质量，主要评价中国对东盟直接投资对母国的逆向经济影响效应和非经济影响效应。在对东盟直接投资对母国逆向经济影响效应评价方面主要考察中国对东盟直接投资与母国经济增长、对外贸易、技术进步、产业结构等方面是否存在必然联系，是否对经济增长有显著拉动的作用，对东盟直接投资同中国与东盟之间贸易是否具有互补性，对东盟直接投资对国内技术进步的逆向技术溢出效应是否具有显著性，对东盟直接投资与母国产业结构优化的关联度。

对东盟直接投资对母国的非经济影响效应方面，主要考察对东盟直接投资是否促进了母国的就业，是否对母国就业起到了替代作用；对东盟直接投资对母国生态环境的影响方面，考察对东盟直接投资与母国生态环境是否存在必然联系，是否符合西方"污染避难所"的假设，转移了污染密集型产业，改善了母国的生态环境。

2. 评价指标。根据我国对东盟直接投资的总体发展目标，设计出中国对东盟直接投资的宏观质量评价指标，如表 3 - 1 所示。

表 3 - 1　　　　　　　中国对东盟直接投资的宏观质量评价指标

评价内容	评价指标
对东盟直接投资对经济增长的影响	经济增长的贡献率
对东盟直接投资对对外贸易的影响	对外贸易的贡献率
对东盟直接投资对技术进步的影响	全要素生产率的贡献率
对东盟直接投资对产业结构的影响	产业结构优化贡献率
对东盟直接投资对就业的影响	就业贡献率
对东盟直接投资对生态的影响	生态环境贡献率

本书采用数理分析，建立数理模型，实证分析对东盟直接投资与母国经济的关联性。采用回归分析法，确定对东盟直接投资为自变量，相关变量作为因变量，评价对东盟直接投资与相关因变量的相关性，估计出对东盟直接投资与各因变量的相关系数，得出对东盟直接投资对母国宏观经济发展的贡献率。

（二）对东盟直接投资微观质量评价指标及内容

1. 评价内容。本书借鉴 2002 年由原外经贸部出台的《境外投资综合绩效评价办法（试行）》，对境外企业绩效评价的内容分为资产运营效益、资产质量、偿债能力、发展能力和社会贡献能力五方面。其中资产运营效益、资产质量、偿债能力、发展能力主要是考察对东盟直接投资企业的投资经济效益状况，社会贡献能力是评价企业投资的经济溢出效应。《境外投资综合绩效评价办法（试行）》主要是针对企业投资的财务绩效进行考察的，对非财务绩效评价内容很少。所谓财务绩效是企业基于投入产出方面的具体表现，如销售利润率、净资产收益率等。所谓非财务绩效是为了实现企业发展的长期战略目标、增强企业竞争优势的绩效表现，如企业的市场地位、竞争力等。本书在境外企业财务绩效考核指标基础上，加入非财务绩效考核指标，构建中国对东盟直接投资微观质量评价指标体系。

2. 中国对东盟直接投资微观质量评价指标体系。

（1）境外企业资产运营效益的具体指标：

a. 净资产收益率＝利润（税前）/平均股东权益

b. 固定资产增长率＝(本年固定资产总额－上年固定资产总额)/上年固定资产总额

c. 总资产报酬率＝利润总额/平均资产总额

d. 销售利润率＝利润总额/利润收入

（2）境外企业资产质量具体指标：

a. 资产周转率＝主营业务收入/平均资产总额

b. 流动资产周转率＝主营业务收入/平均流动资产

c. 固定资产利用率

（3）境外企业偿债能力指标：

a. 资产负债率＝平均负债总额/资产平均总额

b. 流动比率＝流动资产/流动负债

（4）境外企业发展能力指标：

a. 市场占有率

b. 利润增长率＝(本年度利润－上年度利润)/上年度利润

c. 销售增长率＝(本年度收入－上年度收入)/上年度收入

d. 劳动生产率＝工业增加值/平均员工人数

（5）内部流程：

a. 境外企业人力资源管理；

b. 产品质量。

（6）境外企业学习与成长指标：

a. 境外企业的存续时间；

b. 研究开发费用的国际化指数；

c. 新产品开发周期。

（7）社会贡献：

a. 技术贡献率；

b. 经济贡献率。

由于中国对东盟直接投资企业的投资动机不同，所以对不同投资动机企业的投资质量的评价侧重点也不同，不能用单一模式考核不同的境外企业，即使对同一企业进行考核，随着时间的变化，考核模式和指标也要不断更新变化。对于市场导向型的境外企业投资质量的评价主要侧重于评价其产品在东道国市场的占有率、市场份额、市场份额的稳定性，还有营销成本等；对于资源寻求型的境外投资企业投资质量的评价主要侧重于评价境外企业在东盟获取资源、原材料、零部件的规模，资源供应价格，对境外企业整体生产的促进等方面；对于效率导向型的境外企业投资质量的评价主要侧重于评价企业的生产效率、边际成本、产品的优秀率等；对于技术知识寻求型境外企业投资质量的评价侧重于考察境外企业获取技术信息的能力、成本，对总公司的技术贡献率，申请专利、商标、技术许可的数量等。

第四章

中国对东盟直接投资质量的综合评价

第一节　中国对东盟直接投资与母国产业结构的关联度分析

在有关对外直接投资的国内外文献中，大部分文献都是从引进外资的东道国角度来研究外资对东道国经济各方面的影响，而研究对外直接投资对母国经济各方面影响的文献相对较少。国内外学者在论述跨国公司进行对外投资动因时，就对外直接投资和母国产业结构之间关系的研究，虽然理论上有所涉猎，但不够深入，不具有专门性，而在实证方面，相关的研究也比较宽泛，缺乏具体性，就中国对东盟直接投资对母国产业结构的影响鲜有研究。

理论分析上，日本教授小岛清（1978）提出边际产业扩张理论，该理论认为，母国应该选择自己具有比较劣势而对东道国来说却具有比较优势的产业（又称边际产业）开展对外直接投资，因为边际产业在本国遇到资源、技术、劳动力等生产要素缺乏的问题，边际产业对外扩张，有助于母国转移劣势产业，集中精力发展优势产业[①]，这在一定程度上说明了对外直接投资有利于优化母国产业结构的含义。英国教授 Cantell（1990）提出对外直接投资有利于发展中国家技术创新和产业升级理论，这是关于发展中国家开展对外直接投资的主要代表性理论。他认为，发展中国家开展对外直接投资可以利用自身的学习和组织能力，学习东道国先进的技术和管理经验，进行技术创新，从而带动

---

① ［日］小岛清著，周宝廉译：《对外贸易论》，南开大学出版社1987年版，第13~25页。

母国产业结构升级①。

实证分析上，Blomstrom（1997）实际验证了日本的对外直接投资与其母国产业结构的关系，其研究结果表明，以获取技术为主要导向的对外直接投资对母国引进技术和促进产业结构升级有显著的正面作用②；中国学者霍忻（2014）运用灰色关联度分析方法，基于 2008~2012 年我国行业结构投资存量及相关产业结构的数据进行实证分析，结果显示，对外直接投资与母国产业结构有很大的关联度③；王英（2009）以 1985~2007 年的时间序列数据为样本，利用计量软件实证分析了对外直接投资通过进口结构、技术进步、就业结构和固定资本四种路径来影响母国的产业结构④；潘颖、刘辉煌（2010）运用协整、格兰杰因果检验中国对外直接投资与产业结构升级的关系，研究结果表明，对外直接投资不仅在短期内也在长期内促进母国的产业结构升级⑤。

从目前国内外相关的理论和实证研究来看，侧重于对对外直接投资和母国产业结构之间关系的研究较少，研究不够深入和系统，特别是对自由贸易区下的投资和母国产业结构问题鲜有研究，我们应当看到，自由贸易区的贸易、投资合作是当今国际贸易发展的一个主要趋势。为此，本书尝试采用灰色关联度分析方法，研究在中国—东盟自由贸易区下，中国对东盟地区直接投资与母国各主要具体产业、行业间的关系，本书研究发展中国家间投资合作，并从产业结构角度评估对外直接投资质量。

一、中国对东盟直接投资状况分析

中国对东盟的直接投资是从 20 世纪 90 年代开始的，但规模较小。2010 年 1 月 1 日中国—东盟自由贸易区全面建设成功进一步推动了中国对东盟的直接

① Cantell. "Technological Accumulation and Third World Multinationals", University of Reading Discussion Paper, International Investment and Business Studies, Vol. 139, 1990.

② Blomstrom M, Fors Gurma and Lipsey Robert E "Foreign Direct Investment and Employment: Home Country Experience in the United States and Sweden" The Journal of the Royal Economic Society, Vol. 11, 1997, pp. 1788–1795.

③ 霍忻：《我国 OFDI 产业结构调整效应研究——基于灰色关联理论的实证分析》，载《国际经贸探索》2014 年第 9 期，第 24~31 页。

④ 王英：《对外直接投资影响产业结构调整的实证分析》，载《审计与经济研究》2009 年第 7 期，第 85~89 页。

⑤ 潘颖、刘辉煌：《中国对外直接投资与产业结构升级关系的实证研究》，载《统计与决策》2010 年第 2 期，第 102~104 页。

投资。中国对东盟的直接投资存量额从 2003 年的 58695 万美元上升到 2012 年的 2823754 万美元，是 2003 年对外直接投资存量额的 48 倍。2013 年中国对东盟直接投资存量为 3566835 万美元，比 2012 年增加了 26.3%。中国对东盟直接投资的国别主要分布在新加坡、印度尼西亚、泰国、马来西亚，近年来对缅甸、越南、老挝、柬埔寨的投资额也开始形成规模。

中国对东盟直接投资的行业主要分布在：电力、热力、燃气及水的生产和供应业、采矿业、批发和零售业、租赁和商务服务业、制造业、金融业、建筑业、交通运输、仓储和邮政业、农、林、牧、渔业、科学研究和技术服务业、房地产业、信息传输、软件和信息服务业、居民服务、修理和其他服务业、住宿和餐饮业、文化、体育和娱乐业等。

中国对东盟开展直接投资的主体主要是：有限责任公司、国有企业、私营企业、股份有限公司、股份合作企业、外商投资企业、港澳台商投资企业、个体经营、集体企业、其他。有限责任公司成为最活跃的对东盟直接投资的主体，国有企业的地位有所下降，但依然是主要的投资者。

二、中国对东盟直接投资对母国产业结构的作用机制分析

（一）对东盟直接投资转移母国过剩产业

从传统、衰落的产业转向新兴产业是一国产业升级的主要表现形式之一。那些存在于已经失去比较优势产业的劳动力、资本等生产要素，如果能够被及时释放出来，顺利地被投入新兴产业中，产业结构升级就能得到实现。但是，在现实生产中，由于生产的惯性，还有很多沉没成本的存在，存在于传统产业中的生产要素很难迅速地退出国内日渐衰落的产业，产业调整是十分缓慢的。而开展对外直接投资有利于将母国不再具有比较优势和强烈消费需求的衰落产业转移到东道国，这些产业也许对东道国来说还是较新的产业，该产业生产的产品在东道国也有较强的需求，这对于转移母国衰落产业、延续衰落产业的产品生命周期、释放母国国内的生产要素、寻求海外市场有很大的推动作用。传统产业开展对外直接投资也可以获得投资收益，支持母国新兴产业的发展，改善产业结构。

在中国对东盟直接投资的企业中，有很多是市场寻求型和资源寻求型的企业，开展对东盟的直接投资可以利用当地的市场、资源，减少占用和释放母国

一些产业的生产要素。东盟十国成员中大部分是发展中国家，经济、科技发展水平较低，对这些东盟成员的投资有利于我国转移过剩的生产能力，集中母国的资源发展优势产业。目前，中国华电集团、中国重型机械总公司、中国水电建设集团、中国电力进出口公司、广西有色金属公司、江苏红豆集团等纷纷在柬埔寨和越南等地投资，利用当地的市场和丰富的水力资源、劳动力、电力资源。其中，江苏红豆集团在柬埔寨投资的"西哈努克经济特区"是中国商务部首批境外经贸经济合作区之一。

（二）对东盟直接投资促进新兴产业的发展

开展对外直接投资，尤其是到发达国家或地区进行投资，有利于吸收当地的先进技术和管理经验，被投资企业所消化和吸收，对母国产生技术溢出效应，有利于提高产业的技术含量，促进新兴产业发展。开展对外直接投资，也有利于吸取东道国先进的消费理念，这种理念传播到母国，会引导国内消费者消费新产品，从而从消费的角度带动母国新产业的发展。

新加坡是中国在东盟开展直接投资的第一大投资来源国，新加坡的科技、经济发展水平较高，世界上许多著名的跨国公司都在新加坡开展直接投资。金融保险业、制造业和批发零售业是新加坡吸收外来直接投资的主要行业，在制造业领域，石油化工、生物医药、电子元器件等行业的大型跨国企业均在新加坡有投资项目，如蚬壳东方石油公司投资价值数十亿美元的石油裂化工厂与乙烯裂化工厂，葛兰素史克投资1.8亿美元建设儿童疫苗生产基地，英特尔投资4.7亿美元快闪记忆体生产厂。中国在新加坡的直接投资企业，可以向当地的世界级跨国企业学习较先进的技术、管理经验，与这些企业开展合作交流。从长期来看，这种投资合作会对母国产生逆向技术溢出，促进母国新兴产业的发展。目前，中国银行股份公司、中国航油股份有限公司、中远（新加坡）控股公司、华旗咨讯（新加坡）有限公司都在东盟开展直接投资，积极与当地企业开展交流合作。

（三）对东盟直接投资的负面影响机理

1. 资本转移到东盟对母国资本等要素供给产生不利影响。生产需要靠资本、劳动力、资源等生产要素，而对东盟直接投资必然将国内的资本、资源等生产要素转移到国外，掠夺国内生产要素，对国内生产产生不利影响，导致母国相关产业发展缓慢，影响产业机构优化和升级，从而影响国内相关产业的劳动力就业，却带动了对东盟直接投资国家产业的就业，对母国产生不利的社会效应。

2. 对东盟开展直接投资亏损也不利于对母国产业的发展。对东盟直接投资若经营不善，经济效益不好，也不会给母国带来生产所需的资本，进而阻碍母国产业的发展和竞争力。

3. 产业竞争的负面效应。对东盟开展一些低附加值产业的直接投资，对国内相关产业产生替代作用，从而对国内相关产业的出口产生出口替代作用。对东盟一些高科技产业的投资也会对国内相关产业产生较强的竞争作用。

三、实证分析

(一) 数据选取来源

为了更加准确地刻画我国对东盟直接投资变动对我国产业结构调整的影响，本书选取了中国经济数据库（CEIC）中中国对东盟直接投资分行业的存量数据和国家统计局网站中有关我国国内三次产业增加值分年份比重的时间序列数据，由于数据来源的有限性，利用各种时间序列模型来构造关系会显得数据不够用，为此本书选用适合小样本数据的灰色关联度分析模型来对这一主题进行分析，灰色关联度分析模型是根据系统内各个要素在发展中呈现的相似或相异程度来客观刻画系统内各要素之间的相关程度，并揭示了系统内各要素的动态关联特征与程度。本书选取了 2007～2014 年的样本数据范围，既保证了数据的实时性，又能达到研究的目的，并力求发现以上两者数据之间存在的具体关系。

本书在行业数据的选取上根据中国对东盟直接投资行业的存量比例以及行业数据的可获得性选取具有代表性的农林牧渔业、采矿业、制造业、电力热力燃气及水的生产和供应业、建筑业、交通运输仓储和邮政业、批发和零售业、金融业、租赁和商务服务业、科学研究和技术服务业和其他行业等 11 个行业，并以这 11 个行业的存量数据作为实证研究的对象。表 4 - 1 和表 4 - 2 是本书灰色关联度分析所需要的实证研究数据，表 4 - 1 是我国 2007～2014 年三次产业增加值比重数据，该数据来源于国家统计局网站，表 4 - 2 是我国 2007～2014 年对外直接投资行业存量比重数据，该数据来源于中国经济数据库网站。

表 4-1　　　　　　　 2007～2014 年我国三次产业增加值比重数据　　　　 单位：%

年份	第一产业增加值比重	第二产业增加值比重	第三产业增加值比重
2007	10.37	46.69	42.94
2008	10.34	46.76	42.9
2009	9.89	45.67	44.44
2010	9.62	46.17	44.21
2011	9.53	46.14	44.33
2012	9.53	44.97	45.5
2013	9.41	43.67	46.92
2014	9.17	42.74	48.09

数据来源：国家统计局网站（http：//data. stats. gov. cn/easyquery. htm？ cn = C01）。

表 4-2　　　 2007～2014 年我国对外（东盟）直接投资行业存量比重数据　　 单位：%

年份	农林牧渔	采矿	制造	电力热力燃气及水	建筑	交通运输仓储邮政	批发零售	金融	租赁商务服务	科学研究技术服务	其他
2007	3.7	5	23.5	5.3	7.8	6.4	15.2	17.8	11.3	2.5	1.5
2008	2.95	6.76	17.6	21.36	7.55	9.26	10.86	7	13.37	1.86	0.12
2009	3.56	9.56	15.53	19.42	7.06	6.99	17.07	6.96	10.98	1.37	0.12
2010	3.68	12.84	13.25	19.35	8.09	5.87	13.07	12.28	8.18	2.06	0.14
2011	3.31	11.11	11.96	17.72	7.57	9.04	12.58	10.63	12.85	1.93	0.18
2012	3.53	14.28	11.85	18.13	7.85	7.43	12.6	9.13	12	1.6	0.15
2013	4.48	14.81	13.1	16.93	8.23	3.88	13.35	7.88	10.99	1.51	0.11
2014	5.13	12.71	12.87	15.17	7.06	3.08	12.39	12.34	14.37	1.39	0.00

数据来源：中国经济数据库网站（CEIC），http：//webcdm. ceicdata. com/cdmWeb/data-Manager. html？ languageCode = en

（二）实证选用方法介绍和计算过程

国内外的许多学者在研究对外直接投资对母国产业结构影响的这一主题时采用 Granger 因果关系检验、多元线性回归模型等传统的计量模型方法来进行研究，并取得了不错的结果，但是，对于中国与东盟这个才建立不久的自贸区来说，许多行业才开始展开，互相投资没多久，在数据上就有欠缺，不能使用大样本的传统计量模型来刻画，为此本书中尝试采用适合于小样本研究的灰色关联度分析方法来进行研究，另外，采用这一方法进行的研究比较少，因而本书中拟采用这一方法来对我国对东盟直接投资对国内产业结构调整之间的关系进行实证分析并发现存在于其中的相互作用关系。灰色关联度分析是一种根据系统内部各类要素发展的动态相似或者相异的程度来客观地度量系统内部各要素的关联程度，并以此来揭示系统内各要素的动态关联特征和程度。

下面就本书中数据对灰色关联度分析模型作简要的介绍。

1. 设立我国三次产业增加值的比重时间序列 $X_i = [x_i(1), x_i(2), \cdots, x_i(q)]$（其中，$i = 1, 2, 3; q = 8$）。

2. 设立我国对外直接投资行业存量占比的时间序列数据 $Y_j = [y_j(1), y_j(2), \cdots, y_j(q)]$（其中 $j = 1, 2, 3, \cdots, 11$）。

3. 求各序列的初值像（即标准化）。

$$X'_j = \frac{X_i}{x_i(1)} = [x'_i(1), x'_i(2), \cdots, x'_i(q)] \ （其中 i = 1, 2, 3）$$

$$Y'_j = \frac{Y_j}{y_j(1)} = [y'_j(1), y'_j(2), \cdots, y'_j(q)] \ （其中 j = 1, 2, \cdots, 11）$$

4. 求序列差。

$\varphi_{ij} [\varphi_{ij}(1), \varphi_{ij}(2), \cdots, \varphi_{ij}(q)]$（其中 $i = 1, 2, 3; j = 1, 2, \cdots, 11$）
并且在其中 $\varphi_{ij} = |Y'_j - X'_i|$，即 $\varphi_{ij}(k) = |y'_j(k) - x'_i(k)|$（其中 $k = 1, 2, 3, 4, 5, 6, 7, 8$）

5. 求灰色关联系数。

$$\eta_{ij}(k) = \frac{m + \rho M}{\varphi_{ij}(k) + \rho M}$$

其中，ρ 为分辨系数，$\rho \in (0, 1)$，通常取 ρ 为 0.5，$k = 1, 2, \cdots, 6, 7, 8$；$i = 1, 2, 3; j = 1, 2, \cdots, 11$；并且式中 $m = \min_i \min_j \varphi_{ij}(k)$，$M = \max_i \max_j \varphi_{ij}(k)$（即三次产业与每一行业的序列差值中取最大和最小的元素分别作为 M 和 m）。

6. 计算灰色关联度。

$$\eta_{ij} = \frac{1}{8} \sum_{k=1}^{8} \eta_{ij}(k)$$

其中 $i = 1, 2, 3; j = 1, 2, \cdots, 11$。

按照以上步骤，下面用我国第一产业和农林牧渔业对东盟直接投资的关联度为例来说明计算过程。

由表 4-1 和表 4-2 中的数据可以构造我国第一产业增加值比重数据序列

和我国对东盟直接投资农林牧渔业存量占比数据时间序列分别为 X_1 = (10.37,
10.34, 9.89, 9.62, 9.53, 9.53, 9.41, 9.17) 和 Y_1 = (3.7, 2.95, 3.56,
3.68, 3.31, 3.53, 4.48, 5.13), 先对两个数据列标准化得 X'_1 = (1, 1,
0.95, 0.93, 0.92, 0.92, 0.91, 0.88) 和 Y'_1 = (1, 0.8, 0.96, 0.99,
0.89, 0.95, 1.21, 1.39)。

　　然后对两个序列作差得 φ_{11} = (0, 0.2, 0.1, 0.06, 0.03, 0.03, 0.3,
0.51), 按照此步骤分别求出第二和第三产业对农林牧渔业的序列差为 φ_{21} =
(0, 0.2, 0.02, 0, 0.1, 0.01, 0.27, 0.47) 和 φ_{31} = (0, 02, 0.07, 0.04,
0.14, 0.11, 0.12, 0.17)。据此得出 M = 0.51, m = 0, 将此结果带入灰色关
联系数式中可得：$\eta_{11}(1)$ = 1, $\eta_{11}(2)$ = 0.56, $\eta_{11}(3)$ = 0.96, $\eta_{11}(4)$ = 0.81,
$\eta_{11}(5)$ = 0.89, $\eta_{11}(6)$ = 0.89, $\eta_{11}(7)$ = 0.46, $\eta_{11}(8)$ = 0.33。故由此可得我
国第一产业与农林牧渔业对东盟直接投资的灰色关联度为 η_{11} = 0.74。同理可
以求出我国其他产业对各行业对东盟直接投资的灰色关联度，通过对各产业与
各行业对东盟直接投资的灰色关联度计算可以得到如表4-3所示的实证结果。

表4-3　　　　　　　　　　灰度关联分析计算结果

	第一产业	第二产业	第三产业
农、林、牧、渔业	0.74	0.75	0.73
采矿业	0.52	0.52	0.54
制造业	0.52	0.50	0.47
电力、热力、燃气及水的生产和供应业	0.46	0.46	0.47
建筑业	0.68	0.75	0.70
交通运输、仓储和邮政业	0.63	0.62	0.62
批发和零售业	0.66	0.59	0.50
金融业	0.54	0.51	0.47
租赁和商务服务业	0.63	0.67	0.69
科学研究和技术服务业	0.59	0.56	0.51
其他行业	0.47	0.46	0.44

（三）结论

　　从表4-3中的分析结果可以看到，我国对东盟直接投资行业结构与我国国内
三次产业结构之间存在着很密切的联系，影响我国第一产业的对东盟直接投资行业

依照其影响程度依次从高到低为：农林牧渔业、建筑业、交通运输仓储和邮政业、租赁和商务服务业、批发和零售业、科学研究和技术服务业、采矿业、制造业、金融业、电力热力燃气及水的生产和供应业和其他行业；影响我国第二产业结构变化的我国对东盟直接投资行业按显著程度依次为：农林牧渔业、建筑业、租赁和商务服务业、交通运输仓储和邮政业、采矿业、批发和零售业、科学研究和技术服务业、制造业、金融业、电力热力燃气及水的生产和供应业和其他行业；与我国第三产业联系较为紧密的对东盟直接投资行业依次为：租赁和商务服务业、交通运输仓储和邮政业、建筑业、农林牧渔业、采矿业、批发和零售业、科学研究和技术服务业、制造业、金融业、电力热力燃气及水的生产和供应业和其他行业。

通过前两部分我国对东盟直接投资行业结构以及国内三次产业结构的定性和定量分析之后，综合可以得出以下结论：

1. 我国对东盟直接投资行业结构和我国国内三次产业结构之间的确存在着一定的关联性，只是各个行业和产业间的关联程度存在着较大的差异。

2. 在我国对东盟直接投资的众多行业中，农林牧渔业、建筑业、交通运输仓储和邮政业及租赁和商务服务业对我国国内三次产业结构影响较为显著，这可以在一定程度上说明劳动密集型行业和市场寻求型行业在我国对东盟直接投资对我国产业结构的调整优化和我国的国内经济产业转型上发挥了重要的作用。

3. 有些对东盟直接投资的行业在对三次产业的影响上存在着很大的差异性，像农林牧渔业、批发和零售业及科学研究及技术服务业对东盟直接投资在对第一和第二产业的关联度上明显要高于对第三产业的关联度，而在交通运输仓储和邮政业及租赁和商务服务业这两行业对东盟直接投资与第三产业的关联度明显高于第一和第二产业的关联度。

4. 充分发挥对东盟直接投资的相关行业对母国产业结构调整具有正面和促进的作用，产业结构的调整升级是基于相关行业的投资规模变化而产生变化的。每一行业的对外投资都会对各个产业的升级具有影响性，并非是独立的影响某一产业，但是，每一行业对各个产业的影响程度是不同的，要加以区分其影响因子大小而做决定。

四、对策建议

（一）充分发挥对东盟直接投资对母国产业结构的正面作用

从表 4 – 3 中可以看出，除了电力热力燃气及水的生产和供应业和其他行业外，对东盟直接投资行业与三次产业关联度都在 0.5 以上，这说明，我国对东盟的直接投资行业上各个行业都有涉及和重视，既要发挥传统的农、林、牧、渔对母国第一、二产业的带动作用，也要发挥制造业、采矿业、交通运输对母国各产业的带动作用，更要发挥科学技术研究和服务业对母国产业结构升级的促进作用，因为中国对东盟科技产业的投资能够产生较强的技术溢出效应，从而促进母国产业结构的优化。政府应当秉持审时度势的态度具体情况具体分析，并分产业提前规划好对东盟的投资发展计划，优先支持能够促进国内产业结构调整升级的行业对东盟及海外投资，为国内产业升级创造良好的外部条件。

（二）通过对东盟直接投资，促进母国边际产业转移

我国与东盟在相关的方面如廉价劳动力、世界工厂方面存在着较大的趋同性，另外，随着我国经济的高速发展和社会结构的转变，我国相比东盟在人口红利方面不再具有绝对的优势，因此，将在我国国内处于比较劣势的所谓"边际产业"诸如一些制造业和相应的夕阳产业转移到更具优势的东盟地区不失为一个很好的方式，这样，既可以使我国国内产业转移到更具有发展潜力和竞争力的新兴高新产业，而且有利于和东盟的国家的相互投资，并促进东盟国家的一体化和现代化发展。

（三）把握合理、适度原则，提高对东盟直接投资的质量

要认清对东盟直接投资对母国产业升级的影响机制：一方面对东盟开展直接投资可以转移国内过剩的产业；另一方面可能会转移生产要素、稀缺资源，制约国内相关产业的发展，海外投资业的亏损也会制约母国产业的发展。因此，对东盟的直接投资要把握合理、适度原则，避免忽视投资效益，只追求投资数量的盲目投资。鼓励资源、技术寻求型企业在东盟开展直接投资，控制恶化生态环境、抢夺母国稀缺资源的对外直接投资产业的发展。

第二节　中国对东盟直接投资对母国贸易的影响

关于对外直接投资的关系研究，到目前为止，国内外的研究主要体现在两个方面：两者是互补的，两者是替代的。关于对外直接投资替代对外贸易的论

述：蒙代尔（1957）放松赫克歇尔和俄林的要素禀赋论中要素不能完全流动的假设条件，建立标准的 $2 \times 2 \times 2$ 模型，得出对外贸易和对外直接投资是相互替代的[①]；Buckley 和 Casson（1976）的内部化理论认为，当外部成本非常大时，跨国公司通过内部化可以降低生产和交易成本，跨国公司转而开展对外直接投资，从而代替对外贸易[②]；Raymond Vernon（1966）的产品生命周期理论认为，许多新产品的生命周期经历创新时期、成熟时期和标准化时期。当产品处于创新时期时，少数在技术领先的创新国家的企业首先开发了新产品，然后便在国内投入生产，创新国家完全靠出口来赚取凭借技术垄断形成的利润。当产品进入成熟时期，随着技术的成熟与扩散，生产企业不断增加，市场竞争日趋激烈，出现了大量模仿者，这样一来，创新国家企业的生产不仅面临着国内原材料供应的相对或绝对紧张的局面，而且还面临着出口运输能力和成本的制约，以及进口国家的贸易壁垒和仿制品的取代，在这种情况下，企业若想保持和扩大对国外市场的占领就必须选择对外直接投资。当产品进入标准化时期，创新国的技术优势已不复存在，国内对此类产品的需求转向从国外进口。产品生命周期理论阐述了对外贸易和对外直接投资相互替代的关系[③]。

关于对外直接投资与对外贸易互补关系的论述：小岛清（1977）强调国际分工的重要性，将对外投资和对外贸易统一在国际分工的基础之上，提出了国际直接投资和国际贸易互补的模型，认为国际直接投资综合转移了资金、技术和管理经验，影响东道国的生产和消费，从而促进投资国与东道国间的贸易[④]；国内学者张应武（2006）运用 2000～2004 年我国对外贸易和对外直接投资的数据，采用引力模型分析中国对外直接投资和对外贸易两者之间的关系，结果表明，两者存在较强的互补性[⑤]；Dunning（1981）的国际生产折衷理论也认为两者存在替代关系[⑥]；Graham 和 Krugman（1993）通过总量和分行

① Mundell, R. A "International Trade and the Factor Mobility", American Economic Review, Vol. 3, No. 47, June 1957, pp. 1269 – 1276.

② Buckley, P. J. and Cason, The Future of Multinational Enterprises, London: Macmillan, 1976, pp. 40 – 68.

③ Vernon R., "International investment and international trade in product cycle", Quarterly Journal of Economics, Vol. 80, 1966, pp. 190 – 209.

④ ［日］小岛清著，周宝廉译：《对外贸易论》，南开大学出版社 1987 年版，第 45 页。

⑤ 张应武：《对外直接投资与对外贸易的关系：互补或替代》，载《国际贸易问题》2007 年第 6 期，第 87～94 页。

⑥ Dunning, J. H, International Production and the Multinational Enterprise, London: Allen & Unwin, 1981.

业分析都证明外国直接投资对母国的出口有很强的带动作用①；Lipsey（2002）通过实证分析美国、日本等跨国企业的直接投资状况，认为跨国公司在东道国开展直接投资生产产品时，对东道国的消费产生了引导，促进当地消费者对东道国其他产品的出口，同时从事垂直一体化生产的跨国企业会增加对母国零部件、原材料、半成品等的需求，促进母国这类产品的出口，因此，对外直接投资和贸易是互相补充、互相促进的②。

一、中国对东盟的贸易状况分析

随着中国—东盟自由贸易区的全面建设成功，中国对东盟的贸易额不断扩大。2003 年中国对东盟的贸易总额是 782.54 亿美元，其中，对东盟的出口额为 264.44 亿美元，进口额为 518.1 亿美元，2014 年中国对东盟的贸易总额是 4801.25 亿美元，其中，出口额为 2717.92 亿美元，进口额为 2083.32 亿美元。中国在东盟的主要贸易伙伴有马来西亚、新加坡、印度尼西亚、泰国、越南等国家，2014 年中国对马来西亚的贸易总额为 1060.7 亿美元，名列中国对东盟贸易额的第一位。具体见表 4 - 4 和表 4 - 5。

二、对外直接投资对进出口的影响机制分析

（一）对外直接投资对母国出口的影响机制

一方面，跨国企业在东道国开展直接投资的初期，会对母国的机器设备等产品产生需求，带动母国相关产品出口。跨国企业对外直接投资把国内生产价值链延伸到国外，可以长期带动母国零部件、技术服务、劳务等的出口。对于不同投资动机的跨国企业，都可以在一定程度上促进母国产品出口，比如市场寻求型跨国企业，开展对外直接投资可以规避东道国的贸易保护主义措施，开发新市场，拓宽母国的出口渠道；技术寻求型的对外直接投资企业对母国产生逆向技术溢出效应，提高母国产品的技术含量，促进母国产品出口；资源寻求型跨国投资企业可以带动母国相关开采技术、设备的出口。另一方面，跨国企

---

① Graham E. M. and Krugman P. R, The Surge in Foreign Direct Investment in the 1980s, Chicago: University of Chicago Press, 1993, pp. 13 - 36.

② Robert E. lipsey, "Home and Host Country Effects of FD" NBER working papers series, 2002.

表 4－4　　2003～2013 年中国对东盟贸易的地区分布状况

金额单位：亿美元

年份\国家	2003	2004	2005	2006	2007	2008	2009	2010	2011	2012	2013
新加坡	193.49	266.84	331.49	408.54	471.53	524.36	478.63	570.58	634.82	692.76	759.14
马来西亚	201.27	262.61	307.03	371.12	463.98	534.69	519.63	742.15	900.35	948.13	1060.75
印度尼西亚	102.29	134.81	167.89	190.57	249.97	315.21	283.84	427.50	605.22	662.19	683.55
泰国	126.55	173.43	218.12	277.27	346.38		382.04	529.47	647.37	697.45	712.61
菲律宾	93.99	133.28	175.58	234.13	306.14	285.80	205.31	277.46	322.54	363.7	380.66
缅甸	10.80	11.45	12.09	14.60	20.57	26.26	29.07	44.44	65.00	69.72	101.50
越南	46.39	67.43	81.96	99.51	151.15		210.48	300.94	402.07	504.4	654.82
文莱	3.46	2.99	2.61	3.15	3.55	2.18	4.23	10.25	13.11	16.08	17.94
柬埔寨	3.21	4.82	5.63	7.33	9.33	11.33	9.44	14.41	24.99	29.23	37.72
老挝	1.09	1.14	1.29	2.18	2.49	4.16	7.44	10.55	13.06	17.28	27.41

数据来源：中华人民共和国商务部亚洲司。

表 4－5　　2003～2013 年中国对东盟贸易状况

金额单位：亿美元

年份	2003	2004	2005	2006	2007	2008	2009	2010	2011	2012	2013	2014
出口	264.44	429.02	553.71	713.14	941.39	1141.42	1062.97	1382.07	1700.83	2042.72	2440.70	2717.92
进口	518.1	629.78	749.99	895.26	1083.69	1169.74	1067.14	1545.69	1927.71	1958.21	1995.41	2083.32
总额	782.54	1058.80	1303.70	1608.40	2025.08	2311.17	2130.11	2927.76	3628.54	4000.93	4436.11	4801.25

数据来源：中华人民共和国商务部亚洲司。

业到国外开展直接投资有可能对母国出口产生替代效用。不论是何种投资动机，跨国企业到国外开展直接投资，可以就地生产，就地出售产品，在一定程度上替代了母国向东道国部分商品的出口。东道国在吸引外资的过程中，通过"干中学"，也积累了较为先进的技术和管理经验，直至自行生产进口替代产品，对进口也起到抑制作用，在一定程度上降低了对母国出口品的需求。

（二）对外直接投资对母国进口的影响机制

一方面，对外直接投资企业可以到国外寻求母国短缺的资源，同时带动母国对该资源的进口。对外直接投资企业可以到东道国开展降低成本、提高生产效率的投资，提高产品的价格优势，也可带动母国对有价格优势的产品进口需求。企业到东道国开展投资，寻求当地的先进技术，提高产品的技术含量，也可带动母国对高科技产品的进口。另一方面，对外直接投资也会对母国进口产生替代影响。如果跨国企业在东道国寻求的资源和技术比依靠进口更有效率，那么，这些商品的进口会被直接投资就地取材所替代了。

具体如图 4-1 所示。

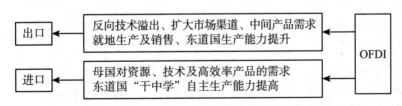

图 4-1 对外直接投资对母国出口及进口的影响机制

三、中国对东盟直接投资和对东盟贸易之间关系的实证分析

（一）变量平稳性检验

在实际检验中，时间序列可能由更高阶的自回归过程 $AR(p)$ 生成，或者随机干扰项并非是白噪声的，这样用 OLS 法进行估计均会表现出随机干扰项出现自相关，导致 20 世纪 70~80 年代美国北卡罗来纳州立大学教授 Dickey 和艾奥瓦州立大学教授 Fuller 创建的单位根检验法 DF 检验无效。另外，如果时间序列包含有明显的随时间变化的某种趋势，则也容易导致检验中的自相关随机干扰项的问题。为了保证 DF 检验中随机干扰项的白噪声特性，Dickey 和

Fuller 对 DF 检验进行了扩充，形成了扩展的 Dickey – Fuller 检验，又称 ADF 检验。ADF 检验是通过下面三个模型完成的：

$$\Delta Y_t = \delta y_{t-1} + \sum_{j=1}^{p} \lambda_j \Delta Y_{t-j} + \mu_t \tag{4.1}$$

$$\Delta Y_t = \alpha + \delta y_{t-1} + \sum_{j=1}^{p} \lambda_j \Delta Y_{t-j} + \mu_t \tag{4.2}$$

$$\Delta Y_t = \alpha + \beta_t + \delta y_{t-1} + \sum_{j=1}^{p} \lambda_j \Delta Y_{t-j} + \mu_t \tag{4.3}$$

分别按照上述三个检验高阶自回归平稳性的模型检验 ln EX, ln IM, ln $OFDI$，以及各变量一阶差分 ln EX, Δln IM, Δln $OFDI$ 的平稳性。检验结果如表 4 – 6 所示。

表 4 – 6 各变量及各变量一阶差分平稳性检验结果

变量（ctp）	ADF 检验统计值	ADF 临界值			单整阶数
		1%	5%	10%	
ln EX （c, 0, 1）	– 0.2346	– 3.7304	– 3.2357	– 2.3678	1
Δln EX （c, 0, 0）	– 4.3789	– 3.7304	– 3.2357	– 2.3678	
ln IM （c, 0, 1）	– 1.2346	– 4.5897	– 3.8762	– 3.2456	1
Δln IM （c, t, 0）	– 5.6780	– 4.5897	– 3.8762	– 3.2456	
ln $OFDI$ （c, t, 0）	2.0543	– 3.4209	– 2.9780	– 2.1346	1
Δln $OFDI$ （c, 0, 0）	– 5.1078	– 3.4209	– 2.9780	– 2.1346	

注：（ctp）c 代表截距项，为 0 表示不含截距项；t 代表时间趋势项，为 0 表示不含时间趋势项；p 代表滞后阶数。

（二）协整检验

如果有两个变量都是单整变量，只有当它们的单整阶相同时，才可能协整。协整检验的基本步骤如下。

第一步，若变量 y_t 与 x_t 是同阶单整的，则用 OLS 法估计长期均衡方程（协整方程）$y_t = b_0 + b_1 x_t + u_t$，得到 $y_t = b_0 + b_1 x_t$，并保存残差 et 作为均衡误差 u_t 的估计值。

第二步，检验残差 et 的平稳性。如果残差 et 是平稳的，则变量 y_t 与 x_t 是协整的，y_t 与 x_t 存在长期均衡关系；如果 et 不是平稳的，则变量 y_t 与 x_t 不是协整的，y_t 与 x_t 不存在长期均衡关系。

首先用 OLS 估计模型 $\ln EX_t = b_0 + \ln OFD_{It} + u_t$，其回归估计结果如下：

$$\ln EX_t = 0.2021 + 0.0321 \ln OFDI_t$$

$$t = （5.3456）\quad（123.58）$$

$$R^2 = 0.8972 \quad DW = 1.6782 \quad F = 345.67$$

通过计算的残差序列 et 进行 ADF 检验，得适当检验模型：

$$\Delta et = e_{t-1} - \Delta e_{t-1}$$

$$t = （-3.3070）（-1.0422）$$

残差 e_{t-1} 前参数的 t 值为 -3.3070，小于 5% 和显著水平的 ADF 临界值，拒绝存在单位根的假设，表明残差项是平稳的。说明 *OFDI* 与 *EX* 是（1，1）阶协整关系，说明两变量之间存在长期稳定的均衡关系。

同样方法再用 *OLS* 估计模型 $\ln IM_t = b0 + \ln OFDI_t + u_t$，其回归估计结果如下：

$$\ln IM_t = 13.34 + 0.2231 \ln OFDI_t$$

$$t = （3.5678），（102.67）$$

$$R^2 = 0.9021 \quad DW = 1.8234 \quad F = 234.89$$

通过计算的残差序列 e_t 进行 *ADF* 检验，得适当检验模型：

$$\Delta e_t = -0.5342 e_{t-1} - 0.1345 \Delta e_{t-1}$$

$$t = （-2.4678）（-2.3678）$$

残差 e_{t-1} 前参数的 t 值为 -2.4678，小于显著性水平 5% 的 ADF 临界值，拒绝存在单位根的假设，表明残差项是平稳的。说明 *OFDI* 与 *IM* 是（1，1）阶协整关系，说明两变量之间存在长期稳定的均衡关系。

（三）建立误差修正模型

如果变量 x 与 y 是协整的，则它们存在长期均衡关系，它们之间的短期非均衡关系总能由一个误差修正模型表述。即：

$$\Delta Y_t = lagged（\Delta Y, \Delta X）- \lambda ECM_{t-1} + u_t$$

其中，ECM_{t-1} 是非均衡误差项或者说是长期均衡偏差项，λ 是短期调整参数。该式说明，本期被解释变量 y 的变化取决于本期解释变量 x 的变化、前期 x 与 y 的变化以及前期误差修正项。

标准格式的 *ECM* 模型回归结果如下：

$$\Delta \ln EX_t = \Delta \ln EX_{t-1} + \Delta \ln OFDI_t + \Delta \ln OFDI_{t-1} - \lambda e_{t-1}$$

$$\Delta \ln IM_t = \Delta \ln IM_{t-1} + \Delta \ln OFDI_t + \Delta \ln OFDI_{t-1} - \lambda e_{t-1}$$

利用计量软件得到的估计结果为：

$$\Delta\ln EX_t = 0.025\Delta\ln EX_{t-1} + 0.021\Delta\ln OFDI_t + 0.012\Delta\ln OFDI_{t-1} - 0.6234 e_{t-1}$$
$$t = (0.324) \quad (8.723) \quad (1.106) \quad (-2.467)$$

$\Delta\ln OFDI_t$，e_{t-1}回归系数通过 t 检验，其中变量的符号与长期均衡关系的符号一致，误差修正系数为负，符合反向修正机制。即：

$$\Delta\ln IM_t = 0.092\Delta\ln IM_{t-1} + 0.0879\Delta\ln OFDI_t + 0.0567\Delta\ln OFDI_{t-1} - 0.962 e_{t-1}$$
$$t = (0.256) \quad (4.537) \quad (0.978) \quad (-3.256)$$

$\Delta\ln OFDI_t$，e_{t-1}回归系数通过 t 检验，其中变量的符号与长期均衡关系的符号一致，误差修正系数为负，符合反向修正机制。

（四）格兰杰因果关系检验

在经济变量中有一些变量显著相关，但它们未必都是有意义的。判断一个变量是否是另一个变量变化的原因，是计量经济学中常见的问题。Granger 提出一个判断因果关系的检验，就是 Granger 因果检验，如表 4 - 7 所示。

表 4 - 7

原假设	滞后长度	F 统计值	P 值	判断
OFDI 不是 *EX* 变化的原因	1	4.237	0.023	拒绝
	2	9.238	0.004	拒绝
	3	12.34	0.003	拒绝
	4	10.32	0	拒绝
OFDI 不是 *IM* 变化的原因	1	5.782	0.002	拒绝
	2	8.926	0.012	拒绝
	3	7.983	0.002	拒绝
	4	12.345	0.012	拒绝
EX 不是 *OFDI* 变化的原因	1	0.496	0.691	接受
	2	1.823	0.234	接受
	3	2.342	0.791	接受
	4	1.256	0.467	接受
IM 不是 *OFDI* 变化的原因	1	2.341	0.452	接受
	2	1.273	0.246	接受

四、结论与对策建议

（一）结论

对东盟直接投资是母国出口和进口变化的原因。对外直接投资分别与母国出口、进口存在长期协整关系，对东盟直接投资促进母国的出口和进口，但是，由于我国对东盟的直接投资还刚刚起步，而对东盟的贸易相对增长较快，使得基于资本、技术、资源、市场寻求动机的各种投资对母国贸易的带动作用显得还较小，例如，2013年中国对东盟的贸易总额为4436.11亿美元，2013年中国对东盟直接投资存量为356.7亿美元。对东盟直接投资对进口的影响相对于出口更强，主要是投资带动了母国对资源、短缺产品的进口。我国对东盟的贸易并没有带动对东盟的直接投资。

（二）对策建议

1. 继续扩大对东盟直接投资的规模。从数据和实证分析中可以看到，我国对东盟直接投资的规模相对于对外贸易规模还较小，对东盟直接投资对国内贸易的带动作用相对较小。因此，要在国家"走出去"战略带动下，继续扩大对东盟直接投资的规模。我国的劳动力成本优势已经渐渐丧失，一些劳动密集型产业在中国生产的成本日益增高，根据西方的"边际产业扩张理论"，中国不应是这些劳动密集型边际产业的吸纳国，而应是这类边际产业的转移国家了，我国可以选择劳动力成本较低的越南、柬埔寨、缅甸等东盟国家，扩大边际产业的转移规模。

2. 提高对东盟直接投资的质量。继续拓展在新加坡、马来西亚、泰国等世界著名跨国公司云集地区的直接投资，充分发挥对东盟直接投资中的"干中学"效应，向当地跨国企业学习先进的技术、管理经验，对母国经济产生丰富的逆向技术溢出效应。加速我国的产业结构和产品结构升级，尽量减少中国对东盟投资企业与东道国的产业结构和产品结构趋同的现象，从而会带动中国与东盟间互补贸易的开展。

3. 积极参与到东盟的价值链分工体系，提高国际分工的专业化程度，发展产业内贸易以及产品内贸易。产业内贸易和产品内贸易的价值链分工体系可以促进母国的零部件、机器设备及相关产品的进出口。因此，对东盟直接投资的企业要嵌入国际价值链的分工体系中，积极开展深入、广泛的国际分工，提高价值链的增值环节。与东盟各国开展多种形式的合作，不仅为资源寻求型企业提供丰富的资源，而且也会带动母国相关产品的出口。

第三节　中国对东盟直接投资对母国技术进步的影响

一、文献综述

自 20 世纪 60 年代起，对外直接投资对东道国产生的技术溢出效应开始被广泛地研究，但是直到 90 年代起才有学者开始研究对外直接投资与母国技术进步关系问题。

国外学者的相关研究：Kogut（1991）研究日本企业在美国直接投资状况，发现日本的企业主要投资技术密集型产业，广泛采取合资合作方式开展技术寻求型投资；Coe 和 Helpman（1995）引入国外研发资本因素，以德国等 22 个高技术国家的投资数据为基础，进一步研究对外直接投资的逆向技术溢出效应，结果发现，对外直接投资对母国有显著的逆向技术溢出效应；Harris（1991）认为，对知识技术发达国家开展直接投资，可以通过技术扩散、模仿、关联产业、人员培训等方面对母国产生技术溢出效应；Lichtenberg F. 和 B. van Pottelsberghe de la Potterie（2001）对美国、日本、德国等 13 个国家在 1971～1990 年对技术溢出的三种渠道（进口、引资、对外直接投资）进行实证检验，结果显示，进口和对外直接投资均是技术溢出的重要渠道，肯定了对外直接投资对母国逆向技术溢出的作用；Branstetter（2006）从微观角度研究企业对外直接投资的技术溢出效应，日本对美国的直接投资不仅促进了美国企业吸取技术，也促进了对日本的逆向技术溢出。但也有相反观点，Head（2002）认为对技术水平高的国家进行直接投资有可能对母国技术发展产生负面效应，集中技术资源开展国外投资对母国相关产业的发展产生替代作用。

国内学者的相关研究：国内学者主要是研究对外直接投资对中国全要素生产率的影响。白洁（2009）依据 1985～2006 年中国对 14 个主要国家的投资数据，测算国外研发资本存量，利用回归分析对外直接投资的逆向技术溢出效应，结果表明统计效果不显著；张海波、俞佳根（2012）在全要素生产率基础上，采用 VAR 模型、脉冲响应函数以及方差分解法动态研究东亚新兴经济体对外直接投资的逆向技术溢出效应，结果为东亚新兴经济体对外直接投资的逆向技术溢出效应存在差异，新加坡、泰国、印度尼西亚等国对外直接投资的逆向技术溢出为正，中国对外直接投资的逆向技术溢出不明显；除了全要素生产率作为衡量技术水平的指标外，刘明霞（2009）则利用面板数据结合衡量技术水平的专利、发明和实用新型等指标来研究我国对外直接投资的长期、短期逆向技术溢出效应，短期内我国对外直接投资对总专利、发明和实用新型专利申请具有显著的逆向溢出，而长期内只对技术含量较低的外观设计申请具有溢出效应。

影响对外直接投资逆向技术溢出效应的因素：对外直接投资的逆向技术溢出受到母国和东道国诸多因素影响的引致溢出。国外的相关研究：Borenzstein（1998）认为人力资本水平决定了吸收能力，从而决定对外直接投资的逆向技术溢出效应的发挥；Lane（1998）提出技术差距影响对外直接投资逆向技术溢出，技术差距不同，吸收效果不同。国内相关研：沙文兵（2014）研究了东道国特征与中国对外直接投资逆向技术溢出的关系，认为东道国产权保护制度越健全，越有利于中国企业通过对外直接投资获得逆向技术溢出，而东道国与中国之间的文化差距则在一定程度上阻碍了对外直接投资的逆向技术溢出；李梅等（2014）运用我国对外直接投资的省际面板数据，从母国制度环境视角考察制度因素对对外直接投资的逆向技术溢出的影响，结果表明，政府对知识产权保护、对教育的扶持等制度有利于中国对外直接投资的逆向技术溢出，同时，这种影响还存在地区差异，中国东部地区由于制度环境较好，其对外直接投资的逆向技术溢出效果好于中东部地区。

从已有的相关研究来看，对外直接投资逆向技术溢出效应的研究始于国外，研究内容较集中，主要研究企业到技术、文化水平较高的东道国进行直接投资的逆向技术溢出效应，对企业到发展中国家直接投资的逆向技术溢出效应的研究还较少，东盟地区既有发达国家也有发展中国家，但总体上来看，发展中国家成员偏多，在中国对东盟直接投资规模日益扩大的情况下，研究目前中国对东盟直接投资是否对母国产生技术溢出效应以及如何完善投资发挥其逆向技术溢出效应是有意义的。

二、研究方法和数据获取

受 Coe 和 Helpman（1995）建立的贸易溢出模型（CH 模型）的启发，建立对东盟直接投资对母国逆向技术溢出效应模型：

$$\ln TEP_t = a + \beta_i \ln S_t^d + \beta_2 \ln S_t^f + u_t$$

1. 计算出全要素生产率 TEP，依据柯布—道格拉斯生产函数，采用永续盘存法，计算出 TEP。

对于 TEP 的计算，采用两要素的 $C-D$ 生产函数计算，其中，产出 Y 用 GDP 表示，劳动投入量用全社会就业人数来表示，资本存量用永续盘存法来计算。在计算资本存量时，以 1998 年为资本存量为基期，选取全社会的固定资产投资作为当年的固定资产投资，资本折旧率沿用张军的 9.6%，资本的产出弹性和劳动的产出弹性分别为 0.7 和 0.3（郭庆旺、贾俊雪，2005）。根据公式计算出全要素生产率 TEP。根据 $C-D$ 生产函数可得：

$$Y_t = A_t K_t^\alpha L_t^\beta$$

其中，A_t 代表一国在 t 时期的技术进步水平，α、β 是生产函数中的参数，定义全要素生产率 $TEP = \dfrac{Y_t}{K_t^\alpha L_t^\beta}$，通常假设规模报酬不变，即 $\alpha + \beta = 1$。则有回归方程：

$$\ln\left(\frac{Y_t}{L_t}\right) = \ln A + \alpha \ln\left(\frac{K_t}{L_t}\right) + \varepsilon_t$$

可以用 OLS 计算，最终得到 α 和 β 的值，运用 EViews 计算，得 $\ln\left(\dfrac{Y_t}{L_t}\right) = -0.96345 + 0.46342 \ln\left(\dfrac{K_t}{L_t}\right)$，且 t 值通过 0.05 显著性检验，所以 $\alpha = 0.46342$，$\beta = 0.53658$。根据 $TEP = \dfrac{Y_t}{K_t^\alpha L_t^\beta}$，计算出全要素生产率的值。其中分别用 GDP 和全社会就业人数来代表 Y 和 L，这两类数据可以从我国的历年统计年鉴中获得。资本存量 K 的测算方法采用 Goldsmit（1951）的永续盘存法。它的公式为：$K_t = I_t/P_t + (1-\delta_t)K_{t-1}$，其中，$K_t$ 为 t 时期的固定资本存量，I_t 为 t 时期固定资本形成总额，P_t 为固定资产投资价格指数，δ_t 为 t 时期的资本折旧率，K_{t-1} 为上一期固定资本存量。折旧率国际通常设定为 5%，固定资产价格指数、固定资产形成总额可以从我国历年《中国统计年鉴》中获得。以 1998 年的固定资本存量为基期，该数据直接取自于张军、章元（2003）对资本存量估计的数据结果。如此，可计算出 1998～2013 年中国的全要素生产率。其中 Y 的计算是以 1998 年为基期，运用 GDP 指数，核算 1998～2013 年历年 GDP。具体见表 4-8。

表 4 - 8　　　　　　中国国内生产总值、就业人数及全要素生产率

年份	Y（亿元）	K（亿元）	L	TEP
1998	84402.3	61582.1	69957	1.28
1999	90816.6	91556.7	90985.7	1.00
2000	98445.1	92588.9	97900.6	1.03
2001	106616	92957	106026.3	1.07
2002	116318.1	93387.2	115674.7	1.11
2003	127949.9	93926.2	127242.2	1.16
2004	156649.1	95376.1	155924.3	1.26
2005	156649.1	95376.1	155924.3	1.26
2006	176543.5	96355.6	175726.7	1.32
2007	201612.7	97532.3	200679.9	1.40
2008	220967.6	98892	219945.2	1.45
2009	241296.6	100703.3	240180.2	1.50
2010	266391.4	102662	265159.0	1.55
2011	291165.8	104935.6	289818.8	1.60
2012	313585.6	107642.9	310106.1	1.65
2013	337731.7	110858.3	333984.3	1.68

数据来源：全社会就业人数来自《中国统计年鉴》，国内生产总值、全要素生产通过计算得出。

2. 计算出 $S_t^d = (1 - \delta) S_{t-1}^d + RD_t$，采用永续盘存法对国内研发资本存量进行计算，基期设定为 1998 年，S_t^d 为 t 时期国内研发资本存量，S_{t-1}^d 为上一期国内研发资本存量，δ 为研发资本折旧率，RD_t 为 t 时期一国的研发支出。研发资本折旧率通常假定为 7%，研发支出 RD_t 可以从历年《中国科技统计年鉴》中获得，再按当年汇率折成美元。而关于 S_{t-1}^d 基期研发资本存量的计算沿用 Griliches（1980）的方法，$S_{1998}^d = RD_{1998} / (g + \delta)$，其中，$g$ 表示 1998 ~ 2013 年我国研发支出的算术平均增长率 20%。由此，可计算出 1998 ~ 2013 年国内历年的研发资本存量。全国研发经费内部支出以 1998 年为基期，按照消费价格指数折成不变价格的教育经费支出。具体见表 4 - 9 和表 4 - 10。

表 4 – 9　　　　　　　　　　　　　中国研发经费内部支出

年份	名义研发支出（亿元）	CPI（环比）	实际研发支出（亿元）
1998	551.12	100	551.12
1999	678.91	98.6	688.5
2000	895.66	100.4	904.7
2001	1042.49	100.7	1042.99
2002	1287.64	99.2	1300.6
2003	1539.63	101.2	1539.63
2004	1966.33	103.9	1892.5
2005	2449.97	101.8	2316.3
2006	3003.10	101.5	2796.2
2007	3710.24	104.8	3295
2008	4616.02	105.9	3846.8
2009	5802.11	99.3	4835.1
2010	7062.58	103.3	5697.5
2011	8687.01	105.4	6631.3
2012	10298.41	102.6	7685.4
2013	11846.60	102.6	8647.2

数据来源：根据《中国科技统计年鉴》提供数据计算得出。

表 4 – 10　　　　　　　　　　　　中国研发经费支出

年份	汇率平均值	研发支出（十亿美元）
1998	8.2791	6.66
1999	8.2783	8.32
2000	8.2784	10.93
2001	8.277	12.6
2002	8.277	15.71
2003	8.277	18.6
2004	8.2768	22.87
2005	8.1917	28.28
2006	7.9718	35.08

续表

年份	汇率平均值	研发支出（十亿美元）
2007	7. 604	43. 33
2008	6. 9451	55. 39
2009	6. 831	70. 78
2010	6. 7695	84. 16
2011	6. 4588	102. 67
2012	6. 3125	121. 75
2013	619. 57	139. 57

基期研发资本存量为：$S_{1998}^{d} = 6.66/0.27 = 247$（亿美元），由此计算出国内历年研发资本存量见表 4 – 11。

表 4 – 11　　　　　　　　国内研发资本存量　　　　　　单位：十亿美元

年份	1998	1999	2000	2001	2002	2003	2004	2005
存量	24. 7	31. 3	40	49. 8	62	76	94	115. 7
年份	2006	2007	2008	2009	2010	2011	2012	2013
存量	142. 7	176	231. 4	286	350	428. 3	520	623

3. 计算出对外直接投资溢出的国外研发资本存量 S_t^f。依据 LP（2001）的相关测算公式：

$$S_{it}^{f} = \sum_{i \neq j} \frac{OFDI_{jt}}{Y_{jt}} S_{jt}$$

其中，$OFDI_{jt}$ 为我国在 t 时对 j 国的直接投资存量，Y_{jt} 为引资国 j 国的国内生产总值，S_{it}^{f} 为我国对外直接投资溢出的研发资本存量。S_{jt} 为 t 时期 j 国国内研发资本存量。从《中国对外直接投资统计公报》中直接选取 2003 ~ 2013 年中国对东盟直接投资存量数据；从世界银行数据库中选取 1998 ~ 2013 年东盟五国的国内生产总值数据及各研发支出占 GDP 的比例从而求出 S_{it}，即东盟 5 国在 1998 ~ 2013 年的研发支出数据，由此，可计算出中国对东盟五国不同时期直接投资溢出的国外研发资本，各国消费价格指数来源于《国际统计年鉴》。具体见表 4 – 12 至表 4 – 13。

表4-12 中国对东盟五国直接投资流量额 单位：百万美元

年份	马来西亚	泰国	印度尼西亚	新加坡	菲律宾
1998	3.40	5.10	-4.40	8.42	216.40
1999	1.20	-2.10	-1.20	-27.40	64.90
2000	-1.00	7.20	-2.80	-7.10	0
2001	-1.50	1.00	-1.50	99.90	0.10
2002	13.2	20	-0.7	-205	0
2003	100.66	150.77	54.26	164.83	8.75
2004	123.24	181.88	121.75	233.09	9.8
2005	186.83	219.18	140.93	325.48	19.35
2006	196.96	232.67	225.51	468.01	21.85
2007	274.63	378.62	679.48	1443.94	43.04
2008	361.20	437.16	543.33	3334.77	86.73
2009	479.89	447.88	799.06	4857.32	142.59
2010	708.80	1080.00	1150.44	6069.10	387.34
2011	797.62	1307.26	1687.91	10602.69	494.27
2012	1026.13	2126.93	3098.04	12383.33	593.14
2013	1668.18	2472.43	4656.65	14750.70	692.38

数据来源：2003～2013年的数据来自于2006年、2013年《中国统计公报》，1998～2002年数据来自于《东盟统计年鉴》。

表4-13 东盟五国GDP 单位：亿美元

年份	马来西亚	菲律宾	泰国	新加坡	印度尼西亚
1998	721.8	722.1	1118	857.1	954.5
1999	791.5	830	1226.3	862.9	1400
2000	938	810.3	1227.2	958.4	1650
2001	927.8	762.6	1155.4	892.9	1604.5
2002	1008.5	823.6	1268.8	919.4	1956.7
2003	1102	839.1	1426.4	970	2347.8
2004	1247.5	913.7	1613.4	1141.9	2568.4
2005	1435.3	1030.7	1763.5	1274.2	2858.7
2006	1627	1222.1	2070.9	1477.9	3645.7

续表

年份	马来西亚	菲律宾	泰国	新加坡	印度尼西亚
2007	1935.6	1493.6	2469.8	1800	4322.2
2008	2310	14736	2725.8	1922.3	5102.4
2009	2022.5	1683.3	2637.1	1924.1	5395.8
2010	2475.3	1995.9	3189.1	2364.2	7092
2011	2895.5	2241.4	3456.7	2741	8459.3
2012	3052.6	2502.4	3659.7	2869.1	8767.2
2013	3131.6	2720.7	3872.5	2929.4	8683.5

数据来源：世界银行数据库（http：//data.worldbank.org/indicator/NY.GDP.MKTP.CD）。

表 4 - 14　　　　　　　东盟五国研发支出占 GDP 的比例　　　　单位：%

年份	新加坡	马来西亚	印度尼西亚	泰国	菲律宾
1998	1.75	0.4	0.07	0.26	0.13
1999	1.85	0.7	0.07	0.25	0.13
2000	1.85	0.47	0.07	0.25	0.13
2001	2.06	0.7	0.05	0.26	0.13
2002	2.1	0.65	0.07	0.24	0.14
2003	2.05	0.7	0.07	0.26	0.13
2004	2.13	0.6	0.07	0.16	0.13
2005	2.19	0.7	0.07	0.23	0.11
2006	2.16	0.61	0.07	0.25	0.13
2007	2.36	0.7	0.07	0.21	0.11
2008	2.64	0.79	0.07	0.25	0.13
2009	2.20	1.01	0.08	0.25	0.13
2010	2.05	1.07	0.07	0.25	0.13
2011	2.23	1.07	0.07	0.25	0.13
2012	2.10	0.7	0.07	0.25	0.13
2013	2.20	0.7	0.07	0.25	0.13

数据来源：世界银行数据库（http：//data.worldbank.org/indicator/GB.XPD.RSDV.GD.ZS）。

表 4-15　　　　　　对东盟直接投资溢出的研发资本存量 S_t^f　　　单位：百万美元

年份	1998	1999	2000	2001	2002	2003	2004	2005
存量	0.447	-0.41	-0.1	2.60	-3.40	0.12	1.18	1.067
年份	2006	2007	2008	2009	2010	2011	2012	2013
存量	2.992	10.016	41.50	32.015	26.89	75.25	35.534	52.086

三、实证分析

经过验证 $\ln TEP_t$、$\ln S_t^d$ 和 $\ln S_t^f$ 本身是非平稳序列，但是其一阶差分序列是平稳的。对三者进行协整检验。

利用 *OLS* 估计模型 $\ln TEP_t = \alpha + \beta_1 \ln S_t^d + \beta_2 \ln S_t^f + u_t$，估计结果如下：

$$\ln TEP_t = 0.0023 + 0.11342\ln S_t^d + 0.01243 S_t^f$$
$$(3.2345)^* \quad (2.1345)^{**} \quad (0.7932)$$

其中，*代表 10% 显著水平；**代表 5% 显著水平。

通过对该式计算的残差序列 e_t 进行 ADF 检验，得到适当模型：

$$\Delta e_t = -0.5325 e_{t-1} - 0.2245\Delta e_{t-1}$$
$$(-2.1245) \quad (-1.0212)$$

$$\text{ADF } \textit{Test Static} \quad -2.1245 \quad 1\% \textit{ Critical Value} \quad -3.6649$$
$$5\% \textit{ Critical Value} \quad -1.9259$$
$$10\% \textit{ Critical Value} \quad -1.6234$$

ADF 统计值为 -2.1245，小于显著水平 5% 的 *ADF* 临界值 -1.9259，在该显著水平下，拒绝单位根假设，表明残差序列是平稳的，因此，解释变量和被解释变量是协整的，存在长期稳定关系。

四、结论及对策建议

(一) 结论

国内研发资本存量是推动我国技术进步的最主要因素。国内资本存量每增加 1%，我国全要素生产率就会增加 0.11342%。

我国对东盟直接投资的技术溢出效应并不明显。国外研发资本存量对我国全要素生产率的影响不显著，该系数的 t 值没有通过显著性检验，这表明我国对东盟直接投资过程中国际研发并没有对我国的技术进步和经济发展带来正向的溢出效应。主要原因在于：中国对东盟直接投资的技术寻求型动机不足，投资动机主要是市场寻求型和资源寻求型的。东盟大部分国家都属于发展中国家，技术水平与欧盟、美国等发达国家相比，还存在一定差距；东道国实施技术保护、技术封锁、核心技术采取独资化等，增加了中国投资企业在外获取技术的难度，中国对东盟直接投资在当地的"干中学"效应还没有很好地发挥出来；我国吸收先进技术、管理经验的能力还较弱，这也直接影响了我国对东盟直接投资的逆向技术溢出效果。

（二）对策建议

1. 积极提高自身科技水平。"科学技术是第一生产力"，良好的科技水平，不仅能提高自身产品在国际市场上的竞争力，而且也有利于我国提高从国外引进技术的消化和吸收能力。从目前来看，国内研发还是中国技术进步的主要推动力。应增强国内研发投资比重，重视教育提高人力资本素质，提高本国企业的自主创新和技术吸收能力，缩小与东道国的技术差距，为对东盟直接投资发挥逆向技术溢出创造条件。

2. 增加对东盟技术寻求型动机的直接投资，提高对东盟直接投资的技术含量。目前，中国对东盟直接投资受资源寻求、市场寻求等不同动机的驱使，技术寻求型投资动机还不足，应该积极开展技术寻求型投资。世界著名跨国公司已经纷纷到新加坡、马来西亚、泰国、印度尼西亚、菲律宾等国开展直接投资，中国企业可以利用这个契机，积极与在东盟的世界跨国企业集团开展合作，尤其是技术领域的合作，发挥对东盟直接投资的逆向技术溢出效应。

3. 改善对东盟直接投资结构，改善投资行业结构和投资主体结构。目前中国对东盟直接投资的行业主要分布在资源、商务服务等行业，事实上，投资中高端制造业能够更好地发挥对外直接投资的逆向技术溢出，制造业在东盟设立研发机构，或与东道国开展各种形式的技术合作，有利于发挥在东道国投资的逆向技术溢出。因此，要不断调整和完善对东盟直接投资的行业结构，对东盟直接投资的规模和行业要做出总体定位，在众多行业中，提高对制造业的投资规模，在制造业总量投资规模提升的情况下，提高对中、高水平制造业的投资。充分发挥规模效应，积极促进技术水平较高、经济规模较大的企业到东盟开展直接投资。

4. 积极加强与东道国间的技术、管理合作，必要时政府要积极介入，采取有偿和无偿等手段，吸取东道国跨国企业先进的技术和管理经验。采取专利、商标、许可证等多种形式的技术合作。在各国政府的支持下和中国—东盟自由贸易区框架下，积极搭建双边、多边技术合作平台，设立技术合作支持基金，开展互利互惠的技术合作。同时，母国要完善制度，建立和完善保护知识产权的各种制度体系。

5. 开创与东盟发展中成员投资技术合作之路。中国与发展中东道国技术、文化水平、需求结构等多方面存在相似之处，在这些国家开展直接投资，很容易缩小技术差距和吸收技术，可以很快吸收东道国的某项技术并应用到母国生产建设中。因此，中国不仅要对东盟经济发达的成员进行投资和吸取技术，还要与东盟发展中成员积极开展投资技术合作，根据市场需要，激发研发潜能，全面带动对东盟直接投资的逆向技术溢出。

第四节　中国对东盟直接投资对母国就业的影响

一、对外直接投资对就业影响机理

（一）就业创造效应

1. 公司内部贸易带动对母国中间品需求的增加，促进中间产品的出口，从而增加母国中间品生产部门的就业量。对外直接投资可以带动与直接投资相关的机器设备、零部件的需求，从而刺激国内相关产品的出口，增加相关产品出口部门的收入，相关产品出口部门的就业也会被带动起来。

跨国公司到国外生产会增加一些非生产性的就业机会，如增加对管理、法律咨询服务、技术信息咨询等的需求，增加母国在这些方面的就业机会①。Lipsey 认为，在海外投资的美国跨国公司需要母国向其提供更多的研发人员及管理人员，扩大了母国的就业②。Hawkins（1972）认为，跨国企业带动了对

---

① ［日］小岛清：《对外贸易论》，天津南开大学出版社 1987 年版，第 437 ~ 442 页。
② Lipsey, "Outward Direct Investment and the US Economy", NBER Working Paper, 1997.

母国相关的零部件等中间产品的需求，增加了中间产品生产部门的就业①。Schmitz 等（1970）认为，技术先进国家投资资源禀赋丰富的国家可以深化垂直产业分工体系，提高投资国的就业水平②。钞鹏（2011）认为，对外直接投资通过对外贸易的传导途径来影响就业，一国出口的增加使得与出口相关的产业部门获得有利发展机会，这些部门会增加对劳动力的需求量③。

2. 技术管理溢出，对外直接投资可以接近当地先进的技术和管理经验，对母国产生逆向技术溢出效应，带动国内生产的增长，从而带动就业，提高劳动者的素质。关于对外直接投资对国内技术影响的研究是近年开始的，如 Bransetter（2000）④ 以及 Van Pottelsberghe and Lichtenberg⑤ 和 Gwanhoon，L⑥ 等，刘明霞（2010）利用 2003～2007 年省际面板数据对我国对外直接投资的逆向技术溢出效应及国内外技术差距对逆向技术溢出的影响进行了实证分析，结果显示，中国对外直接投资对全要素生产率存在着显著的逆向溢出效应⑦。钞鹏（2011）认为，对外直接投资企业一般通过传染效应、竞争效应、联系效应和培训效应等渠道获得技术外溢，通过学习和模仿合作企业或竞争企业的技术和经营活动来提高自身生产能力，加大劳动力的培训教育，提高劳动力的就业能力⑧。

3. 节约母国生产成本，获取世界低廉的原材料，促进生产，增加就业。Kojima（1978）认为，对外直接投资可以廉价地获取母国一些生产部门所需要的而国内成本又较高的原材料，对外直接投资既促进了进口也促进了出口，提

---

① Hawkins, "Job Displacement and Multinational Firm: A Methodological Review", Washington: Centre of Multinational Studies.

② Schmitz & Helmberger, "Factors Mobility and International Trade: the Case of Complementary", The American Economic, Vol. 64, 1970, pp. 761 – 767.

③ 钞鹏：《对外直接投资对母国的就业效应及传导机制》，载《广西社会科学》2011 年第 3 期，第 59 页。

④ Bransetter, L "Is Foreign Direct Investment a Channel of Knowledge Spillovers? Evidence from Japan's FDI in the United States", NBER Working Paper, No. 8015, 2000.

⑤ Van Pottelsberghe and Lichtenberg, "Does Foreign Direct Investment Transfer Technology across Borders?", The Review of Economics and Statistic, Vol. 3, No. 83. 2001, pp. 490 – 497.

⑥ Gwanhoon, L, "The Effectiveness of International Knowledge Spillovers Channels", European Economic Review, Vol. 50, 2006, pp. 2075 – 208.

⑦ 刘明霞：《中国对外直接投资的逆向技术溢出效应——基于技术差距的影响分析》，载《中南财经政法大学学报》2010 年第 3 期，第 17～20 页。

⑧ 钞鹏：《对外直接投资对母国的就业效应及传导机制》，载《广西社会科学》2011 年第 3 期，第 59 页。

高了出口部门的就业量[①]。中国学者杨建清（2004）认为，对外直接投资可以绕开东道国的关税壁垒，开发母国稀缺的自然资源，促进出口[②]。胡绍玲、宋平（2012）认为，对外直接投资对进口贸易的影响有两方面：进口促进效应和进口替代效应。在进口促进方面，资源导向型对外直接投资以开发国外资源、保证母国供给为目的，会增加母国资源类产品的进口，并使用面板数据，运用动态的 VAR 模型和格兰杰检验方法对我国的情况进行实证检验，结果表明，我国对外直接投资与进出口贸易是良性互动的[③]。

4. 对外直接投资通过促进经济增长间接促进就业。对外直接投资与经济增长：对外直接投资可以完善产业结构，促进经济增长，带动就业。对外直接投资对经济增长的影响，学术界的观点一分为二：其一，对外直接投资与国内投资如果是相互替代的，那么对外直接投资会导致国内资源不足，对经济增长是不利的（Stevens et al. ，Stevens G V G，Lipsey R E，1992[④]）。其二，对外直接投资与国内投资是互补的，对外直接投资可以带动国内互补产业的发展，促进国内经济增长[⑤]。Dunnning（1991）[⑥] 认为，对外直接投资可能会提高母国的劳动生产率，促进经济增长。常建坤、李杏（2005）认为，对外直接投资是促进本国技术进步的重要因素之一，向 R&D 资本存量密集的国家或地区进行投资，尤其可以母国促进技术进步和全要素生产率的提高，从而推动经济增长[⑦]。

（二）就业替代效应

1. 替代效应。包括：一是由于投资替代了出口，从而减少了出口部门的就业；二是在资本额固定的情况下对外投资对国内投资产生了挤出效应，对外

---

① Kojima K，"Direct Foreign Investment：Japanese Model Versus American Model：A Japanese Model of Multinational Business Operations"，New York：Praeger Publishers，1978，pp. 83 - 102.

② 杨建清：《对外直接投资对母国就业的影响》，载《商业时代》2004 年第 35 期，第 62 页。

③ 胡绍玲、宋平：《中国对外直接投资对进出口贸易的影响分析》，载《经济经纬》2012 年第 3 期，第 66 页。

④ Stevens et al，Stevens G V G and Lipsey R E，"Interactions between domestic and foreign investment"，Journal of Money and Fiance，Vol. 2，1992，pp. 40 - 62.

⑤ Desai M A，Foley F and Hines J R．"Foreign Direct Investment and Domestic Capital Stock"，American Economic Review Papers and Proceedings，Vol. 95，pp. 33 - 38.

⑥ Dunning John "Locations and Multinational Enterprises：A Neglected Factor?"，Journal of International Business Studies，Vol. 1，1991.

⑦ 常建坤、李杏：《对外直接投资对中国经济增长的效应》，载《改革》2005 年第 9 期，第 125 ~ 128 页。

投资的增加减少了国内投资额，减少了国内的就业。

2. 生产替代效应。跨国公司将国内产业转移到国外可能会造成一些部门减产，减少就业人数。Jasay（1960）认为，在母国资本资源有限的条件下，对外直接投资将替代国内投资或消费，如果资金流出没有增加出口或减少进口，那么对外直接投资会对国内就业产生替代效应[1]。Ruttenberg（1968）利用面板数据实证分析美国企业海外投资对国内就业的替代效应，每增加1单位的对外直接投资将导致就业减少0.7个单位[2]。Brainerd 和 Riker（1977）发现，美国企业对不同经济发展水平国家投资的就业替代效应程度不同，对经济发展水平较高国家直接投资的就业替代效应较小，对经济发展水平较落后国家直接投资的就业替代效应较大[3]。国内学者黄晓玲、刘会政（2007）实证分析发现，中国对外直接投资对国内就业有一定的替代效应[4]。

3. 出口替代造成就业机会减少。以 Mundell（1957）为代表的学者却认为，对外直接投资与对外贸易是相互替代的[5]。Stevenson（1996）在研究瑞典跨国企业生产对母国出口的影响时发现，瑞典的对外投资对出口有替代作用[6]。

（三）就业结构优化效应

就业结构优化理论认为，由于管理职能集中于母公司，创造了投资国许多非生产性就业机会，优化了就业结构。通过开展对外直接投资活动，母国能够学习东道国先进的技术和管理经验，提高母国劳动者素质，促进高素质劳动者就业水平的提高，优化就业结构。

Clickman 和 Woodward（1989）认为，对外直接投资使得美国传统工业部门失去很多工作岗位，但是，从长期来看，服务业就业比重却在上升，增加了

① Jasay A. E, "The Social Choice Between Home and Overseas Investment", Economical Journal, Vol. 70, 1960, P. 277.

② Ruttenberg. W. B., "Effects of U. K. Direct Investment Overseas", London: Cambridge University Press, 1968, P. 408.

③ Brainerd and Riker. "US Multinational and Competition from Low Wages Countries", NBER Working Papers, 1997, P. 5958.

④ 黄晓玲、刘会政：《中国对外直接投资的就业效应分析》，载《管理现代化》2007 年第 5 期，第 35~36 页。

⑤ Mundell R. A, "International trade and factor mobility", American Economic Review, Vol. 6, 1957, pp. 3321 – 3335.

⑥ Stevenson R., Effects of Overseas Production on Home Country Exports: Evidence Based on Swedish Multi-nationals, Quorum books, 1996.

管理人员和技术人员的就业机会[1]。钞鹏（2011）认为，对外直接投资会导致母国产业结构发生演进，一些落后的、存在过剩生产能力的产业会转移到国外，优化母国产业结构，产业结构对就业的影响不仅体现在"量"上，还体现在"结构"上，对劳动者的素质提出了更高的要求，原有产业结构的演进会吸纳一些高素质的劳动力，新兴产业部门的出现还会提供一部分新的就业岗位[2]。褚慧伟（2012）利用浙江1989~2011年的相关数据，实证分析对外直接投资对浙江各产业就业的影响，发现对外直接投资减少了浙江第一产业的就业量，增加了浙江第二产业、第三产业的就业量[3]。Fors和Kokko（1999）认为，对外直接投资增加了对母国非生产性就业量，国外子公司增加了对母公司在技术、管理、法律等方面人员的需求，促进了从事技术、管理等方面工作的人员的就业[4]。

综合以上研究，目前就对外直接投资对母国就业的影响效应尚未得出统一的结论，这是源于投资主体，投资行业、企业，引资国家的经济、文化、制度等，存在着很多差异。目前，大多数研究还只是针对发达国家对外直接投资的母国就业效应研究，对发展中国家对外直接投资的就业效应的研究还不全面，本书是较早针对中国对东盟地区直接投资对母国就业影响进行研究的。

二、数据与研究方法

用 L 表示中国整体的就业人数，GDP 表示中国的国内生产总值，OFDI 表示中国对东盟直接投资额，K_{total} 表示全社会固定资产投资总额，所有数据均来自于《中国统计年鉴》、《中国对外直接投资统计公报》，假设劳动的需求符合里昂惕夫生产关系，对其需求完全取决于生产水平、工资水平，根据 Cobb - Douglas 生产函数 $Q = AK^{\alpha}L^{\beta}$，生产取决于资本和劳动的投入，公式两边取对数：$\ln Q = \ln A + \alpha \ln K + \beta \ln L$，那么 $\ln L = \ln Q - \ln A - \ln K$，对劳动的需求还取决于生产效率和国内资本的投资投入，而已有文献表明对外直接投资对国内生产

① Clickman, N. &D. Woodwasrd, The New Competitiors: How Foreign Investor are Changing the US Economy, New York: Basic Books, 1989, P. 68.

② 钞鹏：《对外直接投资对母国的就业效应及传到机制》，载《广西社会科学》2011 年第 3 期，第 59 页。

③ 褚慧伟：《浙江的对外直接投资就业效应研究》，载《重庆科技学院学报》2012 年第 19 期，第 111 页。

④ Fors and Kokko, Home Country Effect of FDI: Foreign Production and Structural Change in Home Country Operations, The Surbonne International Conference, Paris, June, 1999.

技术效率有溢出效应，所以对外直接投资是国内生产技术效率的函数，用国内固定资产投资代替国内资本投入，用 W 代表国内工资水平，那么反映国内就业需求的最终的计量模型应该是：

$$L_t = a_1 + a_2 OFDI_t + a_3 GDP_t + a_4 K_t + a_5 W_t + e_t$$

中国对东盟开始大规模的直接投资是从 21 世纪初期开始的，缘于数据的可获得性，$OFDI$ 代表中国对东盟直接投资的存量，本书选取 2003～2012 年中国对东盟直接投资存量数据来反映中国对东盟直接投资状况，其数据来源于《中国对外直接投资统计公报》；L 代表中国的就业人数，其数据来源于《中国统计年鉴》；K 代表的是资本，本书中用中国固定资产投资数据来表示；W 代表国内工资水平，L、K、W 数据均来源于《中国统计年鉴》。具体见表 4 – 16。

表 4 – 16　　　　　　　中国对东盟直接投资的主要行业　　　　　单位：万美元

行业	流量	比重（%）	存量	比重（%）
电力、热力、燃气及水的生产和供应业	108179	17.7	511996	18.1
采矿业	171434	28.1	403328	14.3
批发和零售业	68288	11.2	355830	12.6
租赁和商务服务业	44041	7.2	338769	12.0
制造业	98821	16.2	334756	11.9
金融业	9399	1.5	257748	9.1
建筑业	60094	9.9	221639	7.9
交通运输、仓储和邮政业	9319	1.5	209815	7.4
农、林、牧、渔业	29971	4.9	99667	3.5
科学研究和技术服务业	2464	0.4	45241	1.6
房地产业	4453	0.7	18206	0.6
信息传输、软件和信息服务业	628	0.1	12003	0.4
居民服务、修理和其他服务业	1202	0.2	7478	0.3
住宿和餐饮业	1241	0.2	2930	0.1
文化、体育和娱乐业	308	0.1	1784	0.1
其他行业	202	0.1	2564	0.1
合计	610044	100.0	2823754	100.0

数据来源：商务部，《中国对外直接投资统计公报》，2012 年。

三、实证分析

(一) 总体就业效应

步骤一，变量平稳性检验。具体结果见表4－17。

表4－17　　　　　　　　　　　单位根检验结果

变量	水平序列 DF 值	1% 临界值	一阶差分序列 ADF 值	1% 临界值
$\ln L$ (就业人数)	3.613	－3.412	－4.165	－3.713
$\ln GDP$ (国内生产总值)	2.678	－3.401	－4.026	－3.709
$\ln OFDI$ (对东盟直接投资)	4.367	－3.401	－4.235	－3.709
$\ln K$ (固定资产投资)	4.251	－3.401	－4.672	－3.709
$\ln w$ (工资)	3.213	－3.265	－4.369	－3.347

以上变量一阶差分通过临界值检验，是平稳的。

步骤二，协整检验：检验各个解释变量和被解释变量是否存在协整关系，采用 Engle 和 Granger 于 1987 年提出的两步检验法，称为 EG 检验，若变量是非平稳的，且各变量单整的阶相同，则进入检验程序：第一步，用 OLS 法估计长期均衡方程；第二部检验残差项 e_t 的平稳性，如果残差项 e_t 是不平稳的，则被解释变量与解释变量间不存在协整关系，如果 e_t 是平稳的，则被解释变量与解释变量间存在长期均衡的协整关系。具体结果见表4－18。

表4－18　　　　中国对东盟直接投资从整体上对中国就业的影响回归结果

变量	系数	T 值
$\ln GDP$ (国内生产总值)	3.621	3.23 ***
$\ln OFDI$ (对东盟直接投资)	0.064	1.867 **
$\ln K$ (固定资产投资)	－2.412	－2.57 ***
$\ln W$ (工资)	－0.672	－1.989 **

续表

变量	系数	T 值
R^2	0.746	
调整 R^2	0.783	
DW 值	1.64	

注：** 表示通过5%的显著水平，*** 表示通过1%的显著水平。

如果上述回归结果中的残差项是平稳的，则对东盟直接投资、国内生产总值、国内工资水平、国内固定资产等与中国的就业水平存在长期协整关系，通过检验，结果见表4-19。

表4-19   **回归残差平稳性报告表**

变量	ADF 检验量	1% 临界值	结论
残差	-4.678	-4.530	平稳

从总体上来看，中国对东盟直接投资对中国的劳动就业有正面的拉动作用，其中中国对东盟直接投资通过5%显著水平的检验，这意味着每增加1%中国的就业就会增加0.064%，但是拉动作用较小，主要是中国对东盟直接投资的起步较晚，投资规模与对欧美等其他国家（地区）相比还较小；国内生产总值规模对就业的影响通过1%的显著水平检验，这反映了国内整体经济水平的提高对就业有正面的带动作用，固定资产投资对劳动就业的作用是负的，这说明资本对劳动就业有明显的替代作用。

（二）分行业就业效应

主要分析对东盟直接投资对能源（电力、热力、燃气及水的生产及供应）L_1、采矿业 L_2、批发和零售业 L_3、租赁和商务服务业 L_4、制造业 L_5、金融业 L_6、建筑业 L_7、运输、仓储和邮政业 L_8 等就业的影响，各行业的就业人数来自于历年的《中国统计年鉴》。计量模型如下：

$$\ln L_i = \beta_1 + \beta_2 \ln GDP_t + \beta_3 \ln OFDI_t + \beta_4 \ln K_t + \beta_5 \ln W_t + e_t$$

具体结果见表4-20。

表 4 - 20　中国对东盟分行业投资回归结果

变量\解释变量	$\ln L1$（能源业）	$\ln L2$（采矿业）	$\ln L3$（批发和零售业）	$\ln L4$（租赁和商务服务业）	$\ln L5$（制造业）	$\ln L6$（金融业）	$\ln L7$（建筑业）	$\ln L8$（交通运输、仓储和邮政业）
$\ln GDP_t$	2.324 (3.472***)	2.567 (5.789***)	4.567 (3.478***)	2.125 (2.612**)	3.123 (4.257***)	5.689 (***)	3.643 (2.893***)	2.001 (2.124**)
$\ln OFDI_t$	0.076 (1.87**)	0.107 (2.32***)	0.032 (1.23**)	0.236 (1.67**)	0.085 (2.36**)	0.00 (0.00)	0.00 (0.00)	0.00 (0.00)
$\ln K_t$	−2.345 (−3.425***)	−2.453 (−3.235***)	−1.789 (−2.023**)	−5.897 (−3.675***)	−5.343 (−8.765***)	−3.672 (−2.789***)	−4.567 (−3.356***)	−5.467 (−2.678***)
$\ln W_t$		−1.345 (−3.256***)	−0.189 (−2.345**)	−1.262 (−3.070***)	−0.125 (−1.879**)	−0.007 (−0.030)	−0.087 (−0.892)	−.003 (−0.234)
R^2	0.747	0.821	0.642	0.734	0.821	0.786	0.683	0.796
调整 R^2	0.723	0.786	0.623	0.701	0.796	0.698	0.671	0.647
SE	0.45	0.46	0.31	0.11	0.29	0.23	0.17	0.21
DW	1.78	1.50	0.82	0.71	0.91	0.60	0.78	0.84

注：* 表示通过 10% 的显著水平，** 表示通过 5% 的显著水平，*** 表示通过 1% 的显著水平。

从中国对东盟直接投资对中国各行业就业的影响情况来看，中国对东盟直接投资对采矿业、制造业通过1%显著水平检验，采矿业和制造业是中国对东盟直接投资的主要产业，可以带动与其互补的中国产业产品出口来拉动就业，也可以转移国内过剩的制造业、采矿业的生产能力，优化国内产业质量，提高生产能力来带动就业。中国对东盟直接投资对国内能源、租赁商服业通过1%显著水平检验，也起到较好的拉动母国就业的目的。但是，中国对东盟直接投资对金融、建筑、交通运输、仓储等产业就业的拉动作用不显著，这说明，中国对东盟直接投资的技术溢出效应还不明显，对国内技术含量较高水平产业的技术、管理的逆向溢出不明显，中国对东盟的直接投资的技术水平含量不高。

（三）对东盟不同成员投资的就业效应

目前，东盟自由贸易区内有十个成员，各个成员的经济、技术、文化发展水平存在着很大的差异，各国的文化、历史背景、政治制度、要素禀赋也是千差万别，中国在东盟内部各个成员开展直接投资的进展程度也不同，本书试分析中国在不同东盟成员内部开展直接投资对母国就业的具体影响。回归方程如下：

$$\ln L_t = \beta_1 + \beta_2 \ln GDP_t + \beta_3 \ln OFDI_t + \beta_4 \ln K_t + \beta_5 \ln W_t + e_t$$

其中，$\ln OFDI_{it}$ 表示中国在不同时期，在东盟每个成员开展直接投资的金额。投资金额数据来源于2003~2012年《中国对外直接投资统计公报》。分别按照中国对东盟不同成员国的直接投资情况开展回归分析，回归结果见表4-21。

表4-21　　　　　　　　　　回归结果

变量	系数	T值
$\ln OFDI_{Sigapore}$（对新加坡直接投资）	0.105	2.114 ***
$\ln OFDI_{Malysia}$（对马来西亚直接投资）	0.067	2.053 ***
$\ln OFDI_{Indonesia}$（对印度尼西亚直接投资）	0.073	2.002 ***
$\ln OFDI_{Thailand}$（对泰国直接投资）	0.034	1.765 **
$\ln OFDI_{Philippine}$（对菲律宾直接投资）	0.005	0.789
$\ln OFDI_{Cambodia}$（对柬埔寨直接投资）	-0.074	-0.658 **
$\ln OFDI_{Laos}$（对老挝直接投资）	-0.003	-0.002

续表

变量	系数	T 值
$\ln OFDI_{Vietnam}$（对越南直接投资）	−0.082	−1.689 **
$\ln OFDI_{Brunei}$（对缅甸直接投资）	−0.002	−0.000
$\ln OFDI_{Burma}$（对文莱直接投资）	0.002	0.325

注：* 表示通过 10% 的显著水平，** 表示通过 5% 的显著水平，*** 表示通过 1% 的显著水平。

从表 4 - 21 中可以看到，$\ln OFDI_{Sigapore}$、$\ln OFDI_{Malysia}$、$\ln OFDI_{Indonesia}$ 均通过 1% 的显著水平检验，$\ln OFDI_{Philippine}$ 通过 5% 显著水平的检验，可以看出，中国对新加坡、马来西亚、印度尼西亚等国家的直接投资对国内就业的影响是正的，$\ln OFDI_{Vietnam}$、$\ln OFDI_{Cambodia}$ 通过 5% 的显著水平检验，但其对母国就业的影响是负面的，此外，中国对其他国家投资对母国就业的拉动作用是不显著的。不同引资国由于自身经济、文化、科技水平不同，对其投资对母国就业的影响效应是不同的，像新加坡、马来西亚、印度尼西亚、泰国等国家相对科技和经济较发达，当地有很多世界级的跨国公司开展直接投资业务，中国在当地开展直接投资可以吸收当地跨国企业先进的管理、技术经验，改善母国产业结构和经济状况，从而促进就业。中国对越南、柬埔寨等国家的投资主要是看中了当地低廉的劳动力成本比较优势，发展劳动密集型产业，这对相关产业国际就业有替代效应，所以对以上国家的投资对母国就业有负面的影响。

四、结论与对策建议

（一）合理选择投资区域，优化投资产业结构

在经济、技术较发达地区进行投资，可以吸收当地企业和当地进行投资的跨国公司较为先进的技术、管理经验，对母国产生技术、管理溢出效应，带动母国经济技术的进步，进而提高就业水平，如加强与新加坡、马来西亚等地的高科技跨国企业的经济技术合作，重点推进一批生产基地项目、研发中心合作项目，学习当地先进跨国企业的有利经验，带动国内相关产业的发展，促进技术、管理型人才的就业，提高就业水平和就业质量；加强对服务业等第三产业的投资可以带动就业，第三产业能够吸纳较多的就业人数。在选择投资产业

时，应该倾向于选择那些产业供应链长、产业内贸易量大、与母国具有较强连锁效应的产业，这样，对外直接投资产业会带动母国相关产业链的扩张，扩大母国相关产品出口，提高母国就业量；对国内某些产能过剩的传统劳动密集型产业可转向东盟的越南、柬埔寨、菲律宾等国家，发挥当地劳动力成本较低的比较优势；进一步推动东盟资源的开发，以带动对母国相关机器设备的出口，扩大母国就业。

（二）加大投资力度，扩大投资规模

中国在东盟直接投资规模还较小，规模、技术效应不明显，对母国的就业拉动效应也较小，加大投资力度、扩大投资规模是中国在东盟开展直接投资的主要发展趋势。扩大投资主体范围，除了支持国有企业开展对东盟投资外，还要积极鼓励民营企业到东盟进行直接投资，完善投资主体，扩大投资规模。对于向东盟开展直接投资的企业，国家要给予政策、资金、技术等方面的支持，政府部门与金融部门联合为这些企业提供贷款、补偿风险，扩大向东盟的投资规模，因为投资规模扩大后，投资对国内就业的拉动效果会更加明显。

（三）加强对母国劳动力的技术培训，搭建与东盟国家的人才交流合作

母国劳动力整体素质提高后，母国才能更好地参与国际分工，母国经济才能与世界经济更好地接轨。因此，要完善公共就业培训体系，组织各种类型的就业活动，加强对母国大学生就业能力的培养，增强其就业能力。激励跨国企业员工积极学习东道国先进的技术、管理经验，从而对母国产生技术、管理回馈。

政府要加大政策支持力度，积极与东盟国家搭建人才交流合作平台，提高对外直接投资的质量，从而更好地拉动母国的就业。建立中国与东盟的人才交流合作平台，协调好母国与东道国之间的制度、文化差异，鼓励人才跨国流动，积极引进先进的技术和管理人才，对"走出去"人才，积极借鉴国际大型跨国企业的就业培训经验，做好就业培训工作。

第五节　中国对东盟直接投资对母国生态环境的影响

目前，关于对外直接投资对母国逆向经济影响的研究较多，如对产业结构的逆向影响、对技术进步的逆向影响、对母国对外贸易的逆向影响等。在外资

和生态环境之间关系的研究中，国内外文献都是研究对外直接投资对东道国生态环境的影响，影响分为正面的和负面的。

（1）负面影响。世界著名的"污染避难所"假说，最早是由 Chichilnisky、Copeland 和 Taylor 提出的，论述了外商直接投资对发展中国家生态环境的影响，认为发达国家通过资本流动将污染品生产转移到发展中国家，对发展中东道国产生严重的环境污染，该假说一直是一个有争议的课题。Low 和 Yeats（1992）运用显性比较优势指数对发达国家肮脏产业向发展中国家产业转移进行了定量分析，研究发现，污染密集型产业相对于非污染产业有更强的向发展中国家转移的趋势。杨海生（2005）就贸易、经济增长、外商直接投资对环境库兹涅茨曲线形状的影响进行分析，研究发现，外商直接投资与污染排放物之间存在正相关的关系。于峰（2007）以 SO_2 排放量作为衡量污染水平的标准，在中国 29 个省、直辖市面板数据基础上建立联立方程，分析结果表明，外商直接投资对国内生态环境的总的影响是负面的[1]。He（2006）通过建立联立方程模型，考察外商直接投资对中国省际生态环境的负面影响，研究结果表明，中国吸引外资每增加 1%，会引起污染物排放增加 0.1%[2]。

（2）正面影响。盛斌（2012）在 Copeland – Taylor 模型的基础上引入技术因素，将外国直接投资对中国环境的影响分解为规模效应、结构效应和技术效应，运用结构计量模型对 FDI 进入程度与污染排放的关系进行检验，研究发现，FDI 无论是在总体上还是在分行业上都有利于我国减少环境污染[3]；Birdsall 和 Wheeler（1993）[4] 和 Frankel（2003）[5] 认为，发达国家在发展中国家的直接投资，能够给发展中国家带来先进的技术、清洁的能源，有利于改善东道国的生态环境；Blackman 和 Wu（1998）就 FDI 对中国电力产业投资状况进行分析，研究结果发现，外资对中国电力产业的投资能够降低东道国电力行业的污染排放量，进而改善东道国的生态环境；Lyuba Zarsky（1999）研究发现，对外直接投资加强了世界范围内的专业分工，不仅生产活动产生规模收益效

---

① 于峰：《我国外商直接投资环境效应的检验》，载《国际贸易问题》2007 年第 8 期，第 104～107 页。

② J. He. "Pollution Haven Hypothesis and Environmental Impacts of Foreign Direct Investment: The Case of Industrial Emission of Sulfur Dioxide in Chinese Provinces", Ecological Economics, Vol. 60, No. 1, 2006, pp. 228 – 243.

③ 盛斌：《外国直接投资对中国环境的影响》，载《中国社会科学》2012 年第 5 期，第 54～75 页。

④ Birdsall N and D. Wheeler, "Trade policy and Pollution in Latin American: Where are the Pollution Haven?", Journal of Environment and Development, Vol. 2, 1993 (2), pp. 137 – 145.

⑤ Jeffrey Frankel and Andrew Rose. "Is Trade Good or Bad for the Environment? Sorting out the causality", India Presented, Neemrana, 2003, 01.

应，而且污染治理活动也会产生规模收益效应，有利于降低污染治理成本[1]。国内学者赵细康（2006）认为，外商在中国的投资行为并没有产生明显的环境污染，"污染避难所"假说并不成立[2]。从目前国内外研究的相关文献来看，几乎很少研究对外直接投资对母国生态环境的逆向影响。本书从中国对东盟直接投资的角度，尝试探讨资本流动对母国生态环境的逆向影响。

一、中国对东盟直接投资状况和母国的生态环境

中国对东盟的直接投资是从 20 世纪 90 年代开始的，但规模较小。2010 年 1 月 1 日中国—东盟自由贸易区全面建设成功进一步促进了中国对东盟的直接投资，中国对东盟的直接投资存量额从 2003 年的 58695 万美元上升到 2012 年的 2823754 万美元，是 2003 年对外直接投资存量额的 48 倍，2013 年中国对东盟直接投资存量为 3566835 万美元，比 2012 年增加了 26.3%。中国对东盟直接投资的国别主要分布在新加坡、印度尼西亚、泰国、马来西亚，近年来对缅甸、越南、老挝、柬埔寨的投资额也开始形成规模。中国对东盟直接投资的行业主要分布在：电力、热力、燃气及水的生产和供应业、采矿业、批发和零售业、租赁和商务服务业、制造业、金融业、建筑业、交通运输、仓储和邮政业、农、林、牧、渔业、科学研究和技术服务业、房地产业、信息传输、软件和信息服务业、居民服务、修理和其他服务业、住宿和餐饮业、文化、体育和娱乐业等。

中国的生态环境基本状况不容乐观，生态环境的破坏速度超过了生态治理速度，出现所谓的"生态赤字"。水土流失严重，根据卫星的摇感探测，1992 年中国水土流失面积约占全国土地总面积的 20%；土地沙漠化严重，北方沙漠化土地约占全国土地总面积的 15.5%；森林资源也出现赤字，森林被砍伐的速度超过了其被治理的速度；地下水位下将，水体污染严重；大气污染严重，属于煤烟型污染，二氧化碳、粉尘充斥着空气中；除了污染环境的废气、废水外，还有大量的废渣，中国年废渣排放量已超过 5 亿吨，处理能力不足。造成中国生态环境恶化的原因很多，其中，庞大的人口、如火如荼的工业化进程和市场经济体制造成的压力均在不同程度上恶化了中国的生态环境。中国加

① Zarsky L. Havens, Halos, and Spaghetti, "Untangling the Evidence about Foreign Direct Investment and the Environment", OECD Conference on Foreign Direct Investment and Environment, The Hague, 1999.
② 赵细康：《引导绿色创新——技术创新导向的环境政策研究》，经济科学出版社 2006 年版。

速进行的工业化排放了大量的废气、废水、废渣，庞大的人口压力对生态环境造成了很大程度的破坏，市场经济体制下，人们盲目追求经济利益，而治理和保护环境是需要耗费巨大的成本的，在利益的驱使下，个体均不愿意承担过多的环境治理成本，环境治理不得不由公共部门承担，面对日益恶化的生态环境，政府的环境治理责任变得愈发沉重。

二、对外直接投资对母国生态环境影响的作用机制

结合外商直接投资对东道国环境影响的规模效应、结构效应和技术效应，笔者认为，对外直接投资对母国生态环境的影响不是直接的，而是通过作用母国规模、结构、技术三个层面来间接影响母国的生态环境。

（一）对外直接投资对母国环境影响的规模效应

关于经济增长和生态环境的关系，最成熟的理论是"库兹涅茨"的倒 U 形曲线理论，经济增长和环境之间的关系是：在经济发展的初期，经济处于生存维持阶段，对资源的耗费较少，对生态环境的破坏还较小；当经济发展处在高速阶段时，对资源的耗费比较大，资源消耗率超过资源的再生率，粗放型的工业、农业等产业部门排放的污染物持续扩大，生态环境恶化；当经济发展水平处在十分发达的阶段时，人们保护环境的意识增强，技术更先进，环保管制更为有效，这时期属于治理环境的阶段，环境质量由退化变为好转。一般来说，发达国家处于经济增长的高度发达阶段，经济、科技发展水平高，人民环保意识强，导致生态环境被保护得较好，而在目前，广大发展中国家普遍正处于粗放型经济增长模式阶段，经济、科技水平不高，人民的环保意识不强，其经济增长对生态环境的影响是负面的。因为所有经济活动都会影响自然资源的利用和生态环境的变化，在技术水平不变的条件下，单纯依靠数量增长的粗放型经济增长会增加对自然资源的消耗，同时生产过程中会排放出废气、废水、废渣，对生态环境产生负面影响。

在投资结构、技术水平不变的条件下，如果只是依靠扩大对外直接投资的投资规模从而带动母国经济增长规模的粗放式经济扩张的话，那么这种粗放型的经济扩张势必会增加对自然资源的耗费和污染生态环境。另外，经济规模的扩大也会导致对外贸易的增加，对交通运输工具的需求增加，也会恶化环境，对外直接投资生产的产品又出售给东道国，引进了污染。对外贸易规模越大，

由贸易引致的经济规模也越大，虽然扩大了贸易利益，但也造成了污染物排放的增加，在结构和技术不变的条件下，贸易规模扩大增加了对生态环境的污染。对外贸易结构也影响生态环境，若具有比较优势的商品属于污染密集型产品，那么对外贸易对生态环境是不利的，反之，对外贸易对生态环境是有利的。

中国对东盟直接投资不同阶段、发展规模的现实性分析：中国作为发展中国家开展对外直接投资的时间不长，受经济发展水平和其他因素的制约，中国从20世纪90年代才开始进行大规模的直接投资。20世纪90年代，中国政府积极鼓励对外投资，实施"走出去"战略，在经济发展和本国政策的积极支持下，中国正式开始迈出对外直接投资的步伐。中国对东盟的直接投资也是在此背景下得到逐步促进的。1991年中国与东盟开始正式对话；1991年7月中国政府代表出席东盟外长会议，标志着中国与东盟成为磋商伙伴，此后，双边不断加强沟通；2004年中国—东盟自由贸易区进入实质性建设阶段，中国与东盟签署了《中国与东盟全面经济合作框架协议货物贸易协议》和《中国与东盟争端解决机制协议》；2007年中国与东盟签署了中国—东盟自由贸易区《服务贸易协议》；2009年8月15日中国与东盟签订《中国—东盟自由贸易区投资协议》；2010年1月1日，中国—东盟自由贸易区全面建设成功，随着双边自由贸易区协议签署，双边的投资规模不断扩大；2012年中国对东盟的投资流量为61亿美元，占流量总额的6.9%，占对亚洲投资流量的9.4%，存量为282.38亿美元，占存量总额的5.3%，占亚洲地区投资存量的7.7%；2013年中国对东盟直接投资流量为72.67亿美元，同比增长19.1%，占流量总额的6.7%，占对亚洲投资流量的9.6%，存量为356.68亿美元，占存量总额的5.4%，占对亚洲投资存量的8%[①]。双方互为重要的投资伙伴，目前，中国还成为东盟的第一大贸易伙伴，东盟也成为中国的第三大贸易伙伴。双边贸易、投资规模的不断扩大，促进了双边经济的发展，进而对母国生态环境产生影响，在母国技术、经济结构、出口商品结构不变的条件下，这种经济规模的扩张会对环境产生负面影响。例如，虽然近年来中国的出口商品结构在不断完善，但是，还是以低技术含量的劳动密集型制造业为主，工业制成品的贸易竞争力指数较低，这种出口结构对环境污染较大。具体见表4-22。

---

① 商务部：《中国对外直接投资统计公报》，中国统计出版社2013年版，第28页。

表 4 - 22　　　　　　　　　中国工业品出口结构及贸易竞争力指数

年份	初级产品占总出口比重	贸易竞争力指数	工业制成品占总出口比重	贸易竞争力指数
1980	50. 30	0. 13	49. 7	- 0. 18
1985	50. 56	0. 45	49. 44	- 0. 49
1990	25. 59	0. 23	74. 41	- 0. 28
1995	14. 44	- 0. 06	85. 56	- 0. 31
2000	10. 22	- 0. 30	89. 78	0. 11
2005	5. 46	- 0. 56	93. 56	0. 16
2010	5. 18	- 0. 68	94. 82	0. 48
2013	4. 85	- 0. 72	95. 15	0. 24

数据来源：根据商务部网站（http：//www. mofcom. gov. cn/article/gzyb/ybo/）提供数据计算得出。

（二）对外直接投资对母国环境影响结构效应

产业结构和环境的关系表现为：不同产业部门生产产品的资源消耗和污染环境的强度不同。比如，在三大产业结构中，工业对资源的消耗和对环境的污染强度是最大的，其次是农业，最后是第三产业。工业部门排放的废气、废水、废渣相对集中，生产工艺落后，资源开采不合理。工业中的重化工业对环境污染更大，因其有毒排放物的排放量非常大，因此，只有优化工业结构，提高生产工艺，运用节能、环保设备才能降低工业对环境的污染。农业对环境的污染主要体现在水土流失、土地沙漠化、土壤肥力下降以及水资源、森林资源开采过度等，农业对环境的污染基本上源于粗放式的生产方式，只有调整和优化农业生产方式，才能保护环境；第三产业对生态环境的污染与其他两个产业相比相对较小，但是第三产业中的交通运输部门对环境的污染较大，饮食、餐饮业排放的废弃物对环境污染也较大。

若对外直接投资能对母国的产业结构产生逆向正作用，即对外直接投资促进母国产业结构优化，提高生产工艺，提高资源开采效率，降低能耗，提升第三产业的比重，减少工业尤其是污染型工业比重，那么对外直接投资有改善生态环境的作用。

中国对东盟直接投资结构的现实性分析：对东盟投资的产业结构是否转移了母国污染产业？关于污染型产业的界定，污染密集型产业是指在生产过程中直接或间接产生危害废物的产业。所产生的废物危害人类健康，损害生态环境。2012 年中国在东盟投资电力、热力、燃气及水的生产和供应业（17.7%），采矿业（28.1），制造业（16.2%），建筑业（9.9%），这几类产业占中国对东盟直接投资比重的 70% 以上，这几类产业应该属于对环境污染较大的产业，由此可以看到中国对东盟直接投资偏向于污染较强的产业。如果这些投资产业替代了母国相关产业的生产，无疑对改善母国环境是有益的，如果投资东盟的这些产业与国内相关产业是互补的，带动国内相关污染密集型产业的生产，则对母国生态环境的影响就是不利的。世界银行认定的污染密集型行业见表 4 - 23。

表 4 - 23　　　　　　　世界银行认定的污染密集型行业

污染程度	空气污染	水污染	固体污染	整体污染
1	钢铁业	钢铁业	有色金属冶炼	钢铁业
2	有色金属冶炼	有色金属冶炼	钢铁业	有色金属冶炼
3	非金属矿物	造纸业	化学工业	化学工业
4	石油煤炭	能源制品业	皮革制造	石油提炼
5	造纸业	化学工业	陶器制造	非金属矿产
6	石油提炼	其他化工制品	金属产品	造纸业
7	化学工业	饮料制造业	橡胶制品	其他化工制品
8	其他化学制品品	食品制造业	电子产品	橡胶制品
9	木材制品	橡胶制品	机械制造业	皮革制品
10	玻璃制品	石油提炼	非金属矿产品	金属制品

数据来源：世界银行，世界发展报告（1999）。

（三）对外直接投资对母国环境影响的技术效应

技术进步与环境质量改善存在着正相关关系。一方面，技术进步能够降低资源消耗，发现新的替代环保能源，直接提供减少污染的更多方式办法；另一方面，技术进步能够提高劳动生产率，发展集约型经济，等量投入可以达到更高的产出，降低了生产资源的投入数量，无形中减少了废物的排放，间接保护了环境。

如果对外直接投资对母国产生技术转移和技术扩散效应，开展对外直接投资学习和引进发达国家先进的环保、生产清洁能源的有益于环保的技术，那么母国可以利用这些技术直接改善环境，对外直接投资从母国引进先进的生产工艺、生产设备，提高母国的劳动生产率，也可以实现降低能耗、减少污染物排放、间接促进母国生态环境改善的目的。

中国对东盟直接投资是否引进了技术？从中国对东盟直接投资的区域分布来看，在新加坡、泰国、马来西亚等经济发展水平较高的国家投资比重相对较大，特别是新加坡成为我国对东盟直接投资的第一大投资国，在新加坡、马来西亚等国有世界上科技、管理较发达的跨国公司在当地开展直接投资，中国在东盟的直接投资有可能吸收当地跨国公司先进的技术、管理经验，对母国产生技术溢出效应。

总之，对外直接投资通过对母国的经济、产业结构、技术的影响来作用于母国的生态环境，对外直接投资影响母国经济规模进而对生态环境的影响一般符合库兹涅茨的倒 U 形曲线：环境质量先退化，后得到改善并开始好转；对外直接投资影响母国产业结构进而影响母国生态环境取决于对外直接投资是否优化了母国的产业结构，若母国产业结构得到优化，那么对外直接投资对母国生态环境的影响是正方向的，否则，亦然；对外直接投资通过对母国产生技术转移和技术扩散效应进而影响母国的生态环境，通常对外直接投资对环境影响的技术效应是正方向的。由此可见，对外直接投资对母国生态环境的影响是间接的，它是通过规模、结构、技术三个层面作用母国的生态环境。

三、中国对东盟直接投资对母国生态环境影响的实证分析

(一) 模型设立

建立联立方程：

$$SO_2 = F(GDP,\ STRU,\ TEC,\ TAX,\ ENGEL,\ FEES) \qquad (4.4)$$

$$GDP = F(K,\ L,\ FDI,\ OFDI,\ OPEN) \qquad (4.5)$$

$$GDP = F(K,\ L,\ FDI,\ OFDI,\ OPEN,\ OFDI \times K,\ OFDI \times L,$$
$$OFDI \times OPEN,\ OFDI \times FDI) \qquad (4.6)$$

$$STRU = F(OFDI,\ FDI,\ K,\ OPEN,\ THIRD,\ NATION,\ GAP,\ CITY)$$
$$\qquad (4.7)$$

$$TEC = F(OFDI,\ FDI,\ K,\ OPEN,\ NUMBERt,\ FEES_{r\&d},$$
$$FEES_{revise},\ FEESi_{mports},\ FEES_{dt}) \qquad (4.8)$$

(4.4) 式中为废气方程，SO_2 表示工业废气中二氧化硫的排放量（万

吨），自变量中的 *GDP*、*STRU* 和 *TEC* 分别表示工业规模（工业总产值）、工业结构（重工业比重）和工业技术（发明专利项目数）；*TAX* 和 *FEES* 分别表示企业上交的排污费用和废气治理费用；*ENGEL* 为恩格尔系数，用来检验中国人均收入的增长对环境的影响，即验证环境的库兹涅茨曲线。

（4.5）式中为工业规模方程，依据柯布—道格拉斯理论，工业规模受资本和劳动力等生产要素的影响，*K*、*L* 分别表示内资企业固定资产净值年平均额（亿元）和工业企业从业人数（万人）；*FDI*、*OFDI* 分别表示三资企业固定资产净值年平均额（亿元）和中国对外直接投资存量（亿元）；*OPEN* 表示对外贸易开放度。

（4.7）式为中国工业结构方程，除了 *OFDI*（对外直接投资存量）、*FDI*（三资企业固定资产净值年平均额）、*K*（内资企业固定资产净值年平均额）和 *OPEN*（对外贸易开放度）外，还受到 *ThIRD*（第三产业比重）、*NATION* 国有化程度（国有企业工业产值占工业总产值比重）、*GAP* 收入差距（城市人口与农村人口可支配收入的比重）、*CITY* 城市化率（城镇人口占总人口比重）等的影响。

（4.8）式为工业技术方程，除了 *OFDI*（中国对外直接投资存量）、*FDI*（三资企业固定资产净值年平均额）、*K*（内资企业固定资产净值年平均额）、*OPEN*（对外贸易开放度）外，还有 *NUMBERt*（企业科技人员数）、$FEES_{r\&d}$（产品研发经费）、$FEES_{revise}$（技术改造经费）、$FEESi_{mports}$（进口技术经费）、$FEES_{dt}$（购买国内技术经费）等因素。

综合以上方程，建立联立方程，从规模、技术、结构三个方面探讨，对东盟直接投资对母国生态环境的影响。

（二）实证检验

首先，对各方程自变量对因变量的作用方向进行预估计（见表4－24）；其次，采用 3SLS 方法估计模型，实证分析结果见表4－25。

表4－24　　　　　　　　　　　　作用方向预估计

废气方程		规模方程		结构方程		技术方程	
ln *GDP*	正	ln *K*	正	ln *OFDI*	负	ln *OFDI*	正
ln *STR*	正	ln *L*	正	ln *FDI*	负	ln *FDI*	正
ln *TEC*	负	ln *FDI*	正	ln *K*	正	ln *K*	正

续表

废气方程		规模方程		结构方程		技术方程	
ln *TAX*	负	ln *OFDI*	正	ln *OPEN*	负	ln *OPEN*	正
ln *ENGEL*	正	ln *OPEN*	正	ln *THIRD*	负	ln $NUMBER_t$	正
ln *FEES*	负	—	—	ln *NATION*	正	ln *NATION*	正
—	—	—	—	ln *GAP*	正	ln $FEES_{r\&d}$	正
—	—	—	—	ln *CITY*	正	ln $FEES_{dt}$	正

表 4 – 25　　　　　　　　　　　实证分析

废气方程		规模方程		结构方程		技术方程	
ln *GDP*	1.043 ***	ln *K*	0.323 ***	ln *OFDI*	− 0.025 ***	ln *OFDI*	0.045 **
ln *STR*	2.235 ***	ln *L*	0.245 ***	ln *FDI*	− 0.032 ***	ln *FDI*	0.053 **
ln*TEC*	− 0.176 **	ln *FDI*	0.176 ***	ln *K*	0.034 ***	ln *K*	0.345 ***
ln *TAX*	0.035	ln *OFDI*	0.035 ***	ln *OPEN*	0.012 ***	ln *OPEN*	0.246 ***
ln*ENGEL*	0.000	ln *OPEN*	− 0.024 ***	ln *THIRD*	− 0.010 *	ln$NUMBER_t$	0.784 ***
ln *FEES*	0.001	—	—	ln*NATION*	0.082 ***	ln $FEES_{r\&d}$	− 0.021 *
—	—			ln *GAP*	0.052	ln $FEES_{revise}$	− 0.045 **
—	—			ln *CITY*	0.048	ln$FEES_{imports}$	− 0.032
—	—					ln $FEES_{dt}$	0.001

注：* 、** 和 *** 分别表示 10%、5% 和 1% 的显著水平。

在废气方程中，工业规模 GDP 对 SO_2 排放有正面的影响，工业总产值每增加 1%，废气排放增加 1.043%，技术对废气排放的影响是负面的，说明技术提高会减少工业废气的排放，重工业结构对空气中 SO_2 的排放有正面影响，重工业比重每上升 1%，SO_2 排放量会增加 2.235%。上交的排污费对控制废气排放的作用不好，没有起到减少废气排放的作用，相反对废气排放的作用是正向的，究其原因，有可能是相关规章制度不严格、惩罚力度不够大。企业治理污染费用对废气排放的影响是负的，对抑制废气排放起到了一些作用。

在规模方程中，国内的资本、劳动力、外资以及对外直接投资对工业规模的影响均是正面的，只有对外贸易依存度对国内经济规模影响是负面的，与预期相反。中国对东盟直接投资每增加 1%，母国工业规模增加 0.035%。

在结构方程中，引进外资、对东盟直接投资、对外贸易依存度以及第三产业比重对母国重工业比重结构的影响是负向的，说明对东盟直接投资、引进外资和提高第三产业比重都会减少国内重工业比重；但是，对外贸易依存度对母国重工业结构的影响是负的，说明我国对外贸易结构还处于较低水平，以加工贸易等技术含量低的工业为主，国有企业比重高也不利于改善我国重工业比重高的局面。

在技术方程中，对东盟直接投资、引进外资、企业技术员工人数、对外开放度都对技术的影响是正面的，但是，对东盟直接投资对母国技术影响的程度还不够大，通过5%显著水平检测，对东盟直接投资每增加1%，母国的技术提高0.045%，而技术革新、改造、进口技术对母国技术的影响较小，今后母国政府还要加强科技研发、改造、引进的支持力度。

总之，中国对东盟直接投资分别从规模、技术和结构方面对母国的生态环境产生影响：中国对东盟直接投资通过影响母国的工业规模来影响母国的生态环境，随着母国粗放型的工业规模的扩大，会加重对环境的污染；通过结构方程可知，中国对东盟直接投资有利于调整国内重工业比重，而母国国内重工业比重的减少有利于减轻母国的生态环境；通过联立方程可知，中国对东盟直接投资对母国的技术提高影响显著，而母国技术的提高对改善母国生态环境的作用是正面的。因此，中国对东盟直接投资对母国生态环境的影响取决于规模、技术、结构等三个方面作用效果之和的大小。

四、中国的对策建议

(一) 建立经济与生态和谐发展的协调机制

要树立环保意识，加强环保法规、政策的制定和实施力度，对开展对东盟直接投资的企业进行环保知识指导和培训，对从事环保事业的企业给予一定的政策扶持和经济资助。

对东盟开展直接投资企业提高对外直接投资的质量，正确处理"经济利益"和"保护生态环境"两者之间的关系。企业要放弃追逐短期经济利益而忽视保护生态环境的盲目对外直接投资行为，协调好经济和环境发展的关系，从长期来看，这种协调行为不仅有利于加深对东盟直接投资企业与东道国的经济、社会关系，也对母国生态、经济的可持续发展贡献了力量。

（二）优化对东盟直接投资的产业结构和区域结构

优化对东盟直接投资的产业结构，提升对服务业等第三产业的比重，在重工业投资中加强环保技术革新，采用清洁能源，优化重工业投资的技术含量。因为对东盟直接投资可以对母国的产业机构产生逆向效应。

优化对东盟直接投资的区域结构，对于技术寻求型的企业，应选择在东盟的新加坡、马来西亚、泰国等经济和科技相对发达的地区，这些地区的经济发展水平较高，基础设施完善，吸引了世界上比较著名的跨国公司如 IBM、宝洁，在东盟经济、科技较发达地区进行投资，有利于提高投资企业的技术和管理水平，加强人员培训，进而对母国产生逆向技术溢出效应。

（三）提高对东盟直接投资的质量

在中国对东盟的直接投资数量不断增加的同时，中国对东盟直接投资还要关注其投资质量，提高投资的技术含量，尽量减少重复、低效率、污染强的加工和制造业。中国对东盟直接投资不应该是西方所谓"对外直接投资是母国污染产业跨国转移"的结论，对东盟直接投资应该是母国和东道国经济、社会、生态利益实现共赢的重要途径。

（四）建立自由贸易区环境投资协调合作平台

中国要加强与东盟自由贸易区各成员在投资和生态环境方面的协调与合作，比如建立有关双边环境保护的合作公约，加强双方人员环保技术的交流和培训，成立环保技术支持资金，母国与东道国加强合作来对污染密集型产业的投资进行限制、引导和改造，开展中国与东盟环境标志认证，提倡清洁生产等。协调双边环境政策和数据，促进水资源、海洋资源等的可持续利用，管理及防止跨界环境污染，为实现中国与东盟关于"建立资源节约型和环境友好型"的共同目标而努力。

第六节　中国对东盟直接投资对母国经济增长的影响

关于对外直接投资与母国经济增长关系的研究，国内外学者主要从理论和实证两方面进行分析。理论方面，国外学者 Dunning（1991）认为，对外直接投资会提高母国的劳动生产率，从而带动母国经济增长，而引资会减少东道国的创新能力，不利于东道国的经济增长；Braconier（2000）认为，对外直接投资将一部分资本转移到国外，从而减少了对母国国内的投资，缩减了母国国内的产出，对外直接投资对母国经济发展起到抑制作用[1]。国内学者曹秋菊（2007）分析了对外直接投资对发达国家和发展中国家母国经济增长的作用机理，对外直接投资促进发达国家母国对外贸易的发展，带动经济增长，对外直接投资有利于发达国家母国获得先进技术和产业结构全面升级，从而推动经济增长。对外直接投资对发展中母国起到促进母国原料、商品出口，调整产业结构、融资、改善国际收支平衡、学习国外先进技术管理经验的作用，进而带动母国经济增长[2]。常建坤、李杏（2005）就对外直接投资与经济增长关系的理论进行剖析后认为，对外直接投资与技术进步存在互动关系，一方面，跨国企业所具有的技术优势是其开展对外直接投资的主要推动力；另一方面，企业的国际化经营也促进了技术进步，全球研发资源得到更广泛的配置，推动企业技术进步，带动母国经济增长[3]。尹贤淑（2009）认为，对外直接投资可以更好地提高中国参与世界分工的广度和深度，解决母国资源不足、技术亟待发展的问题，促进母国经济增长[4]。

实证方面，国外学者 Navaratti（2004）研究意大利跨国企业对外直接投资对母国经济的影响，结果发现，意大利跨国企业的对外直接投资有利于提高母国生产率及产出[5]；Barro（2005）运用面板数据实证研究瑞典的对外直接投资对母国经济的影响，结果发现，对外直接投资对母国瑞典的影响不显著[6]；魏巧琴（2003）实证分析认为，中国对外直接投资与母国经济增长的因果关系并不明显，但是，随着对外直接投资规模的不断扩大，两者之间的关系会变得

---

① Braconier H，Ekholm，"Swedish Multinationals and Competition from High and low – Wage Countries"，Review of International Economics，Vol. 3，2000，pp. 448 – 461.

② 曹秋菊：《对外直接投资对母国经济增长的作用研究》，载《江苏商论》2007 年第 1 期，第 95 ~ 96 页。

③ 常建坤、李杏：《对外直接投资对中国经济增长的效应》，载《改革》2005 年第 11 期，第 125 ~ 128 页。

④ 尹贤淑：《中国对外直接投资现状及发展趋势分析》，载《中央财经大学学报》2009 年第 4 期，第 63 ~ 67 页。

⑤ Barba Navaratti. G，CASTELIANI D，"Does Investing Abroad Affect Performance at Home? Comparing Italian Multinationals and National Enreprises"，CEPR Working paper，Vol. 3，2004，P. 4284.

⑥ Barro R. Human Capital. "Growth History and Policy：A Session to Honor to Stanely Ergeman"，American Economic Review，Vol. 91，No. 2，pp. 12 – 17.

显著①；肖黎明（2009）对中国对外直接投资与经济增长关系进行实证检验，发现对外直接投资对母国经济增长有促进作用，但是效果还不显著；于超、葛和平（2011）考察中国 2003～2009 年 25 个省市的面板数据，运用单位根检验、协整检验等组合方法实证检验中国对外直接投资对母国经济增长的影响，结果显示，中国对外直接投资对母国经济增长的影响是明显的②。

目前，关于对外直接投资对母国经济增长的逆向影响效应的研究较少，现有研究内容无论是在理论上还是在实践上都不够完整和深入，本书主要从实证的角度具体检验中国对东盟直接投资对母国经济增长的影响效应。

一、中国对东盟直接投资对母国经济增长的影响

（一）变量的选取和数据来源

受数据可获得性的限制，本书选取 1995～2012 年中国的国内生产总值数据，并按照当年人民币兑美元的年均汇率折算成美元，该数据来源于《中国统计年鉴》，选取 1995～2012 年中国对东盟直接投资流量数据，其中，1995～2003 年对东盟直接投资流量数据来源于《东盟统计年鉴》，2003～2012 年中国对东盟直接投资流量数据来源于《中华人民共和国对外直接投资统计公报》，用 OFDI 代表中国对东盟直接投资流量变量，用 GDP 代表中国国内生产总值变量，为了减少异方差的影响，本书中分别选取各变量对数据进行实证分析检验。

（二）变量平稳性检验——ADF 检验

采用 ADF 法对两个时间序列变量进行平稳性检验。在实际的变量平稳性检验中，时间序列可能由更高阶的自回归 AR（1）生成，或者随机干扰项并非是白噪声，这样用 OLS 法进行估计均会表现出随机干扰项出现自相关，导致 DF 检验无效。另外，如果时间序列包含有明显的随时间变化的某种趋势，则也容易导致上述试验中的自相关随机干扰问题。为了保证 DF 检验中随机干扰项的白噪声特性，Dicky 和 Fuller 对 DF 检验进行了扩充，形成了 ADF 检验

① 魏巧琴、杨大楷：《对外直接投资与经济增长的关系研究》，载《数量经济技术经济研究》2003 年第 1 期，第 93～97 页。

② 于超、葛和平：《中国对外直接投资与经济增长的实证研究》，载《山西财经大学学报》2011 年第 11 期，第 13～15 页。

（Augument Dickey – Fuller test）。ADF 检验是通过下面三个模型完成的：

模型 1　　$\Delta X_t = \delta X_{t-1} + \sum_{i=1}^{m} \beta \Delta X_{t-i} + \varepsilon_t$

模型 2　　$\Delta X_t = \alpha + \delta X_{t-1} + \sum_{i=1}^{m} \beta \Delta X_{t-i} + \varepsilon_t$

模型 3　　$\Delta X_t = \alpha + \beta_i + \delta X_{t-1} + \sum_{i=1}^{m} \beta \Delta X_{t-i} + \varepsilon_t$

实际检验是从模型 3 开始的，然后是模型 2 和模型 1。何时检验拒绝零假设，即原序列不存在单位根，为平稳序列，何时停止检验。否则，就要继续检验，直到检验模型 1 为止。只要其中有一个模型的检验结果拒绝了零假设，就可以认为时间序列是平稳的。当三个模型的检验结果都不能拒绝零假设，则认为时间序列是非平稳的。

如果一个时间序列经过一次差分变成平稳的，就称原序列是一阶单整序列，记为 I(1)。一般地，如果一个时间序列经过 d 次差分后变成平稳序列，则称原序列是 d 阶单整序列，记为 I(d)。

单位根的 ADF 检验结果见表 4 – 26 到表 4 – 29。

表 4 – 26　　　　　　　　　　lnGDP 的单位根检验

模型类型	ADF 统计值	10%	5%	1%
模型 3	– 0. 4549	– 3. 2574	– 3. 8765	– 4. 4125
模型 2	2. 3715	– 2. 5746	– 2. 9678	– 3. 2478
模型 1	2. 1457	– 1. 6734	– 1. 8957	– 2. 6053

表 4 – 27　　　　　　　　　　ΔlnGDP 的单位根检验

模型类型	ADF 统计值	10%	5%	1%
模型 3	– 0. 2142	– 3. 2351	– 3. 6345	– 4. 2151
模型 2	– 0. 1267	– 2. 3471	– 2. 5893	– 3.
模型 1	1. 7234	– 2. 3472	– 1. 9235	– 2. 5732

表 4 – 28　　　　　　　　　　lnOFDI 的单位根检验模型

模型类型	ADF 统计值	10%	5%	1%
模型 3	– 0. 3672	– 0. 8321	– 1. 2457	– 2. 2681
模型 2	– 0. 2732	– 1. 2356	– 2. 2453	– 3. 7932
模型 1	0. 1021	– 0. 9235	– 1. 2357	– 2. 8236

表 4 – 29   **ΔlnOFDI 的单位根检验**

模型类型	ADF 统计值	10%	5%	1%
模型 3	– 0. 4327	– 0. 9236	– 2. 3578	– 4. 8973
模型 2	1. 1352	– 0. 3789	– 1. 2568	– 3. 2458
模型 1	1. 5234	– 0. 1267	– 0. 9321	– 1. 2593

从单位根的检验结果来看，$\ln GDP$、$\ln OFDI$ 的 ADF 统计值大于各临界值，可以断定两变量都是不平稳的时间序列，但是其一阶差分后的 $\Delta\ln GDP$、$\Delta\ln OFDI$ 时间序列的 ADF 统计值小于各临界值，可以断定一阶差分后的两变量时间序列是平稳的。

（三）变量间协整检验

经济理论指出，某些经济变量间确实存在着长期均衡关系。这种均衡关系意味着经济系统不存在破坏均衡的内在机制。如果变量在某时期受到干扰后偏离其长期均衡点，则均衡机制将会在下一期进行调整以使其重新回到均衡状态。非平稳的时间序列，它们的线性组合也可能成为平稳的，这时我们称两变量是协整的。协整的经济意义在于：两个变量虽然它们具有各自的长期波动规律，但是，如果它们是协整，则它们之间存在一个长期稳定的关系。

为了检验两变量是否为协整，Engel 和 Granger 于 1987 年提出两步检验法，称为 EG 检验。第一步对单整结束相同的两变量进行协整回归，并计算均衡误差；第二步检验误差的单整性，如果误差为稳定序列，则认为两变量是协整的。

建立协整回归模型：

$$\ln GDP_t = \alpha_0 + \alpha_1 \ln OFDI_t + \varepsilon_t$$

对模型进行估计得出如下协整方程：

$$\ln GDP_t = 8.2645 + 0.2346\ln OFDI_t$$

$$(23.2346)\ \ (5.4321)$$

$$DW = 0.9687\ \ \overline{R}^2 = 0.8231\ \ F = 47.8641$$

由于 $DW = 0.9687$，残差序列存在自相关，为了消除自相关加入变量的滞后项，方程变成：

$$\ln GDP_t = 0.4216 + 00062\ln OFDI_t + 0.9867\ln GDP_{t-1} + 0.1345\ln GDP_{t-2}$$

$$(13.2432)\ \ \ (2.3215)\ \ \ \ \ (1.7821)\ \ \ \ \ \ \ \ (0.9785)$$

$$DW = 1.9201\ \ \overline{R}^2 = 0.8423\ \ F = 38.3215$$

对上述回归方程的残差序列进行单位根检验，其 ADF 统计值为 -3.313，小于不同检验水平的 1% 临界值（ -2.5718），5% 临界值（ -2.2583）和 10% 的临界值（ -1.6356），因此，残差序列是平稳的，GDP_t 与 $OFDI_t$ 存在长期均衡的关系。

（四）误差修正模型

Engel 与 Granger 在 1987 年提出了著名的 Granger 表述定理：如果变量 X 与 Y 是协整的，则它们之间的短期非均衡关系总能由一个误差修正模型表述。即：

$$\Delta Y_t = lagged(\Delta Y, \Delta X) - \lambda ecm_t + \mu_t$$

由于 lnGDP 与 ln$OFDI$ 存在长期协整关系，其残差序列是平稳的，以它为修正项建立误差修正模型，回归结果如下：

$$\Delta \ln GDP_t = 0.0072\Delta \ln OFDI_t + 0.4642\Delta \ln GDP_{t-1} + 0.1245\Delta \ln GDP_{t-2} - 0.3295\varepsilon_{t-1}$$
$$(8.9218) \qquad (1.1703) \qquad (0.5672) \qquad (-2.23781)$$
$$\overline{R}^2 = 0.7236 \ DW = 2.005 \ F = 42.5283$$

上述结果表明，中国实际经济增长与长期均衡值的偏差中的 33.95% 被修正。

（五）格兰杰因果关系检验

从一个回归关系式中无法确定变量之间是否具有因果关系，这一因果关系实际上是先验设定的，或者是在回归之前就已确定。为了检验中国对东盟直接投资与中国国内生产总值的因果关系，我们采用格兰杰因果关系检验法，选择滞后期限为 2、3、4 期，利用 EViews 软件进行实际检验两变量之间的因果关系，检验结果见表 4 -30。

表 4 -30　　　　　　　　　格兰杰因果检验结果

滞后长度	Granger 因果关系	F 值	F 的 p 值	结论
2	GDP 不是 $OFDI$ 的格兰杰原因 $OFDI$ 不是 $OFDI$ 的格兰杰原因	4.237 1.714	0.029 0.230	拒绝 不拒绝
3	GDP 不是 $OFDI$ 的格兰杰原因 $OFDI$ 不是 $OFDI$ 的格兰杰原因	11.246 0.479	0.001 0.789	拒绝 不拒绝
4	GDP 不是 $OFDI$ 的格兰杰原因 $OFDI$ 不是 $OFDI$ 的格兰杰原因	19.235 5.235	0.000 0.015	拒绝 不拒绝

从格兰杰因果关系检验结果来看，在滞后的 2、3、4 时期，*GDP* 均是 *OFDI* 的格兰杰原因，这说明，中国国内的经济增长对促进中国对东盟直接投资有很强的推动作用。在滞后 2、3 时期里，*OFDI* 不是 *GDP* 的格兰杰原因，在滞后 4 期里，*OFDI* 变成 *GDP* 的格兰杰原因，这说明，在短期中国对东盟直接投资对母国经济增长的促进作用很弱，但是，从长期来看，随着中国对东盟直接投资规模的扩大、投资结构的完善，中国对东盟直接投资会发挥逆向溢出效应对母国经济增长起到一定的带动作用。

二、结论

中国对东盟直接投资对母国经济增长从长期来看两者存在着均衡关系，并且中国经济增长是导致中国对东盟直接投资的主要原因之一，中国对东盟直接投资在短期内不是母国经济增长的原因，主要是由于中国对东盟直接投资时间较短、投资规模相对较小、投资结构不十分合理，因此，对母国经济增长的拉动作用还较小。

今后，中国还要借助中国—东盟自由贸易区这个有利的经济合作平台，完善双边投资规则，加大双边投资开放力度，不断扩大中国对东盟的直接投资规模，合理优化中国对东盟直接投资的产业结构，合理选择投资区域和产业，提高对东盟直接投资的广度和深度，坚持对东盟直接投资的"长期和可持续发展战略"，通过在东盟直接投资弥补我国国内资源不足，学习国外先进的技术和管理经验，促进国内产业结构的完善，带动国内出口等，从而在长期阶段发挥中国对东盟直接投资对母国经济增长的促进作用。

第七节　中国对东盟直接投资微观经济绩效分析

一、中国跨国企业在东盟直接投资的特点及经营状况

（一）中国企业在东盟直接投资的一般特点

1. 企业的国际化程度不高，海外经营处于起步阶段。2013 年中国 100 强

非金融类跨国企业平均跨国指数14.2%，低于2014年世界100强跨国公司的平均跨国指数64.6%，而且远低于2014年发展中国家100大跨国公司的54.2%，入选全球100强非金融类跨国企业的中国3家跨国企业的跨国指数为28.2%，全球影响力尚待提升。

2. 部分产业与东盟国家产业存在相似性而面临竞争。中国在东盟投资的部分劳动密集型产业，如纺织品，在越南的投资存在较强的竞争，越南纺织品生产商的竞争力仅次于中国位居亚洲第二，中国与越南的纺织品出口市场均为美国、欧盟、日本，因而成为中国纺织品的竞争对手，东盟市场是开放的，我国还面临日本、韩国、港台地区及欧美企业竞争的压力。

3. 国有企业是主力军，民营企业的竞争力较弱。企业资产总额排名中，国有企业的资产总额最多，如2013年年末中国境外企业资产总额排名中，中国石油化工集团公司排名第1位，中国石油天然气集团公司排名第2位，华润（集团）有限公司排名第3位，中国海洋石油总公司排名第4位，中国联合网络通信集团有限公司排名第5位，都是国有企业（见表4-31）。中国国有企业在境外的销售收入也名列中国跨国企业境外销售收入的前茅，如中国石油化工集团公司（第1位）、中国石油天然气集团公司（第2位）、华润（集团）有限公司（第3位）、中国海洋石油总公司（第4位）、中国联合网络通信集团有限公司（第5位）等（见表4-32）。

表4-31　　　　　　　　2013年年末境外企业资产总额排序

序号	名称
1	中国石油化工集团公司
2	中国石油天然气集团公司
3	华润（集团）有限公司
4	中国海洋石油总公司
5	中国联合网络通信集团有限公司
6	中国建筑工程总公司
7	招商局集团有限公司
8	中国中化集团公司
9	中国远洋运输（集团）总公司
10	中粮集团有限公司

数据来源：商务部，《中国对外直接投资统计公报》，2013年，第61页。

表4-32   2013年年末境外企业销售收入排序

序号	公司名称
1	中国石化集团公司
2	中国石油天然气集团公司
3	中国海洋石油总公司
4	华润（集团）有限公司
5	中国中化集团公司
6	中国联合网络通信集团有限公司
7	中国远洋运输（集团）总公司
8	中粮集团有限公司
9	上海吉利兆圆国际投资有限公司
10	中国建筑工程总公司

数据来源：商务部，《中国对外直接投资统计公报》，2013年，第64页。

（二）中国企业在东盟直接投资的具体状况

1. 中国企业在东盟投资的具体产业。中国对东盟直接投资的企业主要集中于基础设施建设和矿藏资源开发、制造业等行业。从投资的具体行业和国别情况来看，中国企业对东盟直接投资主要集中于基础设施、房地产、金融和自然资源产业（农业、渔业、矿业），中国企业在东盟投资一些巨型工业基础设施建设项目，如在老挝投资的水力发电、大坝项目，在缅甸投资大型矿藏项目，在柬埔寨投资港口和铁路基础设施，在印度尼西亚建设桥梁、铁路，在菲律宾建立水力发电厂，在泰国建立两条高速铁路线。2013～2017年中国企业将会在东盟的基础设施项目方面投资500亿美元，年均100亿美元。

在基础设施投资中，中国企业将在柬埔寨打造400公里的铁路线、一家钢铁厂和一座海港，预计在2017年完成，估计投资总额将达到112亿美元。中国机械工业集团有限公司的附属公司与柬埔寨的石油化学产品公司联合打造价值23亿美元的炼油厂。在印度尼西亚，许多中国企业投资水电厂、港口、铁路、公路等基础设施建设项目，中国投资者建立了中国与印度尼西亚工业投资合作园区，中国铁路集团在印度尼西亚建设巽他海峡桥30公里长部分以及其他铁路项目。中国石化集团正在印度尼西亚的巴淡自由贸易区建设石油库，成本达到8.5亿美元。中国安徽水泥和中国电力一道承担在北加里曼丹的170亿美元水力发电项目，该项目预计完成时间是2021年。在老挝，中国企业涉及投资建设水力发电、公路、铁路等项目，中国与老挝联合建设长约 420 公里的公路将老挝与中国云南省的昆明市连接起来，中国三峡公司和中国国际水电力公司参建老挝南椰水电站（Nam Njiep）1 号项目，该项目预计 2019 年完成，估计成本达到 86.8 亿美元（air 2013 - 2014）。中国电力工程公司还在老挝 Honsa 建立燃煤水电站，估计成本为 16.8 亿美元。在缅甸，中国国家石油公司参建中国—缅甸油气管道项目建设，中国有色金属公司、大唐公司、华能集团、中国三峡公司、中国铁路工程公司也在缅甸开展投资。中国公司在马来西亚开展大规模基础设施投资建设，中国通讯与建筑公司、中国海湾工程公司联合当地合作伙伴修建槟榔屿（Penang）第二大桥，估计成本 15 亿美元。北京建筑集团联合当地合作伙伴建设槟榔屿（Penang）隧道工程，成本约 26 亿美元。中国三峡公司与中国水电公司参与马来西亚水电站建设项目，中国首钢集团参与钢铁厂的建设投资，通讯企业华为、中兴在马来西亚进行通信设施开发。

中国在东盟的制造业投资持续增加，虽然中国在东盟制造业的投资额相对较小，但是，近年来已经增长了约 4.4 倍，从 2006～2009 年的 8700 万美元上升到 2010～2013 年的 4.9 亿美元。2010～2013 年中国对老挝和缅甸两国制造业的投资额占其对东盟制造业投资总额的 78%[①]，投资主要集中于纺织、服装，还有一些轻工业制造业，如汽车、电子零部件的生产等。

2. 中国企业在东盟的投资方式。中国对东盟直接投资企业主要投资方式为绿地投资，中国采用兼并和收购（M&A）方式购买东盟当地企业的金额和数量与日本以及东盟成员相比相对较小，2010～2013 年中国的 M&A 主要发生在服务业（金融、商业服务），寻找投资机会和快速启动投资业务是中国企业在服务业从事 M&A 的主要原因。兼并收购服务行业可以快速接近当地服务网络，获取原有企业积累的客户和当地的先进管理经验。2010～2013 年中国企业在东盟制造业的兼并主要集中于服装、纺织品、电子、饮料和食品、塑料和塑料制品等行业。中国石油化工集团购买印度尼西亚 Chevron 公司 6.8 亿美元的股份，2011 年 CDH 中国控股公司以 1.22 亿美元收购新加坡 Sinomem 科技公司，2012 年中国建筑设计公司以 1.46 亿美元收购新加坡 CPG 公司，2013 年中国万科公司购买新加坡 Sherwood 发展公司 1.1 亿美元的股份。具体见表 4 - 33 和表 3 - 34。

---

① The ASEAN Setariat, the UNCTAD. ASEAN Investment Report，2013 - 2014. P. 67.

表 4 - 33　　　　2010~2013 年中国跨国企业在东盟的兼并收购情况　　单位：百万美元

	2010 年		2011 年		2012 年		2013 年	
	金额	M&A 活动	金额	M&A 活动	金额	M&A 活动	金额	M&A 活动
总额	1014	金融、运输服务、纺织服装	1150	采矿、运输设施、商业服务	222	商业服务、贸易、电子、食品饮料	186	商业服务、金融
印度尼西亚			680	采矿			7	橡胶和塑料制品
马来西亚			94	运输设施、食品饮料			38	—
新加坡	461	运输仓储、金融	373	电子、机械设施、建筑	213	食品饮料、电子、商业服务	141	金融、商业服务
泰国	539	金融	3	金融	9	橡胶和塑料制品、电子		
越南	14	纺织和服装						

数据来源：UNCTAD. M&A database.

表 4 - 34　　　　　2013~2014 年中国企业在东盟的收购案例　　单位：百万美元；%

年份	收购公司	目标公司	目标国家	目标产业	金额	比例
2013	中国万科	Sherwood Development	新加坡	不动产	110	30
2013	厦门舒适科技	Ogawa World Bhd	马来西亚	电疗器械	38	100
2013	华油慧博普	Dart Energy Pte Ltd	新加坡	能源	21	100
2013	中化集团	Bumi Jaya PT	印度尼西亚	橡胶制品	7	44
2013	北京 Toread 户外产品公司	Asiatravel. com Holdings Ltd.	新加坡	旅游	6	13. 63

年份	收购公司	目标公司	目标国家	目标产业	金额	比例
2013	中国石油天然气集团	HQSM Engineer Pte Ltd.	新加坡	工程服务	4	30
2013	陈金才	Hung Long Mineral &Building Material JSC	越南	黏土耐火材料	—	015
2013	华彬集团	Sardinia Properties Pte Ltd.	新加坡	不动产	—	100
2013	青岛 Evercontaining 电子公司	Pt Kutai Nyala Reaources	印度尼西亚	海运货物搬运	—	76
2013	龙旗股份有限公司	Longcheer Technology Pte Ltd.	新加坡	通讯	—	15
2014	澳华清洁能源	Ziola Pte Ltd.	新加坡	加热器	158	100
2014	北京桑花环境科技公司	Sound Global Ltd.	新加坡	空气水资源固体废物处理	13	1.55
2014	中国华能集团	Cambodia Se San River Ⅱ HydropowerCo Ltd	柬埔寨	单亲家庭住房建设	—	51
2014	亚洲时尚股份	Rich Circles Enterprise Ltd.	新加坡	投资	—	49

注：2014 年为上半年数据。

数据来源：UNCTAD，M&A database.

3. 中国企业在东盟的投资动机。

中国企业目前正在积极拓展对外直接投资，各种企业投资的动机不同，如为了获取自然资源、市场、科技、品牌名称、战略资产等目的而进行投资。中国企业现在拥有不断壮大的资本，加之其对走向国际化的渴望，以及政府政策的支持等因素，进一步促进中国企业开展对外直接投资活动。中国对东盟直接投资的企业动机很多，有的是市场寻求型的，有的是效率寻求型的，有的是资源寻求型的，中国对东盟纺织业的投资主要是出于降低生产成本的动机。

中国—东盟自由贸易区的建立给东盟成员带来的一体化利益，在一定程度上更加促进了中国跨国企业到东盟进行直接投资，一体化将20亿人口和世界上经济最快速发展的国家连接起来，对中国跨国企业来讲，意味着接近东盟6.25亿人口，和快速发展的中等收入群体。在中国—东盟自由贸易区协定下，最终产品和中间产品可以较自由地在成员之间进行流动，2015年，中国与东盟90%商品的关税降至0。中国—东盟自由贸易区的建立有助于中国跨国企业出于效率寻求的目的到东盟投资，也为中国跨国企业到东盟投资自然资源、农业部门提供了机会，例如，由于自由贸易区所赋予的特权加之自身的竞争优势，中国从事基础设施建设的一些企业在东盟已经开展了很多项目建设。中国政府及银行的支持也是促进中国企业在东盟直接投资的主要原因。2014年年初，中国进出口银行为在东盟投资运输设施的46个项目提供信贷支持，中国政府鼓励企业走出去，开展国际化经营，建立中国—东盟投资合作基金、中国—东盟商会、中国—东盟中心等组织和平台等，在经济和政策等方面支持中国对东盟投资的企业。

二、中国跨国企业在东盟直接投资的微观绩效

（一）财务绩效

财务绩效主要包括企业的盈利和资产运营等指标体系。

1. 盈利。盈利方面的分析，本书主要从企业的海外收入、海外收入占比和海外经营效果等指标来分析中国在东盟直接投资企业的营利性。本书依据李桂芳编制的《2013年中国企业对外直接投资分析报告》中选取的"中国企业国际化50强"中的10强企业进行中国对东盟投资企业盈利分析，这10强企业是华为、联想集团、海尔集团、中国石油、中化集团、中兴通讯、中信集团、吉利汽车、中国远洋、中国石化，它们也均在东盟开展直接投资业务。具体见表4-35。

表4-35　　　　　2011年中国国际化10强企业的海外经营效果

企业	2010年海外收入（亿元）	海外收入占其总收入比（%）	2010年海外资产（亿元）	海外资产占其总资产比（%）	海外经营效果（分）
华为	1204	65			8.95
联想集团	569	41			7.95

续表

企业	2010年海外收入（亿元）	海外收入占其总收入比（%）	2010年海外资产（亿元）	海外资产占其总资产比（%）	海外经营效果（分）
中化集团	2564	76	1485	70	7.94
海尔集团	351	28			8.32
中国石油	7370	43	5198	20	8.22
中兴通讯	381	54			8.28
中信集团	1126	43	3626	14	8.57
吉利汽车	498	73	703	67	7.45
中国远洋	853	52	1537	48	8.5
中国石化	4826	26	5226	35	8.47

注：海外经营效果是根据海外收入占比、海外资产占比、是否遭遇重大亏损或项目受阻等方面进行综合评估的结果。

数据来源：李桂芳，《2013年中国企业对外直接投资分析报告》，中国人民大学出版社，第143页。

从2011年中国企业海外经营效果来看，华为的海外经营效果最好。中国石化是海外资产最多的企业，2010年其总资产为5226亿元，海外资产增长率为65.82%。海外收入最好的企业是中国石化，2010年其营业收入为7370亿元。

上述企业的海外经营效果较好，但是大多数中国海外企业很难达到上述10强企业的经营效果。近年来，中国海外企业的经营收入连续下滑。在2015年中国企业500强中，有280家企业提供了海外营业收入数据。2014年，这280家企业的营业总收入为41.18万亿元，其中，海外营业总收入为6.33万亿元，海外营业收入占比为15.37%，较2013年的海外营业收入增长了2.76%，增速连续三年下滑，其中，2011年增速为44.15%，2012年增速为16.25%，2013年增速为7.69%，2014年中国280家企业中，海外收入占比超过40%的企业仅有18家[1]。具体见表4-36。

---

[1] 冯立果、李素：《中国企业500强报告之七：中国大企业的国际化之路难在何处?》，财新网，http://opinion.caixin.com/2015-09-29/100859308.html

表4-36   2015年中国企业500强海外营业收入超过40%的企业

排名	企业	海外收入（亿元）	海外收入占比（%）	国际化指数分值
176	珠海振戎	707.6	91.9	38.8
16	中国中化集团	4403.1	88.6	57.0
102	吉利控股集团	1295.1	84.1	68.9
94	中国远洋集团	1121.9	66.3	42.4
38	联想控股	1814.5	62.7	30.1
12	中国海洋石油	3342.0	54.6	35.6
295	上海纺织	229.5	53.2	18.4
244	浪潮集团	270.7	53.0	17.7
337	东方科技集团	188.8	51.3	18.9
2	中国石油天然气	13797.1	50.5	27.3
164	中兴通讯	408.9	50.2	31.7
296	如意科技集团	205.3	47.7	38.4
222	浙江国际贸易	271.6	47.5	19.5
61	中国航空油料	1054.9	47.3	23.3
218	杭州汽轮动力	272.2	46.7	15.6
142	TCL集团	454.6	45.0	31.3
162	西安迈科金属	348.2	41.6	16.8
75	中国电子信息	842.3	41.3	20.8

数据来源：冯立果、李素，《中国企业500强报告之七：中国大企业的国际化之路难在何处？》，财新网，http://opinion.caixin.com/2015-09-29/100859308.html.

2. 资产运营。海外资产增幅不断下降。在2015年中国500强企业中，253家企业有海外资产数据。2014年253家企业的资产总额为119.8万亿元，其中海外资产总额达到9.60万元，比2013年增长了19.7%，海外资产增速下降约3%，海外资产占比为8.02%。海外资产占比超过30%的企业有18家。对海外资产的考察还要分析企业的跨国经营指数。2014年中国100大跨国公司中跨国经营指数在30以上的有11家，达到世界100大跨国公司平均跨国指数的企业有1家，达到当年发展中国家100大跨国公司平均跨国指数的企业有2家。跨国指数数据显示我国企业的跨国经营水平还较低，还处在跨国经营的初级阶段。具体见表4-37。

表4-37　　2015年中国500强企业海外营业资产占比超过40%的企业

排名	企业	海外资产（亿元）	海外资产占比（%）	跨国指数分值
16	中国中化集团	2551.04	71.8	57.0
102	吉利集团	830.51	63.8	68.9
94	中国远洋运输	1965.5	54.7	42.4
296	山东如意科技	104.72	45.0	38.4
142	TCL集团	417.06	44.9	31.3
12	中国海洋石油	4810.72	43.0	35.6
33	中国五矿集团	1558.44	42.6	25.0
469	同方股份	200.68	40.4	25.9
115	潍柴控股	537.63	39.5	30.7
163	中国海运	828.88	39.4	28.9
269	青建集团股份	120.35	38.7	22.6
1	中国石油化工	8571.24	38.5	25.1
354	上海均和集团	24.68	36.9	18.5
44	中国铝业公司	1792.30	36.8	14.5
164	中兴通讯	372.76	35.1	31.7
154	中国外运长航	362.16	33.2	17.6
23	中国兵器工业	1055.20	32.4	23.6
82	中国有色矿业	369.10	30.7	24.4

数据来源：冯立果、李素，《中国企业500强报告之七：中国大企业的国际化之路难在何处?》，财新网，http://opinion.caixin.com/2015-09-29/100859308.html

（二）非财务绩效

1. 企业战略和治理国际化。企业战略和治理国际化是衡量对外直接投资企业海外经营管理绩效和能力的重要指标。企业战略是指跨国经营企业对外直接投资是否有长远的经营发展战略，战略目标是否明确，战略目标是否达到国际化发展的高度。企业治理国际化主要是考察企业治理结构、是否在海外上市、上市时间、国际资本是否在董事会拥有一定地位等。从表4-38可以看到，企业战略和治理国际化发展较好的企业主要有万达、华为、联想集团、腾讯等新兴服务产业，制造业等传统产业的企业战略和治理国际化水平较低。

表 4－38　　　　　2014 年度中国企业战略和治理国际化 20 强

国际化综合排名	企业	企业国际化战略	企业治理国际化
1	万达	9.12	8.65
2	华为	9.38	8
3	联想集团	8.43	7.62
4	腾讯	8.25	7.85
5	阿里巴巴	8.36	7.4
6	复兴国际	8.36	7.91
7	中石化	8.27	7.55
8	海尔	8.17	7.36
9	万科	8.33	7.45
10	中信集团	7.69	6.92
11	绿地集团	8.14	7.14
12	比亚迪	7.82	7.09
13	吉利	8.14	7.57
14	迈瑞医疗	7.57	6.57
15	长城汽车	8	7
16	中兴通讯	7.57	7.43
17	中海油	7.63	7
18	海信	8.33	8
19	中国化工	7.70	7.60
20	百度	7.45	7.40

数据来源：《2014 年度中国企业国际化 20 强》，载《中国企业家》2014 年第 19 期。

2. 企业品牌国际化。跨国企业的品牌影响力是衡量企业竞争力和长期发展潜力的一个重要指标。本书根据 Brand Finance 2012 年发布的《全球品牌价值 500 强排行榜》的数据来分析中国企业的品牌国际化问题。2012 年仅有 29 家企业上榜，其中排在前 100 位的有 6 家企业，分别是中国移动通信（34）、中国建设银行（48）、中国工商银行（54）、中国银行（67）、中国石油（81）

和中国农业银行（84），其余 23 家企业都排在较靠后的位置，中国远洋企业排在第 496 位。中国品牌在国际上的影响力还很弱，排名最前的中国移动也仅位于全球品牌价值 500 强的第 34 位。品牌影响力不强，在一定程度上间接影响中国海外企业的竞争力和经营绩效。具体见表 4－39。

表 4－39　　　　　2012 年全球品牌价值 500 强中的中国上榜企业

2012 年排名	企业	品牌价值（亿美元）
34	中国移动通信	179.19
48	中国建设银行	154.64
54	中国工商银行	151.64
67	中国银行	128.57
81	中国石油	104.91
84	中国农业银行	99.29
104	中国人寿	86
114	中国石油化工	81.27
118	中国联通	79.44
127	中国电信	73.57

数据来源：Brand Fiance，全球品牌价值 500 强排行榜，2012 年 2 月。

3. 企业人力资本国际化。2015 年中国 500 强企业中共有 246 家企业提供了海外职工人数数据。2014 年，这 246 家 500 强企业拥有职工总数 1974.0 万人，其中海外员工人数 82.5 万人，海外员工占员工总数的比重为 4.16%，比 2013 年增长了 10.2%。从单个企业来看，2014 年海外员工人数占总员工人数比重比较高的企业有浙江吉利集团控股有限公司（58.8%）、新疆生产建设兵团建设工程有限公司（49.7%）、万向集团公司（47.1%）、中国电力建设集团有限公司（44.7%）、雅戈尔集团股份有限公司（43.5%）、天狮集团有限公司（36.2%）和中国中信集团有限公司（33.6%）[①]。从总体上来看，上述中国 500 强企业普遍在东盟开展直接投资活动，因此，可以看出中国对东盟直接投资企业对当地就业增长的贡献率较小，没有很好地发挥其吸纳当地就业的社会效应。

---

① 冯立果、李素：《中国企业 500 强报告之七：中国大企业的国际化之路难在何处?》，财新网，http://opinion.caixin.com/2015－09－29/100859308.html。

4. 企业研发水平。从整体上看，中国企业研发投入绝对值持续增加，但是平均研发强度下降。2013 年中国企业 500 强中 431 家提供了有关研发的数据。2013 年这些企业的研发投入 5426.55 亿元，较 2012 年增长了 11.37%，增幅较 2012 年的 16.5% 有所下降。企业的平均研发强度即研发投入占营业收入的比重，2013 年为 1.27%，出现连续两年的下滑，2012 年为 1.44%，2011 年为 1.33%。

2013 年中国企业 500 强中，研发投入资金超过 100 亿元的五个企业分别是：华为（研发费用 300 亿元，比 2012 年增长 26.98%，研发强度为 13.66%，比 2012 年增长了 2.92%）、中石油（研发费用 272.98 亿元，比 2012 年增长 12.41%，研发强度 1.02%，与 2012 年持平）、中国航空工业集团公司（研发费用 240.99 亿元，增长了 11.16%，研发强度为 8.02%，降低了 0.19%）、中国移动通信集团公司（研发费用为 157.87 亿元，增长了 10%，研发强度为 2.58%，增长了 0.04%）和中国船舶重工集团公司（研发费用为 101.35 亿元，下降了 0.78%，研发强度为 5.79%，下降了 0.48%）。在 500 强企业中，研发强度超过 10% 的只有 2 家企业，为华为技术有限公司和中兴通讯股份有限公司[①]。中国多数企业在东盟的投资规模较小，一般只有数千万元，聘用的研发人员人数较少，较少有超过几十人的国外研发机构，大部分企业的研发层次较低，主要职能是收集信息和与寻求国外高科技企业开展技术合作。

企业研发国际化是衡量企业国际化经营发展能力的重要指标。中国企业在海外进行研发主要目的有两方面：一是为了获得国外先进的技术；二是为了适应东道国消费者对自己产品的不同需求。中国越来越多的企业在东盟设立研发中心，希望提高自身的研发能力。中国的华立集团收购飞利浦在美国圣何塞的 CDMA 移动通信部门，在泰国建立工业园区，继续开展研究和开发。TCL 收购法国汤姆逊，并设立美国和新加坡研发中心。具体见表 4 - 40。

表 4 - 40　　　　　　　　　　2014 年中国企业研发国际化

企业研发国际化排名	企业名称	研发国际化指数
1	华为	8.53
2	联想集团	8.44
3	万达	8.29

---

① 上海财经大学 500 强企业研究中心：《中国 500 强企业持续创新力研究》，上海财经大学出版社 2014 年版，第 13 页。

续表

企业研发国际化排名	企业名称	研发国际化指数
4	腾讯	7.64
5	中兴通讯	7.57
6	吉利	7.57
7	迈瑞医疗	7.29
8	海尔	7.23
9	中国化工	7.22
10	海信	7.11
11	阿里巴巴	7.10
12	复兴国际	7.00
13	百度	6.90
14	中石化	6.64
15	长城汽车	6.63
16	绿地集团	6.57
17	中海油	6.38
18	万科	6.36
19	比亚迪	6.20
20	中信集团	5.64

数据来源：《2014 年度中国企业国际化 20 强》，载《中国企业家》2014 年第 19 期，整理得出。

专利数量和发明专利数量提高较快，但是，发明专利比例偏低。2013 年 500 强企业中，有 399 家提供了专利数据，373 家企业拥有发明专利。2013 年 399 家企业共拥有专利 33.29 万项，比 2012 年的 25.84 万项增加了 28.83%，在 2013 年 500 强企业中，拥有专利数超过 10000 项的有 5 家企业，分别是国家电网公司、中兴通讯股份有限公司、中国石油天然气集团公司、美的集团公司和中国石油化工集团公司。2013 年拥有发明专利数量超过 1000 家的企业有 21 家，它们是中兴通讯股份有限公司、中国石油化工集团公司、海尔集团公司、中国移动通信集团公司、联想控股有限公司、TCL 集团股份有限公司、中国化工集团公司、中国石油天然气集团公司、中国航空工业集团公司、中国北方机车车辆工业集团公司、宝钢集团有限公司、中国船舶重工集团公司、国家电网公司、东风汽车公司、中国铝业公司、中国兵器工业集团公司、海信集团有限公司、美的集团有限公司等。

第八节　中国对东盟直接投资质量综合评价总结

一、中国对东盟直接投资质量有待提高

（一）中国对东盟直接投资对母国经济、社会的逆向影响不显著

从中国对东盟直接投资对母国经济的逆向影响方面来看，中国近年来虽然不断加大对东盟直接投资的规模，但是，从总体上来看，中国对东盟直接投资对母国的经济带动不强，特别是在短期内，对母国经济增长的拉动作用较弱。具体来看，从母国产业结构的改善状况来看，中国对东盟直接投资与母国产业机构存在一定的关联性，只是各个行业和产业间的关联程度存在着较大的差异。在我国对东盟直接投资的众多行业中，农林牧渔业、建筑业、交通运输仓储和邮政业及租赁和商务服务业对我国国内的三次产业结构影响较为显著，这可以在一定程度上说明劳动密集型行业和市场寻求型行业的直接投资对我国产业结构的调整优化和我国的国内经济产业转型上发挥了重要的作用；在直接投资与母国对外贸易关系方面，对外直接投资是母国出口和进口变化的原因。对外直接投资分别与母国出口、进口存在长期协整关系，对东盟直接投资促进了母国的出口和进口，但是，由于我国对东盟的直接投资刚刚起步，而对东盟的贸易相对增长较快，各种投资对母国贸易的带动作用显得还较小；在投资对母国技术溢出影响效应方面，对东盟直接投资的技术溢出还不十分不明显。国外研发资本存量对我国全要素生产率的影响不显著，该系数的 t 值没有通过显著性检验，这表明，我国对东盟直接投资时，国际研发并没有对我国的技术进步和经济发展带来正向的溢出效应。

从中国对东盟直接投资对母国社会的逆向影响方面来看，在就业方面，总体上，中国对东盟国家投资对母国就业的拉动作用是不显著的。不同引资国由于自身经济、文化、科技水平不同，对其投资对母国就业的影响效应是不同的，像新加坡、马来西亚、印度尼西亚、泰国等国家科技和经济相对较发达，

当地有很多世界级的跨国公司开展直接投资业务，中国在当地开展直接投资可以吸收当地跨国企业先进的管理、技术经验，改善母国产业结构和经济状况，从而促进就业。中国对越南、柬埔寨等国家的投资主要是看重了当地低廉的劳动力成本比较优势，发展劳动密集型产业，这对相关产业国际就业有替代效应，所以对以上国家的投资对母国就业有负面的影响；在投资对母国生态环境影响方面，中国对东盟直接投资通过影响母国的工业规模来影响母国的生态环境，随着母国粗放型的工业规模的扩大，会加重对环境的污染；通过结构方程可知，中国对东盟直接投资有利于调整国内重工业比重，而母国国内重工业比重的减少有利于减轻母国的生态环境；通过联立方程可知，中国对东盟直接投资对母国的技术提高影响显著，而母国技术的提高对改善母国生态环境的作用是正面的。因此，中国对东盟直接投资对母国生态环境的影响取决于规模、技术、结构等三个方面作用效果之和的大小。

（二）中国企业对东盟直接投资的微观经营绩效不高

从对东盟直接投资的上市公司的一些财务指标数据来看，体现企业财务绩效的一些指标值并不高，这反映出对东盟直接投资企业的财务绩效并不理想。

从反映企业发展能力的指标如研发能力、研发国际化、资产运营、人力资本国际化、企业发展战略与治理国际化等指标来看，中国对东盟直接投资企业的跨国经营管理绩效水平较低，企业对当地的社会贡献、企业自身的发展能力还需要培养和加强。可以说，除了少数企业，中国对东盟投资的大部分企业的非财务绩效欠佳。

二、中国对东盟直接投资质量不佳的原因

（一）客观原因

1. 投资规模及竞争力相对较小。中国对东盟直接投资规模较小，交易成本较高，企业不能充分享受规模经济带来的利益。中国对东盟直接投资的企业虽然以国有垄断企业为主，但是，就直接投资规模来讲，这些垄断企业与世界大型跨国企业的经营规模相比还较小，比如世界企业500强排名中，中国少数国有垄断大企业的排名都是靠后的，企业直接投资规模小，其抵抗国际复杂的投资风险的能力也是较弱的。海外投资与国内投资相比，由于国内外经济、制

度、文化的差异，加之海外经营面临的种种风险，交易成本会较高。这种海外经营造成的较高经营成本，加之直接投资规模小，无法取得规模收益，势必导致企业投资利润缩减。

企业没有自主知识产权的核心技术和核心产品，就会缺乏核心竞争力。我国大多数企业都处于技术的引进和消化吸收阶段，无法摆脱对国外先进核心技术的依赖，缺乏自主知识产权产品，无法站在国际分工价值链的高端，因此，我国对外投资企业也无法获得巨大的国际分工收益。由于投资企业缺乏核心竞争力，很难与国际知名大企业产生技术合作平台，即使与拥有先进技术企业合作成功，技术垄断企业也会对专有技术采取严格的保密措施，外来技术的溢出效应有限，单凭自身掌握技术进行投资也不足以对母国产生较大的技术促进效应。

2. 投资时间短，企业的投资经验不足。中国开始大规模的对外直接投资是从 2003 年开始的，而西方国家从 19 世纪 60 年代就开始进行投资活动，无论是在理论上还是实践上都积累了丰富的经验。我国企业由于缺乏投资经验和投资信息，对海外投资风险以及母国与东道国的文化、经济、制度等方面的差异估计不足，经常出现投资失误。

我国对东盟直接投资的主体是国有垄断企业，这些企业长期受到母国的保护和政策支持，对市场竞争机制适应能力相对于民营企业来讲比较弱，跨国经营经验不足，一些跨国企业对东盟直接投资没有设立一个长期的经营发展战略，子公司与国内的母公司联系不密切，没有形成公司一体化的产业发展链条，没有统一的国际经营发展战略，一些企业对东盟的投资并没有发挥其对母国经济、技术的逆向溢出效应，由于投资目标不明确，一些企业对东盟的投资行为是短视的、急功近利的，由于缺乏投资经验，企业投资失败的案例经常发生。1993 年，中国三九集团在马来西亚直接投资建立药厂，由于不知道在马来西亚药品的生产、经营要经过伊斯兰组织批准的信息，而最终投资失败。

3. 投资的地区与产业结构的影响。东盟国家成员大部分是发展中国家，经济、科技水平较低，中国对这些发展中国家的投资多是资源寻求型、市场寻求型的，很难通过直接投资的途径来学习与提高先进的管理经验和科学技术，因此，对母国的科技影响较小。从中国对东盟投资的产业结构来看，中国主要集中于资源性行业、制造业和一般服务业的投资，投资的技术含量不高，投资企业的竞争力与日本、美国等发达国家在东盟的跨国企业相比竞争力不强，中国企业面对同一投资项目往往一拥而上，内部竞争激烈，竞相压低承担项目建设的报价，投资东盟的一些中国企业往往还没来得及参与国际竞争就被本国的企业所打败。

4. 投资风险较大。中国对东盟直接投资企业在东盟投资面临着较大的风险，长期来看，投资风险无疑是影响投资效率的一个主要因素之一。中国对东盟直接投资企业所面临的政治风险、恐怖主义与民族主义风险、文化冲突风险、汇率变动风险及决策与经营风险都会影响企业的投资发展。国家政治风险是指东道国与母国政治关系，或者是东道国法律政策的不断变化对母国企业投资造成的不利影响，国家政治风险是中国对东盟直接投资企业面临的重要威胁之一。例如，东盟大部分成员是发展中国家，对投资股权都有一定的限制，有的成员还采取蚕食政策，与外来投资者签订合同，要求外来投资者将股份逐步转让给东道国，有些成员通过税收、罚款等经济制裁手段限制外来投资；东盟一些国家的政局动荡，恐怖主义、反政府武装、地方势力等各种矛盾交织在一起，尤其是一些资源开采项目，通常处在远离市区的地方，政府的治安保护措施不力，常常受到这些恐怖主义的袭击。有些投资企业只重视投资的短期利益，忽视与东道国建立良好关系，与当地政府沟通不畅，也因此受到当地民族主义的排斥。东道国与母国的投资环境不同，投资者没有对投资市场进行充分调研就做出投资决策，有时会导致投资亏损失败。中国管理体制不十分健全，"内部人控制"现象较多，还存在管理体制及道德风险。例如，中海油在新加坡的投资业务，该企业的管理者违反企业风险管理制度擅自从事高风险的石油期权交易，隐瞒非法交易实情，最终导致资不抵债，向新加坡法院申请破产。此外，投资企业还面临着合作伙伴违约风险、金融融资风险、利率风险等，这些境外风险的存在削弱了企业的竞争力，威胁到企业的经营安全，甚至导致某些企业破产倒闭。

5. 融资困难。目前，中国海外投资企业面临着一定的融资困难。中国正规金融机构对企业尤其是中小企业的对外直接投资支持力度较小，授信额度较小，融资环境较严格，还没有健全融资担保体系。在直接融资方面，中小企业上市融资较难，在主板市场上，上市门槛高，管理严。2004 年中国推出中小板市场，但是，国家为了防范风险也同样规定了极高的上市门槛，中小企业由于自身经营规模小、科技含量低，很难达到上市标准。在债券市场融资也面临困难。我国的债券融资还处于初级阶段，存在融资成本高、融资品种单一、债券准入门槛高等问题，企业目前很难通过债券市场进行融资。在间接融资方面，企业主要靠银行贷款融资，而来自于其他金融机构的融资很少，正规商业银行贷款额不足以满足企业融资的需要，企业又没有其他有效的可供融资的渠道，企业对外投资所需要的资金无法得到满足，加之企业自身积累资本能力有限，严重制约了企业对外投资的发展及壮大。

6. 企业创新困难。首先，企业缺乏高层次人才，人才是企业发展和技术进步最根本的动力和源泉。根据 2013 年全国工商联对 500 强企业中民营企业的调查问卷，人才缺乏成为企业创新的最大瓶颈，68.2% 的企业认为缺乏高层次人才。其次，国家对技术创新的资金支持不够。2011 年国家财政支出用于科学技术方面的金额为 3828.02 亿元，仅占当年 GDP 的 0.81%。[①] 投入基础研究的资金相对较少，资金主要投向短期能见效的项目上。与世界 500 强 5% 以上的研发投入强度相比，我国企业自身的研发投入也不足，没有建立起研发收入稳定增长的机制。再次，我国缺乏国家及企业技术标准，技术标准的制定及更新落后于经济发展的速度，企业不得不采用西方一些国家制定的技术标准。最后，一些国家长期对技术进行垄断，企业引进和消化吸收国外先进技术的能力开始弱化。目前，全世界 86% 的研发投入、90% 以上的发明专利都掌握在发达国家手里，发达国家 500 家跨国企业拥有世界 90% 的生产技术和 75% 的技术贸易[②]。这些企业已经形成了技术上的垄断，随着中国经济实力的不断增强，西方很多跨国企业对中国的技术引进充满了戒备思想，中国企业引进国外先进技术已经变得愈发困难了。中国企业现存的技术创新和引进技术的困境不利于中国企业发展及竞争能力的提高。

（二）主观原因

1. 政府某些行为不利。政府在对外投资中要发挥积极作用，政府的主要功能是为对东盟直接投资的企业投资产业指导、政策、信息咨询，资金支持，出台各种政策措施，支持企业"走出去"，政府的主要功能是服务和管理。中国政府针对对外直接投资的管理和服务还不完善，有关投资便利化的制度建设和功能建设亟须加强，例如，现有对外投资的审批手续还比较复杂，审批时间也比较长，降低了投资效率。为对东盟直接投资企业提供规避投资风险的保险机构体系还需要进一步完善，东盟一些国家的政治、经济风险较高，由于没有得到国家的有效保护，中国一些企业遭受了经济损失却得不到补偿。国家各部门对对外直接投资的管理各自为政，缺乏有效的协调，这种局面导致对外投资

---

①②　上海财经大学 500 强企业研究中心：《中国 500 强企业持续创新力研究》，上海财经大学出版社 2014 年版，第 16、17 页。

企业遇到投资相关问题得不到有效解决，政策的制定随意性较大，真正落实存在困难。缺乏统一的、全局性的投资指导战略，导致各种重复性的盲目投资频繁出现，造成海外投资的恶性竞争。政府管理不当，很多应当管理的事情没有管理到位，很多不该管理的事情却积极干预，严重影响企业对东盟的投资效率。

2. 制度设计不当。中国对外直接投资在很大程度上由政府主导，特别是国家制定"走出去"战略以来，政府推动中国企业到国外进行直接投资，企业往往处于被动地位走向国际市场，没有自己明确的发展战略，也没有在对外直接投资前对东道国市场进行充分调研，因缺乏投资经验，企业做出的投资决策可能是非理性的，激励不相容的制度安排很容易导致企业投资失败。有些政府倡导的投资产业及项目并不适合个别企业进行投资，因为政府不可能充分了解具体行业、产业的信息。激励不相容的制度设计不利于资源优化配置和获取最大经济利益。

3. 投资主体结构不合理。目前，中国对东盟直接投资企业以国有垄断企业为主，国有企业一直存在着产权不清晰、激励不相容等问题。企业员工的劳动和预期收入并不完全挂钩，在监管不力的情况下，企业管理人员较少付出劳动，侵占国有资产等腐败现象时有发生，对外投资的经营效率很难得到提高。国有企业有其产生及发展的特殊时代背景，长期受到国家各种政策、措施的支持，独立面对世界市场竞争的能力较弱，而民营企业的产权较明晰，一直是在自力更生的条件下发展起来的，有较强的竞争力，追求利润最大化的动力促使企业员工努力工作，创造更多的价值。因此，在中国现代企业制度还没有完善之前，国有企业成为对东盟直接投资的主体，必然面临各种海外经营挑战。

第五章

中国对东盟直接投资质量存在的
问题及优化对策

第一节 落实"21世纪海上丝绸之路"战略，推进中国对东盟直接投资战略布局

2013年9月和10月习近平总书记访问中亚和东南亚国家时分别提出建设"丝绸之路经济带"和"21世纪海上丝绸之路"的战略构想，简称"一带一路"战略。"21世纪海上丝绸之路"的合作伙伴不仅仅是东盟，而是以点带线、以线带面，联通东盟、南亚、西亚、北非、欧洲等各大经济板块，发展面向南海、太平洋、印度洋的战略合作经济带，东盟是海上丝绸之路的必经之地，是"21世纪海上丝绸之路"战略的首要发展目标。

一、21世纪海上丝绸之路的广泛影响

海上丝绸之路是指中国与世界其他地区之间海上交通的路线，主要有东海航线和南海航线，东海航线主要是前往日本列岛和朝鲜半岛，南海航线主要是往东南亚及印度洋地区。21世纪海上丝绸之路可以扩展为从中国沿海港口出发，途经东南亚、南亚、波斯湾、红海及印度洋西岸各国的航线。21世纪海上丝绸之路不仅是中国全球战略的重要组成部分，而且将影响未来全球经济贸易新规则和新秩序。21世纪海上丝绸之路战略构想的提出，引起了世界各方的广泛关注，也将进一步促进中国改革开放的深入推进，21世纪海上丝绸之路建设是多国家、多领域共同联动调整的大战略。

二、海上丝绸之路战略为中国与东盟投资合作带来新机遇

海上丝绸之路自秦汉时期开通以来，一直是沟通东西方经济文化交流的桥梁，而东南亚地区自古就是海上丝绸之路的枢纽和重要组成部分，习近平总书记基于历史，着眼于中国与东盟建立战略伙伴关系这一新的历史起点，为进一步深化中国与东盟合作，构建更加紧密的命运共同体，为双方乃至本地区的福祉，提出构建"21世纪海上丝绸之路"战略。

（一）扩大开放

21世纪海上丝绸之路是中国与东南亚国家在"10＋1"框架下走向"钻石十年"的迫切需要。21世纪海上丝绸之路建设战略倡导的是沿线国家更加开放地合作，将不断提升向东南及南方的对外开放水平，海上丝绸之路与丝绸之路经济带遥相呼应，形成面向全球的中国对外开放格局，这种开放格局，有利于中国更多的企业到东盟开展直接投资，减少投资保护主义及各种投资壁垒。

（二）互利共赢

21世纪海上丝绸之路沿线国家禀赋各异，经济科技发展水平不一，比较优势不同，互补性很强，未来，中国将继续扩大投资和对外贸易，加速劳动力流动。建设海上丝绸之路，将有利于中国与沿线国家进一步发挥比较优势，创造新的比较优势和竞争优势，促进区域内的要素有序流动、资源高效配置、市场深度融合，形成互利共赢的局面。

（三）扩展合作领域

21世纪海上丝绸之路建设将拓宽我国与沿线国家经济合作的领域。例如，我国主要与中东、中亚和俄罗斯开展油气合作，并没有重视与东南亚海域和陆上的油气合作，对南海资源的开发力度小。近年来勘探到缅甸南北向山前带、苏门答腊、巴布亚新几内亚等地的陆上和海域已发现一些油气田。一些缘海盆地如南海、苏禄海、苏拉威西海、马古鲁海、班达海和安曼达海以及陆架海的泰国湾、爪哇海、阿拉弗海上盆地群，都有较丰富的油气资源。21世纪海上丝绸之路建设将有利于中国与东南亚地区开展油气等多领域的投资合作。

(四）深化体制改革

"21 世纪海上丝绸之路建设战略"可以促进中国与东南亚、南亚等国的体制改革，加强各国法律法规的协调并与国际标准接轨。沿线各国势必去掉那些影响经济开放、合作的规章和制度，推动沿线各国制度建设。这对于中国对东盟直接投资是有利的，我国对东盟直接投资常遇到投资制度不透明、投资规则具有歧视性等问题，这些问题会借着"21 世纪丝绸之路建设战略"的东风被迎刃而解，为中国对东盟直接投资创造一个更加公平、安全的投资环境。

三、推进中国对东盟直接投资的战略布局

（一）协调、统筹考虑各方利益

21 世纪海上丝绸之路沿线涉及国家多、人口众多、范围广，各国资源禀赋、经济科技水平不一，沿线国家宗教、文化、政治也存在着巨大差异，利益诉求和宗教信仰不同。这一地区已引起很多国家的关注，都在一定程度上实施了战略布局。中国 21 世纪海上丝绸之路建设战略将面临复杂的外部环境和国际竞争，还有来自国内的内部竞争，例如国内很多省份的要素禀赋相似，面对同一个国际项目，可能会展开激烈的竞争，造成资源浪费。

打造更加紧密的中国—东盟命运共同体，使得双边关系变得更加和睦、融洽，增进友谊，增进互信，采取和平、合作、和谐的原则处理国内外利益。通过共同建设"21 世纪海上丝绸之路"，找到双方利益的共同点，在互联互通、基础设施建设、投资合作方面做出有序安排，同时维护地区和平安全，协调国内各经济利益关系，对对外投资合作项目采取招标、合作等进行有序安排，合理配置国内资源，提高对外直接投资质量。

（二）保持高层交往对话，奠定互信基础

在《东南亚合作条约》、《南海各方行动宣言》、《中国—东盟友好合作条约》等的框架下，积极通过领导人互访、10＋1 峰会、大湄公河次区域领导人会议等机制推进中国与东盟战略合作。

通过媒体宣传，加深双边对彼此的了解，拓展互信的广度。积极推进民间

团体的交往，加强学术交流，增加了解。

（三）加强中国与东盟的互联互通建设

对接基础设施，在关键通道、关键节点、重点工程，构建水运、海运网、高速铁路网、航空运输网、通信光缆网，建立安全高效的互联互通网络。建立中国与东盟港口物流合作网络，建立及完善中国与东盟商务信息港、CA 认证体系、公共数据资源交换平台，建设国际标准数据处理中心，培育壮大信息产业集群。

（四）加强金融领域合作

扩大双边本币互换的规模和范围。扩大人民币跨境贸易结算，建设人民币同东盟国家货币的市场交易中心，推进金融基础设施和金融服务的跨境合作。

目前，由中方倡导的包括中国、印度、新加坡等 21 个首批意向创始成员国签约，共同成立亚洲基础设施投资银行，并于 2015 年年底正式启动，亚洲基础设施投资银行搭建了亚洲互联互通新平台，亚洲基础设施投资银行促进亚洲地区经济一体化，扩大全球投资需求，支持经济复苏，通过基础设施项目促进亚洲地区经济增长，通过提供平台把本地区高储蓄率国家的资金直接导向基础设施建设，实现本地区资本的有效配置，这是中国"一带一路"战略的具体措施。

第二节 应对国际投资保护主义，提高中国对东盟直接投资质量

近年来，随着中国"走出去"战略的提出，中国的对外直接投资实现了跨越式发展。截至 2013 年年底，中国多家境内投资者在国外设立对外直接投资企业 1.53 万家，分布在全球 184 个国家（地区），年末境外企业资产总额近 3 万亿美元。联合国贸发会议《2014 年世界投资报告》显示，2013 年全球外国直接投资流量 1.41 万亿美元，年末存量 26.31 万亿美元，以此为基期计算，2013 年中国对外直接投资分别占全球当年流量、存量的 7.6% 和 2.5%，2013 年中国对外直接投资流量名列全球国家（地区）排名的第 3 位，比 2012 年提升 1.3%，存量位居第 11 位。2013 年中国对外直接投资净额 1078.4 亿美元，

较 2012 年增长 22.8%①。自 2003 年以来，中国对外直接投资流量已实现连续 11 年增长，2002～2013 年的年均增长速度高达 39.9%②。

但是，中国对外直接投资的发展并不是一帆风顺的。受欧洲债务危机、美国金融危机等的影响，目前国际投资自由化的势头已经开始放缓，对外国投资的保护主义措施显著增加。

一、国际投资保护主义及其表现

（一）国际投资保护主义

为了维护国内经济的稳定，保护国内相关产业的生存和发展，东道国对于外来投资都会采取一定的保护措施，但是，如果这些保护措施过分地限制了国际投资的自由流动，对国际投资造成了严重阻碍，那么这些投资保护措施就构成了投资保护主义。

国际投资保护主义是伴随着国际资本流动产生的。第二次世界大战后，大规模的资本流动开始产生，国际投资保护主义也随之产生。初期，各国还未形成固定的投资保护主义政策，各国针对外来投资的政策变动频繁，朝令夕改的政策对国际投资造成了阻碍；20 世纪 90 年代，国际投资政策的主流开始倾向于自由化，但也夹杂着保护主义；21 世纪至今，国际投资政策是自由和保护并存的，各国颁布的国际投资保护措施越来越频繁，形式越来越多样化，如海外投资准入壁垒、国家安全审查、企业社会责任要求、政治干预等投资保护主义形式。这些投资保护措施严重影响了跨国企业在全球资源的整合和国际化经营能力的提升，严重损害了其在海外的经济利益和国际形象。

（二）当代国际投资保护主义的主要表现

1. 市场准入壁垒。各国都对外资进入以法律条文的形式规定了限制门槛，对外资进入的领域加以限制。例如，缅甸对外资投资的领域实行限制，涉及缅甸国防的敏感项目、贵重矿藏资源（如宝石矿、玉矿）的开发、少数民族地区政府项目一般不允许外国公司进入。菲律宾将所有投资领域分为三类，即优先投资领域、限制投资领域和禁止投资领域，对于优先投资领域，菲律宾每年

①② 商务部：《中国对外投资统计公报》，中国统计出版社 2013 年版，第 3～5、6 页。

制定一个《优先投资计划》，列出政府鼓励投资的领域和优惠条件，引导企业向出口产业、创意产业、农业、绿色产业、能源产业、知识型服务产业等领域进行投资。菲律宾政府每两年更新一次限制外资项目清单，部分领域外国人投资持股比例不得超过 25%。泰国限制外国人投资的行业有三类：第一类是因特殊理由禁止外国人投资的业务，如报业、广播电台、电视台等；第二类是涉及国家安全或对艺术文化、风俗习惯、民间手工业、自然资源、生态环境造成不良影响的投资业务；第三类是对自然资源、生态环境造成不良影响的投资业务，如海盐、矿盐生产，采矿业等。

2. 严格的国家安全审查。很多东道国担心投资企业可能利用投资控制东道国的重要行业或资产，以实现经济回报外的战略目的。所以一些东道国对外商直接投资实行了非常严格的国家安全审查。例如经济危机期间，美国外国投资委员会加强了对国家安全审查的自由裁量权，将审查范围扩大到了 14 个重大领域及其下辖的 89 个子行业。

从 1990 年年初布什政府援引《埃克森—弗洛里奥修正案》由总统直接出面阻止中国航天航空技术进出口公司收购西雅图曼可公司，到中国华为公司 2008 年联合美国基金贝恩资本竞购 3Com 公司、2010 年竞购摩托罗拉公司移动网络业务受阻以及 2011 年被迫退出收购美国服务器技术公司三叶系统公司部分资产，中国企业在美国资本技术密集行业的直接投资项目一次又一次因美方的"国家安全"理由而受阻。在东盟，目前还没有明确的安全审查制度出台，但是涉及各国禁止或限制投资的领域需要经过政府部门进行严格的审查。

这种以国家安全为理由限制资本流入、把安全问题扩大化是变相的投资保护主义，不利于东道国的劳动就业和经济复苏。而且从目前的情况来看，各个东道国对"国家安全"概念的设置十分模糊，到底什么是"国家安全"，东道国的随意性很大，这就给投资保护主义留下了借口和空间，东道国很可能会利用"国家安全"这个冠冕堂皇的借口达到限制外来投资的目的。

3. 要求投资者承担更多的社会责任。现阶段，东道国除了关注投资者带来的经济利益外，还要求投资者承担更多的社会责任。对外国投资者的社会责任包括很多方面，如投资者要确保吸纳本地人就业、保持高水平的环保标准、购买当地原材料、对当地基础设施更新、支持慈善事业等。投资企业要履行一定的社会责任。例如，缅甸政府鼓励外国在缅甸投资企业引进管理和技术人员，指导缅甸当地雇员提高技术水平，但同时要求外资企业尽可能雇佣当地工人，解决当地就业问题。投资企业要履行保护东道国环境的责任，投资要达到东道国的环保标准要求。东道国以环境保护作为审批外资项目的评估标准，如果不能满足环保要求，就不予批准。例如，新加坡制定的检验检疫及环保标准水平较高，如果境内企业违反了相关标准会受到严厉惩罚，提高了企业履行标准的成本，增加了企业的资金负担；缅甸新政府和缅甸民众要求外商投资必须满足环保要求，环保部的成立和《环境保护法》的出台都增加了中国企业在缅甸投资的难度，中国企业在缅甸投资还要经过环保评估，缅甸的环保评估周期长，大约半年以上，阻碍中国企业在缅甸的投资进程。印度尼西亚的《环境法》要求对投资或承包工程进行环境影响评估，企业必须取得由环境部颁发的环境许可证方可进行生产经营活动，对破坏环境给予处罚。

4. 东道国出于政治、经济民族主义方面的考虑。把政治和经济问题联系起来，国与国之间的政治冲突演变为经济冲突。当国家之间有政治争议的时候，很多东道国喜欢利用经济制裁手段来扩大公共危机，使得竞争对手在商业上遭受暂时的负面影响。近年来，菲律宾与中国的南海岛屿争端激化了两国之间的矛盾，影响了两国之间的经贸关系，助长了菲律宾民间反华情绪，中国跨国投资企业在菲律宾的投资安全环境受到威胁。

呼吁经济民族主义。例如，马来西亚对于金融、保险、法律服务、电信、直销及分销等一般规定外资的持股比例不得超过 50% 或 30%；印度尼西亚限制外国企业参与政府基础设施建设项目，以保护国内企业的市场份额，外资企业只被允许参加基础设施部门建筑价值在 1000 亿盾以上的投标，外资企业只能参加合同价值在 100 亿盾以上的服务咨询投标①。

5. 东道国对主权财富基金的过分担忧和限制。主权财富基金是一个新名词，其主要内容包括两个方面：一是由政府拥有、控制与支配；二是追求风险调整后的高回报。如一些国家多余的外汇储备转换成主权财富基金，通过专家管理来选择更广泛的投资工具和构造更有效的资产组合以期望取得更高的投资回报。

2008 年以来，一些新兴国家的主权财富基金并购案引起了西方国家的高度关注，如卡塔尔投资局收购英国的 Sains bury，中国收购美国黑石集团、英国的巴克莱银行等。东道国对主权财富基金充满了担忧，它们担忧主权财富基金在一些重点领域的投资可能包含某些战略意图或政治目的，威胁东道国的经

---

① 商务部：《对外投资合作国别（地区）指南——印度尼西亚》，2013 年，http: //fec. mofcom. gov. cn/article/gbdqzn/

济安全，也担心主权财富基金影响东道国企业的竞争力，对国际金融市场造成冲击。

东道国对主权财富基金的投资过分敏感，纷纷采取措施加以限制。例如，主权财富基金已经引起德国政府的高度警惕，政府专门设立机构评价其威胁并采取应对措施，限定主权财富基金在德国的并购，确保能源、通信、邮政、银行等核心产业不被收购；美国政府针对主权财富基金制定了更为苛刻严格的法案，2007 年美国颁布了《外国投资和安全法》，成立了外国投资审查委员会，加强了对在涉及美国国家安全和基础设施等经济和技术领域投资外国公司的审查，根据该法，外国投资审查委员会审查全部外国公司并购美国公司控股权报告，有权向总统建议阻止威胁国家安全的交易。美国国会研究局在同期还专门发表了针对中国主权财富基金的政策报告，建议限制中方在美国投资的持股比例和投资方式，并取消税收豁免。泰国在政府采购招标中对外国企业设置一系列限制措施，使得外国企业无法中标或难以中标，如规定非泰国产品不能参与投标，对投标资格的规定不明确，甚至可以随时修改招标的技术细节、投标者对招标结论不能申诉等。

事实上，主权财富基金投资形式已经存在较长时间了，迄今为止，也没有发生过主权财富基金投资严重威胁东道国安全的事件，夸大主权财富基金的负面影响，无疑是东道国限制投资的借口。

二、国际投资保护主义兴起的原因

（一）世界经济低迷导致东道国保护国内产业

2008 年美国经济危机后所造成的全球高失业率和经济低位运行的态势依旧持续，欧洲主权债务危机也给欧洲经济笼罩上了厚厚的阴影，这种全球范围内的经济低迷，驱使一些国家纷纷采取投资保护主义措施，限制外国企业与本国企业竞争，以达到维持本国国内产业、就业等稳定的目的。目前东盟一些国家经济复苏疲软，国内企业竞争力下降，面对一些新兴经济体的强势竞争，一些产业、业界和政治人物的保护主义倾向进一步明显。例如，2012 年缅甸国会出台了外国投资法案草案，该草案要求外国公司与缅甸合资建厂，必须投入500 万～800 万美元的启动资金，所占股份为 35%～49%，这种明显带有保护主义的歧视性的草案会迫使外国企业的资本抽离缅甸。

（二）国际投资规则体系存在缺陷

国际投资规则体系形成于第二次世界大战后，最初是由处于相同经济发展水平的国家之间缔结的双边和多边投资促进协议，从 20 世纪 90 年代开始，世界各国签署的国际投资协议数量快速增长，大多数国际投资协议对促进资本跨国流动和保护外国投资者的权益形成了基本共识，如国民待遇、最惠国待遇等。

国际投资规则虽然取得了发展，但内部存在很多缺陷，使得国际投资保护主义有机可乘；国际投资规则越来越分散，没有形成全球统一的国际投资规则协调体系。各国在国际投资规则的具体表述上存在差异，这种差异化有可能成为变相的国际投资保护主义；现行投资规则体系缺乏有效的多边争端解决机制，国际争端程序通常成本高、耗时长，规则体系的分散性和缺乏一致性，也常常导致重复仲裁或不同仲裁结果存在矛盾的现象发生。因此，即使一国在纷繁复杂的各类投资规则下实施了不公平的保护性措施，也很难有相应的惩罚措施和机制加以约束；国际投资规则体系越来越复杂，规则不仅要解决投资问题本身，还包含着与投资有关的一系列问题诸如知识产权、贸易、环境、劳资保护等，投资规则的复杂性、精细性增加了投资共识达成的难度和成本。

（三）自由贸易区的投资转移效应

缔结自由贸易区是当今世界经济贸易发展的主要趋势，自由贸易区成立后对国际投资产生了转移效应，自由贸易区促进了成员之间的投资便利化，却对非成员构成了投资壁垒，使得非成员很难进入自由贸易区内进行投资，而成员之间的双向投资却增加了。

（四）部分国家对新兴经济体的对外投资感到恐慌

目前，新兴国家正在变成规模巨大的海外投资者，中国、印度、中东等作为非传统的对外投资者，近年来对外直接投资迅猛增加。这种现象引起了一些国家的担忧，它们担心新兴经济体主权财富基金的迅速壮大会威胁到东道国的经济、政治安全，纷纷采取措施限制投资。

现在，外国投资已经开始流向更为敏感的经济领域，包括港口、机场、能源和电信等基础设施领域，虽然政府对这些行业的外国投资者的审查是必要的，但是，如果坚持这些行业是国家安全命脉，必须全面保护，就演变成投资保护主义了。

三、国际投资保护主义对中国对东盟直接投资的影响

(一) 阻碍了中国对东盟直接投资交易

过分苛刻的国际直接投资限制措施，可能造成一些已经达成的投资交易被迫终止，还会使得一些潜在的投资者望而却步。一些国家建立的投资审查制度，导致投资交易时间变长、复杂程度增加，从而增加了投资障碍，这些投资限制措施阻碍了中国对东盟直接投资交易，在世界经济增速放缓的情况下，可能会对各国经济造成更坏的影响。

(二) 增加了中国对东盟直接投资的交易成本

东道国对外国投资实施的种种限制措施，对外国投资者而言构成了投资壁垒，外国投资者想跨越投资壁垒，必然要付出时间、成本等代价。例如，遵守新加坡等东道国的严格的环保标准要求。对于中国的投资企业来说，中国的环保标准制定较晚，水平较低，还没有和国际接轨，与先进环保标准存在巨大差异，一些企业的环保意识还较弱，拟投资的企业要满足东道国的环保标准要求，需要花费时间改进技术，自然增加了交易成本；另外，一些国家制定了烦琐的投资审查程序，外国投资者要想跨越这些程序，必然需要付出时间、精力和成本，有时候却耽误了投资的好时机。

(三) 影响中国对东盟直接投资的地区分布

目前，中国对东盟直接投资主要分布在新加坡、印度尼西亚、缅甸、柬埔寨、老挝，其中对新加坡的直接投资存量和流量占据中国对东盟直接投资的第一位，这主要是由于新加坡的投资政策比较开放和透明、投资准入限制较小。2013 年新加坡吸引外资流量占整个亚洲吸引外资流量的 50%。

东盟有一部分国家对外资的限制较多，例如，亚洲国家对外资控股比例的限制平均不超过 77%，而东盟的马来西亚为 68%，菲律宾为 60%，泰国为52%，远低于亚洲对外资控股比例的平均水平[1]，对外来投资的限制较多。可以说，国际投资保护主义是影响中国对东盟直接投资地区分布的主要原因之一。

---

① 商务部：《中国对外投资合作发展报告》，2014 年，第 61 页，http：//fec. mofcom. gov. cn/article/tzhzcj/tzhz/

（四）不利于中国产业结构的优化和升级

中国对外直接投资企业的动机是不同的，对于战略资产寻求型的企业来说，跨国开展直接投资不仅仅是为了获得经济收益，更主要的是为了吸收发达东道国先进的技术、科学的管理经验，利用东道国的品牌、生产设备、员工等方面的优势，优化升级中国的产业结构。目前，伴随着国际投资保护主义的兴起，一些东盟国家（地区）近年来频繁出台极其严厉的投资保护主义措施，中国的很多企业不得不放弃在一些高科技领域的投资计划，丧失了吸取西方先进技术、优化产业结构的机会。

四、应对国际投资保护主义的对策

（一）不断创新投资方式

对于那些容易引起东道国敏感的投资方式，要尽量避免。例如，并购是中国目前对外直接投资的主要方式，但是，在近年来东道国采取投资保护主义措施的案例中，我们可以看到，投资保护主义的矛头主要针对跨国并购方式。因为在并购方式下最大的负面影响在于对外投资企业要通过一些国家的"安全审查"，并购投资方式极容易受到东道国法律、政策的限制。中国企业也可以尝试绿地投资方式，依照东道国的法律，设置部分或全部资产所有权归外国投资者所有的企业，绿地投资会直接导致东道国生产能力、产出、就业的增长，如制造业的绿地投资主要以成熟的、有较长发展历史的普通工业产品为主，且主要投资于价值链下游的环节，基本不受安全审查制度的影响。若要坚持采取并购投资方式，也要把握好持股的比例，持股比例过大容易引起东道国的警惕，最好是联合其他投资者共同持股。

（二）跨国企业要掌握东盟各国投资法律政策

中国与东盟已经签订了《投资协议》，但是，在有关投资的具体规定方面，各国都有自己的一些特殊规定，尤其是东盟经济发展水平较低的一些发展中成员如柬埔寨、缅甸等国的投资开放程度、投资开放领域的政策规定相对保守。中国跨国企业在开展投资前要做充足的投资调研，充分了解东道国有关投资的法律法规，对东道国对投资开放的程度和投资领域限制包括鼓励性、限制性、禁止性的规定、投资持股比例都要详细了解。对拟从事并购的企业要了解东道国并购程序的具体规定。跨国企业要了解东道国环境保护、劳工权益保护、知识产权保护等相关法律规定，详细了解企业所处的特殊法律环境，避免陷入复杂的法律风险之中。

（三）跨国企业要加强与东道国社会的融合

跨国企业在开展对东盟直接投资的同时，要积极与东道国政府、居民、企业沟通，积极履行社会义务，帮助东道国解决一些经济、技术发展、就业、教育、医疗等问题，尊重东道国的宗教信仰、文化风俗习惯，树立企业在东道国的长期发展战略，促进跨国企业和东道国和谐相处，这样投资保护主义的矛头也不会针对中国跨国企业。例如，近年来东盟一些非政府组织打着"民族主义"的旗帜，中国一些企业的员工遭受绑架，但是，在这种情况下，也有些中国企业由于长期为当地发展做出贡献，与东道国居民相处融洽，并没有受到冲击。

（四）积极开展外交，建立互信共赢的投资格局

积极开展外交，打造中国—东盟命运共同体，提高东道国对我国的信任度，因为有些投资保护主义是由于东道国政府、企业或居民对我国跨国企业缺乏信任造成的，坚持对外投资"互利共赢"的原则，发展和平外交，加强战略互信，为企业对外直接投资创造良好的外交环境。重视投资协定的作用，不断完善双边投资协定，推动投资协定与国际投资协定接轨，尽早在东盟建立投资利益保护机制，借助双边投资协定来保护投资者利益。

第三节 不断扩大中国对东盟直接投资的规模

一、中国对东盟直接投资规模的比较

中国对外直接投资起步较晚，从20世纪90年代开始在国家"走出去"战略的指引下，中国才开始进行对外直接投资。中国是发展中国家，总体投资规模较小，2013年年末世界对外直接投资存量排名中，美国、英国、德国、法

国、中国香港名列前 5 位，中国的对外直接投资存量仅占美国对外直接投资存量的 10.4%，占英国对外直接投资存量的 35%，占德国对外直接投资存量的 38.6%（见表 5 - 1）。

表 5 - 1　　　　2013 年年末全球对外直接投资存量前十位的国家（地区）

位次	国家（地区）	2013 年末存量（亿美元）	中国存量占比（%）
1	美国	63495.1	10.4
2	英国	18848.2	35.0
3	德国	17103.0	38.6
4	法国	16371.4	40.3
5	中国香港	13523.5	48.8
6	瑞士	12593.7	52.4
7	荷兰	10718.2	61.6
8	比利时	10090.0	65.5
9	日本	9929.0	66.5
10	加拿大	7324.2	90.2

数据来源：联合国贸发会议《2014 世界投资报告》。

中国对东盟进行较大规模的直接投资则是从 2008 年中国与东盟签订《投资协议》后开始的，2010 年中国—东盟自由贸易区全面建设成功后，双边的投资规模进一步扩大。在建立中国—东盟自由贸易区前，与日本、欧盟 28 国、美国等国家（地区）相比（见表 5 - 2），中国与东盟之间的经贸往来并不十分频繁，双边之间的经贸合作也不够深入，中国对东盟直接投资规模相对较小，还有继续提升的空间。2013 年中国对外直接投资存量排名前五位的国家（地区）是中国香港、开曼群岛、英属维尔京群岛、美国、澳大利亚（见表 5 - 3）。

表 5 - 2　　　　　　主要国家（地区）对东盟直接投资比重　　　　单位：%

国家（地区）	2005 年	2006 年	2007 年	2008 年	2009 年	2010 年	2011 年	2012 年	2005 ~ 2012 年
ASEAN	9.9	13.6	11.5	21.0	13.6	15.6	16.4	18.3	15.3
中国香港	1.3	2.1	2.3	3.8	11.4	1.4	3.8	4.5	3.6

续表

国家 （地区）	2005 年	2006 年	2007 年	2008 年	2009 年	2010 年	2011 年	2012 年	2005 ~ 2012 年
韩国	1.2	2.0	2.9	3.1	3.6	3.7	2.3	1.9	2.6
中国台湾	-0.4	0.8	1.3	3.3	2.3	1.0	1.9	2.6	1.7
中国大陆	1.4	3.0	2.5	1.9	4.0	2.6	6.7	3.9	3.6
印度	1.1	-0.2	3.1	3.0	1.2	3.4	-1.5	2.4	1.5
日本	15.5	16.9	10.4	8.6	8.1	11.0	11.8	21.0	13.4
欧盟 28 国	27.5	24.8	26.0	19.1	18.0	19.5	26.0	21.1	22.8
俄罗斯	—	0	0	0.2	0.3	0.1	0.0	0.2	0.1
加拿大	1.6	0.6	0.5	1.1	1.5	1.3	1.1	0.4	0.9
美国	7.7	4.7	12.0	6.3	12.3	11.1	7.0	6.4	8.4
澳大利亚	0.6	0.9	2.6	2.2	2.0	4.0	1.0	1.7	2.0
新西兰	1.4	-0.2	0.1	-0.1	0.2	0.0	0.1	0.2	0.1
其他	31.1	30.9	24.8	26.5	21.6	25.1	23.5	15.5	23.9

数据来源：东盟秘书处，东盟 FDI 数据库，2013 年 10 月 31 日。

表 5 - 3　　　2013 年年末中国对外直接投资存量前十位国家（地区）

位次	国家（地区）	存量（亿美元）	比重（%）
1	中国香港	3770.93	57.1
2	开曼群岛	423.24	6.4
3	英属维尔京群岛	339.03	5.1
4	美国	219.00	3.3
5	澳大利亚	174.5	2.6
6	新加坡	147.51	2.2
7	英国	117.98	1.8
8	卢森堡	104.24	1.6
9	俄罗斯联邦	75.82	1.1
10	哈萨克斯坦	69.57	1.1

数据来源：商务部，《2013 年对外直接投资统计公报》，中国统计出版社 2013 年版。

二、中国对东盟直接投资规模较小的原因分析

（一）主观原因

中国是发展中国家，开展大范围的世界性投资是从 20 世纪 90 年代开始的，由于投资时间短、经验不丰富，投资地区存在着一定的路径依赖，中国一直集中投资于中国香港、英属维尔京群岛、开曼群岛、美国、澳大利亚，还有东盟的新加坡，对东盟的投资是随着 2010 年 1 月中国—东盟自由贸易区全面建设成功，中国与东盟双边经贸合作不断加深后而逐渐扩大的。

作为发展中国家新型经济体，中国的经济、技术水平与发达国家经济体存在一定的差距，中国的对外投资总体规模与发达国家经济体相比也存在着差距，中国单个企业的投资规模也与发达国家单个企业投资规模存在差距，中国大型的能与国际知名跨国企业相媲美的跨国企业凤毛麟角，能够凭借着自身核心竞争实力和品牌优势在东盟开展投资合作的中国优秀跨国企业的数量有限，中国华为技术有限公司可以说是凭借自身技术优势在东盟成功投资的少数案例。

（二）客观原因

东盟一部分国家对外商投资的限制较多，亚洲国家对外资控股比例平均不得超过 77%，而东盟的马来西亚是 68%，菲律宾是 60%，泰国是 52%，大大低于亚洲平均水平。大部分国家对外商投资都规定了限制、禁止的领域。东盟国家成员大部分属于发展中国家，正在经历经济体制改革，对外开放程度有限，政策不完善，更新速度慢，缺乏透明度。

东盟一些国家面临着结构性改革的挑战，单纯依靠货币政策和财政政策难以解决国内经济矛盾，金融体系滞后，影响金融服务的便利化。东盟一些国家对外汇存在管制现象，限制投资者汇回利润的数量。一些落后国家的金融结算体系不健全，我国与东盟的老挝还没有银行业务往来，主要通过现金交易，存在汇率风险和信用风险。信用卡在老挝、柬埔寨、缅甸的使用还不广泛，仅局限于一些大的商店、酒店使用信用卡。

一些国家的技术标准要求严格。泰国对 10 个领域的 60 种产品实行强制性认证，包括农产品、建筑原料、消费品、电子设备及附件、PVC 管、医疗设备等。所有进口品都要符合技术标准、法规、标签、认证等的要求。进口品必须

附有泰文说明书。复杂、苛刻的技术性贸易措施体系无疑增加了中国跨国企业生产经营的难度，部分企业无法达标，只能退出市场。

近年来的南海纷争等领土争端问题提高了中国企业在东盟投资的政治社会风险。中国企业对外直接投资需要稳定的政治环境，而南海争端影响了中国与东盟各国间的经贸合作关系，中国企业在菲律宾等国的投资安全常常因为国际矛盾的激化而受到威胁。

三、不断扩大中国对东盟直接投资的规模

（一）为企业对东盟直接投资提供制度保障

国家在政策上应积极鼓励中国企业对东盟直接投资，尤其是在"一带一路"大的对外合作背景下，出台配套政策，减少投资壁垒，加强与东盟的投资合作领域，互联互通，协调标准法规，便利投资流动，鼓励更多的企业走出去。坚持履行中国与东盟签订的《投资协议》，国内相关制度与《投资协议》要相互协调，与 WTO、APEC 等国际组织关于投资的协议相协调，保护投资者利益，积极帮助投资者解决投资争端。

（二）扩大投资区域和领域

目前，我国主要在新加坡、印度尼西亚、老挝、泰国、马来西亚、柬埔寨等东盟国家开展直接投资。今后要不断扩大投资的区域，争取投资区域多元化，扩大投资规模，分散投资风险。

我国在东盟直接投资的领域高度集中在租赁和商务服务业、金融业、批发和零售业、采矿业、交通运输、仓储和邮政业，投资领域比较集中，今后要继续拓展在制造业、新能源、物流业、金融业、文化产业等多领域的合作。东盟有着较强的基础设施投资和吸引投资的意愿，包括道路、铁路、港口、电站、洁净水、能源与可再生能源、健康与教育等方面。例如，泰国政府计划加强港口、轨道系统建设，以及公路网建设，改善泰国的基础设施。菲律宾 2013 年用于基础设施的预算增加了 37%。印度尼西亚也将公共开支提高到占 GDP 支出的 15%。

（三）投资主体应多样化

鼓励多种类型企业到东盟直接投资，扩大民营企业在东盟的直接投资。目

前，民营企业在国内日益受到外来企业和国内大企业的激烈竞争，生存空间受到挤压，生产成本不断提高，可以通过开辟对外直接投资渠道，赢得新的生存空间。

（四）进一步扩宽融资渠道，建立保险机制

拓宽融资渠道，引导国有商业银行对"走出去"企业进行信贷配置，支持有"走出去"意向的企业在创业板上市，提高其在母国资本市场的融资能力；加快金融行业在东盟设立银行分支机构，或者与东盟当地银行建立合作银行，方便在东盟投资的中国企业进行融资；与有实力的金融机构合作，以银团贷款、转贷款等方式为中国在东盟投资的企业提供融资。

由于对外直接投资的风险高且具有不确定性，一些民营银行不愿意承担此项业务，因此，应该以国有企业为主体，在国家的扶持下，建立为对东盟直接投资的保险机制，为中国对东盟直接投资的企业提供风险担保，避免因东盟的政治、经济风险使得拟对东盟开展直接投资的企业望而却步。

第四节　调整、优化中国对东盟直接投资的产业结构

一、中国对东盟直接投资产业结构存在的问题

（一）投资产业比较集中

2013 年年末，中国共在东盟设立直接投资企业 2700 多家，雇佣当地员工 15.97 万人。2013 年中国对东盟投资主要流向：采矿业 12.34 亿美元，占 17%，主要分布在印度尼西亚、缅甸、老挝、新加坡等；批发和零售业 12.34 亿美元，占 17%，主要分布在新加坡、印度尼西亚、老挝等；制造业 11.89 亿美元，占 16.4%，主要分布在泰国、越南、印度尼西亚、柬埔寨、马来西亚、缅甸等；电力、热力、煤气燃气及水的生产和供应业 8.22 亿美元，占 11.3%，主要分布在缅甸、印度尼西亚、老挝、新加坡、柬埔寨等；建筑业 6.98 亿美元，占 9.6%，主要分布在老挝、印度尼西亚、柬埔寨、新加坡、马来西亚等；租赁和商务服务业 6.21 亿美元，占 8.5%，主要分布在马来西亚、新加

坡、越南、印度尼西亚等；农、林、牧、渔业5.43亿美元，占7.5%，主要分布在老挝、印度尼西亚、柬埔寨、马来西亚等；金融业5.42亿美元，占7.5%，主要分布在新加坡、印度尼西亚、泰国、老挝等①。

总的来说，中国对东盟直接投资主要是资源寻求型的，为了寻求当地丰富的矿藏等自然资源。近年来，电力、热力、燃气及水的直接投资存量一直居于首位，其次是采矿业、制造业和批发零售业。对东盟直接投资的产业结构较集中，从表5-4中可以看到，中国对东盟投资在金融服务业、科学研究和技术服务业、信息服务业的比重均很低，对东盟投资的产业主要集中于第二产业如制造业、采矿业、电力、热力、燃气和水等。投资的产业相对单一，投资产业的技术含量也较低，不利于发挥对国内产业结构、技术溢出、就业等的带动作用。

（二）制造业的投资规模不大

中国对东盟制造业投资的规模不大，尚未抓住重点投资领域。中国与东盟相比具有较全面的制造业工业体系，制造业应该成为中国对东盟直接投资的重点产业。但是，中国对东盟制造业直接投资规模与欧美国家相比规模较小，因而无法发挥投资的规模效应。截至2014年上半年，中国大陆企业在越南直接投资1037个项目，协议金额78.5亿美元，每个项目的平均投资额为757万美元，与越南外资企业平均投资额1600万美元相比，投资规模较小。中国在东盟其他国家的投资规模也很小，一些从事家电投资的中国跨国企业20世纪就开始在中国投资，到现在还是从事简单的机器设备零部件组装，投资规模很少发展。

（三）投资产业的技术含量不高

金融服务业是科技含量比较高、附加值比较高的一项服务业，也是发达国家在对外直接投资中竞相争夺的一项产业。但是，中国在东盟金融服务业的直接投资比重较小，2013年中国对东盟金融保险服务业的直接投资流量是1144百万美元，而同年日本对东盟金融保险服务业直接投资流量是4477百万美元，欧盟是11134百万美元（见表5-5），中国的金融服务产业投资与发达国家（地区）相比较小，从一个侧面反映了我国对外直接投资科技含量不高，另外，我国对东盟的科技服务直接投资流量也很小，2013年只有10百万美元，

---

① 商务部：《中国对外投资统计公报》，中国统计出版社2013年版，第28页。

而该项投资流量排在中国前面的是日本（124 百万美元）、美国（227 百万美元）、欧盟（22 百万美元）和韩国（39 百万美元）。

表 5 - 4　　　　　　　　2013 年中国对东盟直接投资主要行业　　　　单位：万美元

行业	流量	比重	存量	比重（%）
电力、热力、燃气、水生产供应	82211	11.3	603915	16.9
采矿业	123399	17.0	528078	14.8
批发和零售业	123445	17.0	476315	13.4
制造业	118858	16.4	467252	13.1
租赁和商务服务	62133	8.5	391975	11.0
建筑业	69804	9.6	293430	8.2
金融业	54234	7.5	281026	7.9
农林牧渔	54331	7.5	159708	4.5
交通运输仓储邮政	14571	2.0	138554	3.9
房地产	5121	0.7	133257	3.7
科学研究和技术服务	8181	1.1	53897	1.5
信息传输软件信息服务	1473	0.2	138554	3.9
居民服务修理其他服务	2045	0.3	8421	0.2
住宿和餐饮	5235	0.7	8200	0.2
文化体育娱乐			1978	0.1
教育	1677	0.2	3523	0.1
其他行业			3943	0.1
合计	726718	100.0	3566835	100.0

　　数据来源：商务部，《2013 年中国对外直接投资统计公报》，中国统计出版社 2013 年版，第 29 页。

表 5 - 5　　　　　2013 年主要国家或地区在东盟投资部分产业分布　　　单位：百万美元

行业	日本	美国	欧盟	韩国	中国	澳大利亚	新西兰	印度	加拿大
农林渔	62	55	473	37	88	3	—	5	—
采矿	-665	982	1725	25	558	67	133	-2	19
制造	13076	116	7689	2142	1140	545	—	105	86

续表

行业	日本	美国	欧盟	韩国	中国	澳大利亚	新西兰	印度	加拿大
电力热力燃气水供应	211	25	228	166	87	5	—	—	—
建筑	46	16	110	69	22	145	—	-1	—
批发零售贸易	1286	234	2600	519	2696	149	2	174	-3
交通运输仓储	204	167	-832	-91	19	2	-2	—	—
餐饮服务	33	107	20	35	16	3	—	1	—
信息通讯	102	2	378	2	-2	13	—	—	1
金融保险服务	4477	-1388	11134	239	1144	775	99	363	490
房地产	388	370	446	100	1523	2	-2	397	10
科技服务	124	227	22	39	10	5	—	—	—
教育	13	1	0	10	5	—	—	-5	—
医疗	53	28	2	7	4	10	—	—	—
娱乐	11	1	12	4	2	—	—	—	—
其他服务	537	285	2509	145	535	24	—	258	34

数据来源：东盟秘书处，东盟 FDI 数据库，2014 年 8 月 1 日。

二、调整、优化中国对东盟直接投资产业结构的对策

（一）加强政府导向工作

政府要加大对跨国投资企业的引导，通过采取税收优惠、制度支持、金融保险支持等措施来鼓励企业投资高科技、高附加值行业领域。鼓励技术获取型对外直接投资的发展，因为技术获取型对外直接投资有利于我国获得技术进步和优化产业结构。同时，把国内面临生产过剩、市场需求不足的产业转移到东盟一些国家，发挥这些产业在东道国所产生的比较优势，使得资源在国际上得到最优配置。

为此，政府要积极编制对外直接投资国家、产业指导目录，帮助企业了解各东道国的投资环境、投资政策、当地的政治文化环境和市场需求，建立专门的咨询服务平台，根据东盟各国投资市场的具体需求情况，帮助企业选择对外直接投资行业领域，健全对外投资的风险预警与管理机制，完善相关法律制度

保障，使得企业有目的、有准备地开展对东盟直接投资。

（二）优化投资结构

扩大金融服务、科技服务、交通运输仓储、文化娱乐等第三产业的直接投资。第三产业的科技含量较高，扩大第三产业的直接投资领域，有利于从整体上提高我国第三产业的实力，提高第三产业的科技含量和竞争力。

在第二产业的投资中，中国跨国制造企业要积极向日本等大的跨国企业学习其投资东盟制造业的先进理念和经验，扩大我国在东盟投资制造业的规模，提高制造业的竞争力，打造中国制造业在东盟的品牌，打造中国制造业较完善的区域价值链体系。制造业的投资是一国对外直接投资的重要内容，它综合反映了一国整体的科技经济实力。日本在东盟打造了比较完整的制造业投资生产链，中国企业要向日本的 Nissan 汽车公司学习，在印度尼西亚、马来西亚、泰国投资生产太阳能充电汽车，使用来自东盟和其他国家的零部件，这样以太阳能汽车生产为核心的区域价值链就建起来了。中国企业还要通过引进新产品、新生产线或新生产方式，打造核心生产技术，通过追加设备等手段，扩大生产规模，扩大投资区域。

稳固第一产业投资规模，并且要注重环保。国家有序引导企业开展境外农业投资合作，组织科研力量搜集东盟相关农业政策信息，深入研究农业跨国企业境外投资面临的机遇和挑战，并提出具体解决措施；协调推进农业援外工作。通过推动实施援助东盟成员建立农业基础设施、农业技术示范中心以及派遣农业技术专家等方式，为一些东盟国家提供农业技术援助。在东道国建立农业技术示范试验区，推进良种繁育、动植物保护、设施园艺、农业机械化和农村能源五大品牌技术输出，有力推动东道国农作物品种改良、农业技术水平提高，减少环境污染，坚持"可持续"农业发展理念，保护东道国生态环境。

（三）针对不同国家选择不同的重点投资产业

对于处在不同经济、科技发展水平的国家，选取不同的产业进行重点投资。新加坡是东盟经济、科技发展水平最高的国家，它的金融业、生物制药、石油化工、金融服务业都处在世界较为领先的地位，中国可以选择这些行业采取合资、合作等方式，在开展投资合作的过程中，学习该领域的先进技术，提高我国在该领域的研发水平，进而对国内相关产业产生技术溢出效应；印度尼西亚、缅甸、泰国、菲律宾等都是自然资源非常丰富的国家，中国可以继续从事矿藏资源开发、油气开采、天然橡胶开采等；继续扩大制造业的投资规模，在越南、柬埔寨、印度尼西亚等从事制造业的投资合作，该地区的劳动力资源较丰富，劳动力成本也较低廉，可以结合当地劳动力成本低的比较优势，扩大制造业投资规模，在提高我国制造业产品市场占有率的同时，还要提高中国品牌的竞争力；受经济发展水平等因素的制约，中国在老挝、缅甸投资较少，中国要加强与这些国家的协调和沟通，共同解决相关问题，缓解与东道国的矛盾，为落后国家提供科技支持，帮助东道国承担更多的社会责任，继续对老挝、缅甸进行农业开发、石油天然气、矿藏、水利资源开采以及电气组装、零售服务业等；中国与文莱的投资合作也不多，主要是农业水稻种植合作，今后还可以不断扩展农业合作领域。

（四）提高资源利用效率

采用对外直接投资方式获取海外资源以支持国内制造业发展的同时，要提高所获取资源的利用效率，注重资源利用的技术性、高效性，降低单位产品的资源消耗率。通过对东盟直接投资获取资源，并且提高资源利用效率这一途径可以在一定程度上促进国内产业结构升级优化。

（五）促进人力资本积累

完善国内的基础教育和高等教育，很好地平衡两者之间的关系，不能顾此失彼，促进人力资本的积累才能更好地发挥对外直接投资对母国产业结构影响的正面作用，因为人力资本水平影响引进技术的消化和吸收效果。在完善国内教育的同时，国家要出台各种政策措施，鼓励引进国外先进的科学技术管理人才，建立配套的人力资本保障机制，扩大国际人才队伍建设，发挥人才在国内产业结构转型升级和对外投资产业结构优化中所起到的关键作用。

第五节　中国对东盟直接投资要坚持可持续发展战略

中国对东盟直接投资的跨国企业和政府应当制定对东盟直接投资的长期发展战略规划，追求可持续投资发展战略，政府要从宏观上引导对东盟直接投资产业，企业也应当从自身发展的长期目标制定详细规划，尊重东道国的文化、社会风俗，保护劳动者权益，保护环境。但是，在东盟，中国企业的短期投资行为较普遍，还没有树立"可持续发展"战略意识。主要问题如下。

一、存在的问题

（一）追求短期利益，缺乏长远规划

中国对东盟直接投资的部分企业缺乏对东盟直接投资的长期规划，对投资地区布局、产业布局、研发、产品质量及品牌建设、售后服务等没有长期规划，以追求短期利益为目标，打价格战，低价出售商品，不顾产品的质量，产品质量低下，严重影响到企业在东盟市场上的声誉，"中国制造"成为一些东盟国家人民心中伪劣产品形象的代言词。

中国在东盟的企业也缺乏相互协调，各自为战。例如，中国企业看见越南化肥生意有巨大的商机，一时间，中国几十家化肥厂涌向越南从事化肥生产经营，它们相互厮杀，相互拆台，竞相压价，结果是哪家中国化肥企业都赚取不了利润。

品牌优势、竞争优势不足。中国跨国企业与国际知名跨国企业相比，缺乏品牌竞争优势，中国在东盟投资的企业除了一些知名的家电企业如海尔、TCL，通讯知名民营企业如中国华为，以及能源开发企业如中石油、中海油、中石化等大型国有跨国企业外，知名企业、知名品牌很少。我国现有的大型跨国企业与在东盟的国际知名跨国企业 IBM、壳牌、微软相比也存在不小的差距。按照 2013 财年境外资产排名的 2014 全球最大 100 位非金融类跨国公司，境外资产总计 8.1 万亿美元，其境外资产平均值为 810 亿美元，入选的中国内地企业有三家，分别是中信集团（排名第 36 位）、中国远洋集团（排名第 73 位）和中海油集团（排名第 98 位），其境外资产分别为 786 亿美元、434.5 亿美元和 342.7 亿美元，均低于全球 810 亿美元的平均值，入选 2014 年发展中和经济转轨国家排名前 100 位的非金融公司中国跨国公司内地企业有 12 家，中国铁道建筑公司排名第 100 位，其境外资产额只有 37.61 亿美元[①]。联合国贸发会议利用国际化指数来评价跨国企业的国际化程度，国际化指数主要是通过比较海外资产和总资产，海外销售额和总销售额，海外雇员数和总雇员数，反映跨国企业国际化程度的。2014 年全球最大 100 位非金融类跨国公司的国

---

① 商务部：《中国对外投资合作发展报告》，2014 年，第 8 页，http://fec.mofcom.gov.cn/article/tzhzcj/tzhz/。

际化平均指数是 64.6% ，而入选的中国三家跨国公司的国际化平均指数为 28.2% ，2014 年发展中和经济转轨国家排名 100 位的非金融类跨国公司国际化平均指数为 54.2% ，而中国入选的 12 家非金融类跨国公司的国际化平均指数为 19.9% ，中国跨国企业国际化程度远低于世界跨国企业国际化的平均水平。

研发优势不足。首先，我国企业的研发支出占收入比重较小，例如，2014 年中国企业研发支出排名第一位的是中石油，2014 年其研发支出是 23.03 亿美元，而其 2014 年前三季度的净利润为 960 亿元人民币，从研发支出和收入比来看，中石油的研发支出比重并不高。2014 年中国企业研发支出与收入比为 1.39% ，而世界的平均值是 3.7%①。其次，从我国在东盟直接投资的产业结构分布也可以看出我国对东盟直接投资的科研含量不够，我国对东盟直接投资主要集中于资源开发、商务服务、一般制造业等，对科技含量高的金融服务、医疗健康、高端制造业的投资规模较小。据世界知识产权组织发布的报告显示，中国目前的技术创新指数在全球排名第 29 位，创新能力还有很大的提升空间。

（二）尚未树立社会责任发展战略意识

1. 企业社会责任及意义。企业社会责任是企业在追求自身利润最大化的同时，对利益相关者、环境与社会进步所应该承担的责任。20 世纪 80 年代后，欧美等国开始推广企业社会责任运动，呼吁企业在实现自身经济利益的同时，积极参与社会公益活动、保护环境、增进社会就业、减少贫困，企业履行社会责任的内容不断扩大。2001 年国际标准组织出台了 SA8000 社会责任标准，把企业履行社会责任要求推向了一个高潮。

随着中国企业走出去参与全球化的生产和分工，中国政府和企业对于履行社会责任标准也越来越重视了。2006 年 1 月中国《公司法》正式实施，其中的一项内容是要求公司企业履行社会责任。2008 年 1 月国务院国资委发布了《关于中央企业履行社会责任的指导意见》，要求中央企业在坚持依法经营诚实守信、不断提高持续盈利能力、切实提高产品质量和服务水平、加强资源节约和环境保护、推进自主创新和技术进步、保障生产安全、维护职工合法权益、参与社会公共事业等方面发挥表率作用，在国际市场上树立负责任的中国

---

① 第一财经网，http://www.yicai.com/news/2014/10/4035020.html，2014 年 10 月 31 日。

大企业的形象，培育和形成新的竞争优势。可见，中国以法律法规的形式要求企业履行社会责任。随着越来越多的中国企业走出去，企业在东道国所面对的社会责任问题变得越来越凸显。中国的一些跨国大企业像中石油、华为、中石化，依法在东盟开展直接投资的同时，积极履行社会责任，如促进东道国就业、对东道国人力资源进行培训、提供科技援助、援建基础设施、保护环境等。但是，我们也应当看到，一些到东盟开展直接投资的中国企业只顾自身经济利益，不关注东道国的社会进步，攫取资源，破坏生态环境，激化了与东道国居民的矛盾，影响了自身声誉和投资安全，投资的可持续性无以为继。例如，中国投资者与缅甸常常因为一些社会责任问题，矛盾不断，中国投资企业的自身安全都无法保障。缅甸实行改革以来，国内民族主义情绪高涨，呼吁保护木材等资源，中国投资者不能对法律灰色地带抱有侥幸心理，不能触碰缅甸中央政府底线，要遵纪守法，保护当地的木材等资源。

履行社会责任应当被看做是促进跨国企业对外直接投资可持续性发展的重要途径之一，也是提高对外直接投资竞争优势的一项长期发展战略。履行社会责任可以加速中国跨国企业与东盟各成员在经济、文化、政治等方面的融合速度，提高跨国企业的信誉度，得到东道国的认可和保护。在促进东道国经济社会和谐发展的同时，也促进了跨国企业在东道国投资的可持续性，提高了自身安全，减少了投资风险，给跨国企业带来更多的市场机会，实现了中国跨国企业与东道国和谐互利发展的良好局面。

2. 中国对东盟直接投资企业履行社会责任的状况。

（1）遵守东道国法律以及文化风俗习惯。中国商务部出台《对外投资合作国别（地区）指南》，对中国对外直接投资的主要国家的宗教信仰、文化、政治经济等状况加以介绍，目的是提醒对外直接投资企业了解东道国的经济、政治等情况，尊重东道国的文化宗教信仰。东盟国家政治体制多种多样、宗教信仰形式多样，中国企业在东盟各国投资必须熟悉当地的投资状况，尊重当地的文化习俗。例如，中国石油公司在缅甸铺设油气管道时，尊重当地的宗教信仰，对铺设管道沿线经过的寺庙都进行改道或绕道。中信公司十分尊重当地的宗教信仰和风俗习惯，为员工提供符合当地宗教风俗的社会福利，团结了员工，增进了和谐。中国在东盟的投资企业应遵守当地法规，了解当地政府最新的政策走向，了解政府部门的相关职责，与政府主管部门和议会保持联系，及时汇报投资中面临的问题，从而获得支持。

（2）节约资源，保护环境。2013年中国商务部、环境保护部联合发布

《对外投资合作环境保护指南》，指导中国企业进一步规范对外投资合作中的环境保护行为，引导企业积极履行保护环境责任，树立中国良好的对外形象，支持东道国的可持续发展。该指南要求企业树立环保理念，履行环境保护责任，遵守东道国环境保护法律法规，要求投资合作项目要依法取得当地政府环保的许可，履行环境影响评价、达标排放、环保应急管理等法律义务，鼓励企业与国际接轨，研究国际组织采用的环保原则、标准和惯例。

中国对东盟直接投资的企业注重节约资源、减少能耗，同时尽量开发对环境污染轻的项目，采用环保科技，保护环境，承担环境社会责任。例如，海尔企业以"绿色生活"为理念，打造"绿色生活圈"，一直致力于生产绿色环保节能产品，既履行了环保社会责任标准，又提高了企业产品在国际市场上的竞争优势。

中国广西与东盟建立中国—东盟环境保护平台，建立中国—东盟环境保护信息交流机制，在节能减排、环境标准体系、清洁生产、环境影响评价等方面开展交流，加强生物多样性保护，在跨境生物廊道建设、跨境海洋保护、生态补偿及检测等方面开展广泛的交流和合作。

（3）改善民生，增进社会福利。中国跨国企业在开展对东盟直接投资的同时，也在为改进东道国民生、促进社会福利做贡献。由于东盟大部分国家是发展中国家，经济基础薄弱，文化科技水平较低，基础设施较落后，中国企业在追求经济利益的同时，也在不断承担社会责任。例如，在菲律宾2013年发生台风自然灾害时，中国华为企业不断捐款捐物，积极参加抗灾减灾工作，在2天内迅速恢复通信网络。中国对东盟投资企业还在开展投资项目的同时，积极集资为投资地修建学校、医院和修道路等利民工程，树立良好形象；2008年缅甸遭遇热带风暴，华为捐赠了价值300万美元的通信设备，快速到货安装，形成良好的通信网络，该网络在缅甸被称为"救命网络"；2015年中国缅甸现代农业及新能源技术对接会成功举办，旨在把中国的农产品育种、加工技术和化工产品、高温热泵烘干机、小型分布式光伏发电系统、太阳能水泵、太阳能路灯、太阳能水产养殖等技术转移给缅甸，增进其社会福利水平；浙江民营企业2007年在越南投资建设的龙江工业园项目，总面积600公顷，总投资额达12亿美元，该企业非常重视履行社会责任，尽力安排老百姓就业、修路搭桥、捐资助学，与当地居民相处融洽，以至于2014年当地发生暴力冲突事件时，龙达工业园区得到政府和百姓的保护，并未受到影响。

（4）促进东道国人员培训和就业。2012年，中国华为荣获中国—东盟商务理事会主办的"走进东盟成功企业奖",成为成功走进东南亚的十大中国企业之一。华为在东盟的投资发展速度快,为当地经济发展做出了较大贡献,还注重对当地人员进行培训。华为在马来西亚设立了全球培训中心,计划在5年内为马来西亚培训1万名信息通信人才,还与马来西亚10所大学签订备忘录,在这些学校设立华为大学培训实验室,向学生提供培训。华为在印度尼西亚设立研发中心,还直接从当地招聘大学生,为优秀学生提供奖学金,现在,华为印度尼西亚公司80%的员工是当地人,华为企业拉动了当地人的就业。2014年中国中海油田服务有限公司与文莱国家石油服务公司开展在文莱的油气开采合作,同时,中海油田服务有限公司负责提供技术指导和对当地员工的培训。

3. 中国对东盟直接投资企业履行社会责任存在的问题。

(1) 社会责任的战略性、持续性需要加强。目前,中国对东盟直接投资企业还没有完全意识到履行社会责任的战略意义,还没有把履行社会责任作为跨国企业对外直接投资的一项长期发展战略目标。对东盟直接投资的企业承担东道国的社会责任往往带有功利性、暂时性。跨国投资企业很难把履行社会责任同企业的发展目标、市场开发结合起来形成可持续的制度化运作机制,它们时而履行社会责任,时而不履行社会责任,偶然性、暂时性地履行社会责任是中国对东盟直接投资企业履行社会责任时出现的主要问题。

(2) 尚未树立成熟的社会责任理念。对东盟直接投资企业对社会责任的内涵和范围认识不足,有些企业停留在捐赠、客户至上等社会责任的初级阶段,还没有意识到社会责任的丰富内涵和对投资发展的战略意义。例如,2015年7月缅甸政府对一些跨入缅甸的中国人在未获中央政府认可而仅获得缅甸少数民族同意下砍伐树木进行刑事处罚。这种现象不得不引起我国对东盟直接投资企业的高度警示,保护东道国当地的自然资源、保护环境才能取得投资的安全性和可持续性。

履行社会责任的相关配套机制还没有建立,没有明确的制度和相关规定,企业履行社会责任缺乏制度保障。

(3) 国际合作不够,信息沟通不畅。与东道国政府组织合作不够,跨国企业的很多社会责任项目并不能真正满足东道国企业的需要,也没有争取到国际组织的支持和宣传,在一定程度上影响了企业社会责任的效果。在东盟直接投资的一些企业履行社会责任后,并没有及时加强宣传和沟通,东道国政府和人民缺乏对中国企业的了解,有些人会被中国企业片面追求经济利益而不顾及东道国利益的片面错误思想所误导,会影响中国企业与东道国之间的关系。当中国企业在遭遇社会责任冲突时，往往采取逃避的做法，不澄清、不公开信息，进一步激化矛盾，造成负面舆论影响，企业往往处于被动的地位。

二、坚持可持续发展战略对策

（一）培养竞争优势

1. 中国对东盟直接投资的企业要树立产品"以质取胜"的观念，改变"低价竞争的策略"，改变东道国一些人认为中国产品质量低劣的不良印象。质量是企业的生命，是企业保持竞争力的重要保障。现阶段中国制造的质量落后于数量，所以中国质量要追赶数量。用标准来规范企业生产产品的质量，中国跨国企业除了要满足强制性的产品生产标准外，还需要向更高的国际标准看齐，向国际标准化组织里的质量标准、环境标准、社会责任标准以及欧盟的EU质量安全标准、美国FDA食品、药品安全标准等看齐，高标准不仅被采用到企业生产的起点阶段，而且还会被贯穿运用到企业生产的每个环节。

2. 增加研发支出，提高产品的技术含量。中国在合理平衡财政支出结构的基础之上，要继续加大研发支出占GDP的比重，缩短与发达国家在研发支出方面的差距。推进重大装备可靠性设计、试验与开发，鼓励应用新工艺、新材料加快产品质量提升；加强企业自主研发的能力，一些发达国家可能处于自身经济利益的考虑，不将自身拥有的核心技术转让给我国企业，我国要加强自主研发能力，通过对外投资合作等方式，积极获取和创新技术；中国与东道国要保护知识产权，知识产权制度完善才能促进企业有动力进行技术创新，并享受到技术创新带来的丰厚成果。

3. 开展品牌建设。品牌是一种无形资产，是企业产品质量良好、企业声誉良好的象征，能够促进企业和消费者良性互动。良好的品牌还能够提高产品的附加值。品牌建设是一个过程，单纯依靠广告宣传建立品牌是不长久的。诚信是品牌建设的一个关键，在东盟直接投资跨国企业要遵守诚信原则，严把产品质量，保证售后服务，依法生产经营，建立良好的诚信。针对东盟的具体市场，对品牌要进行定位，为某一个特定品牌确定一个适当位置，使得品牌在潜在消费者心中占领一个有利位置。在品牌建设过程中要利用电视、电台、报刊、网络、户外媒体等媒介进行积极的宣传，找出自己品牌的独特性，争取建立差异化的品牌。总之，跨国企业的品牌建设是一个长期的过程，是企业综合竞争实力提高的过程，企业拥有了品牌优势，也就拥有了竞争优势。

（二）履行社会责任对策

1. 跨国企业从履行社会责任的基本层面做起。投资企业应从履行社会责任的基本层面做起，处理好与投资相关的各利益相关体的利益，积极承担起对员工、股东、消费者应该承担的责任，遵守法律法规，依法纳税，生产符合东道国技术标准要求的产品。

遵守东道国的劳动法，保护劳动者的权益，例如，中国企业在马来西亚雇佣工资要符合马来西亚的最低薪金政策，西马最低薪金是每月900马币或每小时4马币33分，东马为每月800马币或每小时3马币85分；尊重东道国的宗教信仰，例如，伊斯兰教是马来西亚的国教，不能拿雇员的宗教信仰开玩笑；尊重民族自尊心，注意语言表达方式，不谈及敏感话题；增强安全生产意识，在矿山开采、能源开发、化学工业项目投资中要特别注意生产安全性，做好风险防范工作，避免发生安全生产事故。

对大部分中小企业来说，自身的经济实力有限，技术水平有限，还无法承担东道国重大的社会责任，履行基本层面责任可以提高企业的声誉，增加社会关系，积累社会资本，为企业在东盟开展长期直接投资创造好的投资环境。

2. 跨国投资企业要把履行社会责任作为一项长期发展战略。对东盟投资企业应把履行社会责任与自身的经济社会发展目标相结合，履行社会责任不是单纯地为了搞好与东道国的社会关系，而是为了促进跨国企业在东道国可持续发展。这种战略形式的社会责任使社会效益和企业经济目标得到兼容，实现企业和社会的共享价值。例如，对东盟投资的中国企业可以采取捐助和援助的方式改善投资竞争中所需要的关键社会条件因素，在改善当地社会条件的同时，既改善了企业自身的竞争环境，也可以带动企业相关支持性产业的发展。

中国在东盟的跨国企业可以在资金和技术方面支持缅甸、越南、老挝等国的公路和铁路基础设施建设，在改善当地基础设施建设的同时也给中国在这些国家的投资企业创造了好的投资环境，提高了投资质量，同时也解决了东道国当地的大量劳动力就业问题。

企业在产品生产和价值链活动中的某些创新行为，既可以增加企业的社会声望，也可以促进企业生产差异化的产品。例如，海尔集团的自主知识产权的绿色环保节能无氟冰箱，既符合东道国环保标准，保护了环境、降低了能耗，又增加了企业产品的新优势，提高产品的竞争力，用技术创新服务了社会，回报了社会，既增加了企业的竞争优势，也缓解了跨国企业与东道国在环保、就业等社会责任方面的矛盾。

3. 充分发挥各主体在履行社会责任方面的作用。

首先，政府要发挥其引导和规范的作用。尽快出台履行社会责任的法律法规及其配套措施细则，把履行社会责任法律化、制度化。除了制定法律以外，采取多种措施促进企业履行社会责任。成立国家主导的社会责任推进机构，参照国际标准组织制定的 SA8000 等国际社会责任标准，制定符合我国企业实际情况的社会责任标准体系，加强社会责任信息披露，建立企业社会责任交流沟通机制，增加企业对话，加强对企业的社会责任培训，提高其社会责任意识。加强监督，监督企业的社会责任履行情况。

其次，企业要切实履行社会责任。企业首要做的是树立社会责任战略意识，应把履行社会责任看做跨国企业增强自身投资安全、改善投资环境、实现投资可持续发展的一个战略目标，而不能持有仅仅单纯创造经济利润，认为社会责任与企业自身发展无关的观念；企业要寻求履行社会责任和自身产业发展的切合点，这样，企业一方面可以运用自己的某项优势服务社会，另一方面，也可以提高自己的信誉，改善投资环境，提高竞争优势；加强企业间的交流和合作。社会责任的履行不是孤立片面的，需要企业间共同交流和协调。

中国企业在东盟投资合作要依法保护当地环境，要了解当地的有关环境保护的法律法规标准，对生产经营可能产生的废气废水要进行事前评估，在规划设计过程中选择好解决方案；要多与世界先进企业交流学习其在履行社会责任方面的先进经验，克服自身的不足。积极参与国际社会责任标准的制定，在制定过程中，可以根据自身的实际情况，提出有利于中国等发展中国家企业履行社会责任的建议；企业要及时公布履行社会责任的信息和报告，以这种方式会加深东道国对中国跨国企业的了解和认可。

最后，发挥行业协会、媒体等的监督和引导作用。作为第三方机构，行业协会能够比单一的企业更了解整个行业的社会责任信息，能够更好地发挥其在制定标准、宣传推广、开展培训和绩效评价等方面的作用。中国要支持企业在东盟建立行会，进行行业自律和社会责任的推广。媒体在促进社会责任的履行方面也起到至关重要的作用。一方面，媒体可以促进社会责任信息的宣传和推广；另一方面，也可以对履行社会责任的先进企业进行宣传，树立典型，使得履行社会责任的企业受到东道国认可。因此，媒体要同社会各界一道加强对履行社会责任的信息的宣传和报道。企业不要与媒体发生冲突，不要拒绝媒体，要以平等、尊重、信任的态度与媒体进行和谐互动。

第六节 完善中国与投资相关的制度体系

一、中国的对外直接投资制度

（一）对外直接投资国内审批制度

改革开放前，中国的资本有限，针对对外直接投资采取限制的态度。改革开放后，中国经济水平飞速提高，资本积累也得到改善，中国逐渐取消资本对外流动的限制，特别是 20 世纪 90 年代以后，国家提出"走出去"战略，鼓励企业到海外去投资，利用自身的比较优势获取大的经济利益。从此，中国针对对外直接投资的态度由限制转为鼓励。20 世纪 80 年代有关对外投资审批的制度是分散的，1984 年中国政府颁布了《关于在外国、香港和澳门建立非贸易企业审批原则和范围的通知》，1985 年发布了《关于在国外建立非贸易企业行政措施和审批程序的暂行规定》，从资本、技术、经营等方面对对外直接投资进行规范，将对外直接投资的主体扩展到任何法人实体。20 世纪 90 年代政府开始鼓励企业"走出去"，2004 年 7 月国务院发布《关于投资体制改革的决定》，将发改委和商务部的审批权下放到地方分支机构。2009 年 5 月 1 日正式实施的《境外投资管理办法》进一步放宽对外投资审批权，简化审批程序和审批内容，缩短审批时间。2011 年 2 月，经国务院同意，国家发改委印发了《关于做好境外投资项目下放核准权限的通知》，将境外资源类开发项目地方核准权限从 3000 万美元提高到 3 亿美元，非资源类项目地方核准权限从 1000 万美元提高到 1 亿美元，是改革开放以来对境外投资项目放权幅度最大的一次。2012 年 11 月中国选取部分省市进行简化境外投资项目核准程序试点工作，简化限额以上境外投资项目申报环节、简化地方大型企业境外投资项目登记程序、规范项目的申报和评估。

（二）境外投资管理制度

2007 年 4 月国务院发布了《关于鼓励和规范企业对外投资合作的意见》，

明确实施"走出去"战略方针、目标、原则、任务。2012年国务院办公厅制定了《关于加快培育国际合作和竞争优势的指导意见》，提出要坚持"改革创新、市场主导、互利共赢、内外联动、安全高效"的原则，培育新的增长动力，继承新的发展优势，拓展新的开放领域，这是改革开放以来第一个全面阐述中国参与经济合作和竞争政策的指导性文件。

2010年商务部会同发改委等相关部门发布了《关于大陆企业赴台投资管理办法》、《鼓励和支持服务外包企业海外并购的若干意见》，加强对境外投资的引导和规范工作。2012年商务部出台《中国境外企业文化建设若干指导意见》，要求境外企业遵守东道国的法律法规、履行社会责任、加强与东道国社会融合，加强环境保护，实现对外投资合作可持续发展。2013年商务部会同有关部门发布了《对外投资合作环境保护指南》。2013年商务部发布了《境外经济贸易合作区确认考核和年度考核管理办法》，进一步创新合作区发展模式，积极稳妥地推动企业建设合作区。商务部还先后完善了境外投资联合年检、境外投资统计、企业境外并购事前报告等制度。

在对外承包工程方面，2008年国务院颁布了《对外承包工程管理条例》，对企业资格、经营活动、安全质量、风险防范等明确了责任和要求；2011年商务部继续完善《对外承包工程管理条例》的配套措施，出台了《特定项目管理条例》、《对外承包工程违法违规行为行政处罚规定》；2012年商务部出台了《对外承包工程行业社会责任指引》，指导企业履行社会责任；2013年商务部出台《规范对外投资合作领域竞争行为的规定》，作为《反不正当竞争法》的配套措施，表明不正当竞争行为的种种表现和处罚措施。

在对外劳务合作方面，2012年商务部颁发了《对外劳务合作管理条例》，在对劳务合作企业经营资格、备用金管理、企业及劳务人员经营活动、合同关系等方面进一步明确了责任和要求，明确了政府相关部门的管理职责；2013年商务部出台了《对外投资合作和对外贸易领域不良信用记录试行办法》、《关于加强对外投资合作在外人员分类管理工作的通知》等《对外劳务合作管理条例》的配套文件。

（三）服务保障体系

1. 统筹规划。在宏观上引导和规划对外投资企业。商务部颁布了《对外投资合作"十二五"发展规划》，从对外投资的重点国家、重点产业、国内区域发展角度进行规划指导。2012年6月国家发改委按国务院的要求制定了

《关于鼓励和引导民营企业积极开展境外投资的实施意见》，对民营企业对外投资加强切实指导、完善政策支持、做好服务保障和风险防范、保障人员资产安全等内容，提出鼓励民营企业进行对外投资的 18 项措施，对于推动中国民营企业境外投资起到了一定的作用。

2. 对境外投资产业进行指导。商务部编制了 165 个国家的《对外投资合作国别（地区）指南》，定期发布《国别贸易投资环境报告》、《对外投资国别产业指导目录》、《对外承包工程国别产业导向目录》。

3. 人才培训。商务部连同国资委、全国工商联针对对外直接投资企业进行业务培训、经营管理培训、跨国风险防范培训。

4. 开展国际合作。中国通过与其他国家签订双边投资保护协定、自由贸易区协定、避免双重征税协定，保护中国跨国投资者利益。建立国际投资合作促进机制，保障我国投资者的根本利益。

（四）风险防范体系

建立信息备案制度，对在外投资人员信息进行采集和备案，尤其是对到高风险国家去投资的人员信息进行采集和备案，为防范风险提供保障条件。在商务部网站设置专栏，监测国外政治、经济、社会风险变化，下发《对外投资合作风险提示》，向境外企业发布风险预警。监督指导企业根据自身生产经营状况制定安全管理制度，提高企业的风险管理水平和对突发事件的处理能力。根据《境外中资企业机构和人员安全管理规定》，境外突发事件和安全事故应由驻外使馆、商务部、外交部、地方政府等部门联合处置。

二、中国对外直接投资制度存在的问题

（一）中国现有投资审批和管理部门交叉

中国政府目前尽管对资本流动管制有所放松，但依然存在着多部门管理、管理职能交叉等问题。中国对外投资企业要完成审批程序，需要通过商务部进行核准、统计、年检等，通过发改委进行核准，通过国家外汇管理局审批外汇来源的合法性，通过财政部批准使用对外投资专项资金，中央企业还要接受国有资产管理委员会资产所有权的管理，对外投资的融资、保险要通过中国进出口银行来办理，另外，国家开发银行负责管理对外投资产业投资基金的使用和

管理，国家税务总局负责对外投资税收管理。对外投资企业还要通过地方政府相对应级别部门的审批。各个职能部门相对独立，要求不同，没有一个统一的中央部门来协调和管理对外投资，投资管理不利于提高对外投资的效率。

（二）对外直接投资需要更宽松的环境

目前，只有超过核准权限以上项目的对外投资审批时采取备案制，一般海外投资项目的审批还是普遍采用核准制。需要研究境外投资的电子化备案系统，需要进一步简化一般海外投资项目的国内审批程序，缩短审批时限，开发网上申报系统，目前，一站式网上集中申报、网上审批系统还没有普遍被全国采用，审批程序烦琐，挫伤了企业对外投资的积极性，可能延误企业的商机。

（三）对外投资法制需要被完善

中国目前还没有专门的高级别的对外投资法，虽然《反垄断法》、《公司法》、《反不正当竞争法》是由全国人大审议和颁布的高层次法律，但这些法律并不是专门针对对外投资的法律。其他针对对外投资的法律大多是以"条例"、"规定"、"通知"、"暂行办法"等名词出现，这些法律的级别较低，法律效力也自然不高。缺乏专门有针对性的对外投资法，与目前中国对外投资飞速发展的实际情况不相符，应该尽快出台具有权威性、针对性的中国对外投资法。

目前，双边投资协定对对外投资的影响较大，但是，中国与一些国家签订的双边投资协定的内容还比较谨慎，例如中国—东盟《投资协定》，其内容和适用原则也基本上与WTO的相关内容一致，由于该《投资协定》签订较早，并没有关于市场准入和国民待遇的规定，在资金转移的范围、方式等方面有双重规定，因此，双边的投资协定也需要不断地完善，加强双边投资自由化的程度。

中国投资方面的法律法规与国际相关投资的法律协调不强，存在很多差异。例如，国内投资法中规定中国对外投资主体是具有法人地位的经济实体，就把作为自然人个人的公民排除在对外投资主体之外了，对民营企业的经营资格也加了很多限制，而国际相关投资的法律对投资主体没有限制。

（四）投资政策支持力度不够，带有很强的倾斜性

企业对外投资经历很大的投资风险，政府应当建立投资风险保障体系，最大限度地帮助企业规避风险，激励企业参加对外投资。目前，中国对外直接投资风险保障体系还没有完全建立起来，中国还无法承担跨国企业遇到的海外政

治风险；鼓励企业对外直接投资的各种激励措施如出口退税、国内税减免、外汇扶持等措施在实际操作执行过程中有很大难度；国家虽然鼓励民营企业积极开展对外投资，但是鼓励民营企业对外投资的具体配套措施细节并没有及时制定出来。

投资政策具有很大的倾斜性，对于国家鼓励的产业给予税收减免、出口退回和信贷融资，而一般项目的海外投资享受不到优惠的待遇。近年来，国家鼓励能源开发、矿产开采等海外投资项目，给予投资企业信贷融资甚至是出口补贴，这很可能引起东道国的经济安全恐慌，采取投资保护主义等措施限制我国的海外投资。

三、建立政策支持体系，协调国际投资规则

一些发达国家如美国对外直接投资的成功经验表明，完善的投资法规政策体系为母国对外直接投资提供了有力的支持和保障。中国对东盟的直接投资也同样离不开母国的政策支持，建立完善的投资政策支持保障体系，同时加强与国际投资规则的协调和互认，是中国促进对东盟直接投资的必要环节。

（一）政府要认真研究制定重点规划和重大政策

2007 年 4 月国务院颁布了《关于鼓励和规范企业对外投资合作的意见》，明确实施"走出去"战略的指导方针、目标、原则和主要任务。在"走出去"战略政策的指引下，坚持"改革创新、市场主导、互利共赢、内外联动、安全高效"的原则，进一步出台对外直接投资重点任务，鼓励对外投资重点领域的配套投资法律法规。在投资便利化、税收减免优惠、简化规范投资管理、投资保险等方面制定具体的法律细节，鼓励民营企业积极参加对外直接投资。制定具体法律法规鼓励优势产业、高科技产业、服务业、高端制造业到东盟直接投资，以法律形式对中国对东盟直接投资进行战略布局。

（二）加快完善中国投资相关的法律和管理制度

逐步建立并不断完善对外投资法律和管理制度。2004 年 10 月根据《国务院关于投资体制改革的决定》的规定，国家发改委对外发布了《境外投资项目核准暂行管理办法》，为中国企业境外投资提供了有力的制度保障。2007 年 5 月国家发改委又发布了《关于境外投资项目备案证明的通知》，进一步简化

了中央管理企业限额以下境外投资项目的备案办法。2011 年 2 月国家发改委发布了《关于做好境外投资项目下放核准权限工作的通知》，将境外资源开发类项目地方核准权限从 3000 万美元提高到 3 亿美元，非资源类项目地方核准权限从 1000 万美元提高到 1 亿美元，进一步对境外投资项目进行放权。

伴随着法规的更新和完善，与法规相配套的管理制度也不断完善，减少限额以上境外投资项目的申报环节，简化大型境外投资项目企业的申报程序，积极采用网上申报系统，集中投资管理职能部门，提高职能部门的办事效率，规范项目申请报告编制，对委托咨询机构进行全面评估，对一般境外投资项目由核准制改为备案制，为境外投资提供便利化管理。

（三）政府要积极为境外企业提供服务

政府要建立境外产业宏观指导目录，分析东盟的政治、经济及社会环境，对中国企业在东盟直接投资在重点产业、重点区域、重点产品项目等方面加以指导。以法律法规的形式引导企业依据自身情况选择合适的产业在东盟进行投资。

定期发布东盟投资风险预警信息，建立评估咨询机构，对企业所面临的投资风险进行潜在评估，向企业提供信息技术咨询，帮助企业规避投资风险。2009 年由中华人民共和国商务部出台的《对外投资合作国别（地区）指南》等系列报告，基于第一手资料，详细介绍中国对主要国家（地区）投资合作环境，并对应当注意的风险——列举，对中国跨国企业规避海外风险起到了很大的作用，今后，政府要继续做好投资风险预警工作，使该项工作成为一种常态。联系实际，建立科学的投资风险评估机制，对目标国家的风险进行系统评估，对目标国家的政治、经济、社会、文化、制度等方方面面进行调研，对对外投资风险进行分类，依据实际科学选取风险评价指标，界定风险等级，衡量企业对外投资风险与收益，如果风险大于收益，就停止对目标国开展直接投资，完善对外投资风险评估和动态监测系统，加强对风险信息的识别、处理和传递，研究具有实用价值的风险评估模型。

建立专门的信息、法律咨询机构，帮助企业及时了解东盟各东道国投资政策的新变化和分析东道国投资政策发展的新趋势，着重了解东道国的土地使用政策、税收政策、市场开放政策等的变化，一些东道国为了吸引外资常常给予外资在土地使用、税收、市场准入等方面的优惠，若这些优惠中途被取消，外商投资有可能无法获得收益。提醒企业的投资一定要符合东盟东道国政府的政策导向，例如，缅甸新政府特别重视保护资源和环境，中国企业在缅甸当地投资一定要注意保护资源、保护环境，否则，很容易导致投资失败。当在东盟开展直接投资的中国企业遭遇投资争端时，法律咨询机构要为企业提供必要的法律咨询，帮助企业寻找律师，了解东盟各国的投资法律，争取在法律框架下解决投资争端。

（四）遵守和协调国际投资规则

遵守国际投资规则，并与相关的投资规则如中国—东盟自由贸易区《投资协议》、WTO《与贸易有关的投资协议》、《巴黎公约》等相协调。

1. 遵守并协调 WTO 有关投资的协议要求。中国和东盟的一些成员都是WTO 成员，因此，要遵守 WTO《与贸易有关的投资协议》的相关规定。乌拉圭回合谈判中，达成的《与贸易有关的投资措施协议》（简称 TRIMs 协议），以禁止与 GATT1994 基本规定相违背的贸易相关的投资措施。投资措施不得违反 GATT 第Ⅲ条的国民待遇和第Ⅵ条的数量限制规定。TRIMs 委员会负责监督成员对协议的履行情况，并提供必要的咨询服务，由于发达国家与发展中国家间就投资协议内容的分歧较大，所以 TRIMs 内容不多，主要包括范围、国民待遇和数量限制、例外、发展中成员、通知和过渡性安排、透明度要求、TRIM 委员会、咨询和争端解决、货物贸易委员会审核等内容。

WTO《与贸易有关的投资协议》为企业提供非歧视性的对外直接投资的广阔平台，根据 WTO 取消数量限制协议，多数成员不会对外资限制本地供应比例，有利于企业在国家间整合资源，提高资源配置效率。争端解决机制为处理企业跨国投资面临的国际投资争端提供了有效的解决办法，争端解决机制是WTO 的一项创举。设立争端解决专家组对争端进行裁决，胜诉方可以要求败诉的一方改正其与 WTO 不符的措施，或者是采取相应的贸易救济措施。

成员对外来投资者给予国民待遇原则，调整各国国内相关投资法把给予外商国民待遇加入投资法案中，以便与 WTO 的国民待遇原则相一致；遵守 WTO关于禁止一般数量限制的内容。与禁止一般数量限制原则不符的主要投资措施包括：（1）贸易平衡要求，即限制外资企业进口其生产所使用的或与其生产有关的产品。（2）进口用汇规定，即通过对企业使用外汇的限制，限制企业进口其生产所用或与生产相关的产品。（3）国内销售要求，即限制企业出口销售某些产品。遵守 WTO 投资协议有关透明度的要求，每一成员应公布其与贸易有关的投资措施并通知 WTO 秘书处，公布和通知的措施包括中央政府和地方政府各级行政机构规定和适用的措施。各成员应对其他成员就协定提出的事项给予适当的磋商机会。对于可能妨碍法令实施、违反公共利益或损害某一企业正当商业利益的机密资料，则不要求政府公开；修改我国的投资法律取消给予外商的超国民待遇如税收优惠及生产经营的一些优惠等，也取消次国民待遇如投资领域里的一些准入限制和当地成分要求等。取消与一般进口数量限制不符的措施，如贸易平衡、当地成分要求、进出口许可证配额等。

目前，《WTO 与贸易有关的投资协议》内容需要进一步完善，2014 年在巴厘岛举行的新一轮谈判给人们带来了希望，但是最终由于印度就贸易投资便利化问题没有通过表决而破灭，未来一段时间内有关投资的规定还是以 WTO 原有的与贸易有关的投资协议内容为准。

2. 遵守并协调中国与东盟的双边投资协议要求。国内投资规则要与《中华人民共和国政府与东南亚国家联盟成员国政府全面经济合作框架协议》相接轨。2009 年中国与东盟签订的《投资协定》包括 27 个条款，明确规定通过双方相互给予投资者国民待遇、最惠国待遇和投资公平公正待遇，提高相关法律透明度，为双方投资建立自由、平等、便利、透明及竞争的投资体制，逐步实现投资自由化，加强投资领域合作，促进投资便利化和提高投资相关法规的透明度，并为投资提供保护。

《投资协定》的主要内容有：促进投资便利化，为各类投资创造条件，简化投资适用和批准的手续，促进包括投资规则的发布，建立一站式投资中心，为商界提供包括便利营业执照和许可发放的支持与咨询服务；保持相关法律法规的透明度，及时或至少每年向其他方通报显著影响其境内投资的任何新的法律法规政策或指南的变化，建立信息咨询点，向其他缔约方提供信息咨询；正当行使协议的例外条款规定来保护东道国的利益，如为保护公共道德或维护公共秩序所必需的措施，为保护人类、动物或植物的生命或健康所必需的措施，为保护不可再生资源而采取的相关措施，为保护艺术、历史或考古价值的国宝所采取的措施等。

中国及东盟各成员可以就《中华人民共和国政府与东南亚国家联盟成员国政府全面经济合作框架协议》建立配套的投资法律细则，如建立保护资源、保护动植物健康安全的具体法律条款。

3. 遵守相关国际公约的要求。世界银行于 1966 年组织发达国家和发展中国家签订的《华盛顿公约》是解决有关国际投资争端的公约，该公约主要是通过仲裁机制解决投资争端。中国在 1993 年加入该公约。要遵守《华盛顿公约》中有关仲裁争端解决的机制和程序，合理解决投资争端。

OECD 于 1976 年 6 月 21 日在巴黎公布了《关于国际投资和多国企业宣言》，这是西方发达国家就外国直接投资进行国际政策协调的第一个政府间规范，其主体是《多国企业准则》，提出多国企业的指导方针、国家待遇、国际的鼓励与抑制措施、协商程序、复查等内容。其目的是促进国际投资合作，减少及解决多国企业经营活动中可能出现的问题。但该宣言及其中的准则均属于建议性质，并无强制约束力。中国制定投资法律时也可借鉴该协议的合理内容。

4. 了解国际投资规则的变化及发展动向。中国的投资法律制度要跟上国际投资规则的发展变化及时加以调整。目前国际投资正在向前推进，尽管速度或快或慢，有时推进的过程中还会出现反复，但是，随着国际投资的规模扩张，与其配套的国际规则必然要更加开放。

以 WTO 为代表的多边投资协议推进进程缓慢，但是自由贸易区双边投资协议的发展进程却很快，协议内容不断丰富，在原有的国民待遇基础上，在劳工、国有企业、环境、社会责任、投资便利化等方面都有涉猎。中国的投资法律要不断借鉴国际投资公约的新内容，规定简化引资手续，促进投资便利化，规定减少国有企业特权待遇，鼓励民营企业"走出去"，规定跨国企业承担更多社会责任，中国应该抓紧时机进行投资制度创新，制定的投资协议应该朝着更加公平、竞争、开放的目标前进，这样才能在未来更加开放的投资环境中取得竞争优势。

第七节　促进中国与东盟投资便利化合作

投资便利化主要是指东道国在政府的主导下，在外国资本在东道国的整个投资周期里，采取各种措施，确保投资活动的有效性和投资利益的最大化。投资便利化的主要目的是，为国际投资活动创造一种协调、透明和可预见的环境，减少资本在国际上流动的障碍。投资便利化的措施内容十分广泛，主要包括：促进与投资相关的政策透明和监管的有效性，确保投资环境的稳定；保护投资者的财产，确保政策的持续性和可预见性；简化投资手续，提高办事效率；建立积极的利益攸关关系体，为投资者、消费者、政府、国际组织提供开放的沟通平台；保护知识产权，引进科技改善投资环境；确保国际上协调和合作；完善基础设施等软件和硬件建设措施，使良好的基础设施、高标准的商业服务、高素质的人才成为投资便利化得以提高的保障。

近年来，APEC 在投资便利化相关建设方面取得的成绩较为突出，1989 年 APEC 成立时就强调投资便利化的重要性，1994 年 APEC 就开始采用非约束性的投资原则，这些原则制定的目的是促进投资自由化和投资便利化。1995 年 APEC 领导人接受了曼谷目标的规定，到 2020 年亚太地区实现自由、开放的贸易和投资体系。2006 年 12 月 APEC 投资专家组（IEG）出台了提高亚太地区投资自由化、便利化的方案，该方案分为两个阶段，第一阶段是减少亚太地区边境上的投资障碍，2007 年 6 月第二阶段减少边境的投资障碍方案也相继出台。为了提高 APEC 在投资便利化领域的工作成绩，2007 年 APEC 领导人在悉尼召开会议，同意制定有关投资便利化的行动计划，2008 年 5 月 APEC 在秘鲁的高级官员会议上通过了《投资便利化行动计划》，决定从 2008 年开始 APEC 成员实施这项计划，该项计划规定了投资便利化的基本原则，以及设置边境商务便利化备忘录，制定投资便利化的具体行动及措施。2008～2010 年是该投资便利化行动计划实施的初始阶段，各成员在保持投资政策透明度、保持稳定的投资环境、提高有关投资政策的可预测性、提高投资程序效率等方面取得了较大进步。与贸易便利化相比，投资便利化的实施更具有难度，它涉及东道国政策制度的全面改革，需要各国协调国内投资政策，保护投资者权益，还有东道国功能建设，所以投资便利化既涉及边境便利化（on the border）也涉及边境后方（behind the border）的便利化，边境后方的便利化是今后 APEC 投资便利化重点发展的方向。

此外，一些多边国际组织对促进国际投资便利化也做出了一定贡献。世界银行（WB）为政府和相关促进投资的团体积极提供信息服务和技术支持，以提高它们的能力来满足投资者的要求。联合国贸发会议（UNCTAD）分析了世界直接投资的发展趋势及其对经济发展的影响，统计投资有关数据，对投资问题向各国提供咨询服务和培训，帮助发展中国家改善与投资相关的制度和政策，协助这些国家参与国际投资谈判。OECD 进一步开发了投资政策工具，设置了《投资政策保持透明度框架》和《投资的政策框架》，帮助各国政府发展投资便利化。

随着中国—东盟自由贸易区的全面建设成功，中国与东盟之间的经贸融合加深，其中，中国与东盟间的资本相互流动十分活跃。2013 年东盟成为继中国香港地区、英属维尔京群岛、开曼群岛后，中国内地的第四大对外直接投资经济体，中国则成为东盟对外直接投资第三大经济体。随着中国与东盟之间投资联系的加强，投资便利化问题已经开始引起各国的关注。2009 年，中国与东盟已经达成的《投资协议》规定的目标十分明确，就是要"促进中国与东盟之间投资流动，建立自由、便利、透明和竞争的投资体制"。投资便利化在降低投资成本、提高投资效率、促进投资自由化等方面的作用双方也已达成共识。

一、中国与东盟投资便利化的条件

（一）双边投资规模日益扩大

中国与东盟双边之间的经贸往来是从 20 世纪 90 年代开始逐渐变得活跃起来的。2010 年随着自由贸易区的建设成功，双边投资规模取得跨越式发展。中国对东盟直接投资流量增长 19.1%。2013 年中国对东盟直接投资流量达到 72.7 亿美元，是 2003 年对东盟直接投资流量的 12.3 倍（见表 5 - 6）。东盟对中国直接投资实际金额在 2004 年是 30.4 亿美元，2013 年是 86.4 亿美元，也呈现不断上升态势（见表 5 - 7）。截至 2014 年 9 月底，中国与东盟双向累计投资 1231 亿美元，东盟对中国投资超过 900 亿美元[①]。

表 5 - 6　　　　2003 ~ 2013 年中国对东盟直接投资流量　　　单位：亿美元

年份	2003	2004	2005	2006	2007	2008	2009	2010	2011	2012	2013
金额	5.9	9.6	1.6	3.4	9.7	24.8	27	44.1	59.1	61	72.7

数据来源：商务部，《中国对外直接投资统计公报》，中国统计出版社。

表 5 - 7　　　　2003 ~ 2013 年东盟对中国直接投资实际金额　　　单位：亿美元

年份	2004	2005	2007	2008	2009	2010	2011	2012	2013
金额	30.4	31.1	33.5	54.6	46.8	63.2	70.0	70.7	86.4

数据来源：东盟秘书处，《中国东盟年鉴》，2013 ~ 2014 年；国家统计局贸易外经统计司，《中国贸易外经年鉴》，中国统计出版社。

从中国吸引外资金额及国别（地区）来看，2011 年东盟对中国实际外商直

---

① 人民网，http：//politics. people. com. cn/n/2014/1106/c1024 - 25989133. html

接投资额为 70.0478 亿美元，超过日本（63.2963 亿美元）、欧盟（52.6695 亿美元）、美国（23.6932 亿美元）是中国的第三大外资来源地区，2012 年东盟是中国的第四大外资来源地区，已经超过美国、澳大利亚、俄罗斯等国家成为中国第三大外资来源地（见表 5 - 8）。2013 年东盟又恢复其对中国外商直接投资第三大来源地区的地位。

表 5 - 8　　　2011 ~ 2012 年主要的外商直接投资来源国（地区）　　单位：万美元

国家（地区）	2011 年	2012 年
中国香港	7050016	6556119
维尔京群岛	972495	783086
东盟	700478	707299
日本	632963	735156
欧盟	526695	534536
美国	236932	259809

数据来源：国家统计局外经贸易统计司，《2013 年中国贸易外经统计年鉴》，中国统计出版社 2014 年版。

从东盟引资的金额及国别（地区）来看，2005 ~ 2012 年在对东盟开展直接投资的 7 个主要国家排名中，中国位于第 4 位，其前面分别是欧盟 28 国（1387.87 亿美元）、日本（812.39 亿美元）、美国（511.57 亿美元）、中国（218.15 亿美元），中国已成为东盟第 4 大外资来源地（见表 5 - 9）。截至 2013 年年底，据老挝统计，中国是老挝的第一大外资来源地。2013 年中国对缅甸投资 3.1 亿美元，比 2012 年增长 9.2%，排名第 5 位，中国对缅甸历年投资累计 208.59 亿美元，占缅甸外资总额的 47.1%，居第 1 位①。据马来西亚国际贸易与工业部发布的公告显示，在引进的外资金额中，美国排名第 1 位（63.2 亿林吉特），韩国排名第 2 位（54.8 亿林吉特），此后是欧盟（51.2 亿林吉特）、新加坡（45.2 亿林吉特）、日本（35.9 亿林吉特），中国对马来西亚投资 30.2 亿林吉特，居第 6 位②。

---

①② 广西社会科学院、广西社会科学联合会：《2014 年中国东盟年鉴》，线装书局出版社 2015 年版，第 140 页。

表 5 - 9　　　　　　　2005 ~ 2012 年对东盟投资的主要国家（地区）　　单位：百万美元

美国	欧盟 28 国	日本	中国	韩国	澳大利亚	印度
51157	138787	81239	21815	15963	11991	9383

数据来源：东盟秘书处，《2013 年东盟统计年鉴》，2014 年。

（二）政策体制上的支持和保障

2009 年 8 月中国与东盟签订了《投资协议》，致力于双边建立一个自由、便利、透明的投资体制，提高投资法律法规的透明度，运用法律保护投资者的利益，促进投资便利化，在投资领域为中国—东盟自由贸易区的全面建设成功奠定基础。

《投资协议》的制定是为了实现自由贸易区内成员间的投资流动，建立自由、便利、透明和竞争的投资体制，逐步实现东盟与中国的投资体制自由，为一缔约方的投资者在另一缔约方境内投资创造有利条件，促进一缔约方和在其境内投资者之间的互利合作，鼓励和促进缔约方之间的投资流动和缔约方之间投资相关事务的合作，提高规则的透明度以促进缔约方之间投资流动，为中国与东盟间的投资提供保护。《投资协议》规定，各缔约方在其境内应当为其他缔约方投资者提供国民待遇和最惠国待遇；各缔约方应当给予投资者投资公平和公正待遇，提供全面保护和安全；保护投资者的收入，实行转移和利润汇回原则，任一缔约方应允许其他缔约方投资者在该缔约方境内的投资所有按照转移当日汇率兑换成可自由兑换货币进行转移；遵循透明度原则，发布在其境内关于或影响投资的所有相关法律、法规，建立咨询点，及时公布相关信息，向东盟秘书处或其他方及时通报未来给予的投资优惠安排。《投资协议》提倡开展各种投资便利化合作。如为各类投资创造必要环境；简化投资适用和批准的手续；促进包括投资规则、法规、政策和程序的投资信息的发布。在各个东道国建立一站式投资中心，为商界提供包括便利营业执照和许可发放的支持与咨询服务；建立投资争端解决机制，采用司法或仲裁程序解决投资争端。

《投资协议》的签订不仅促进了双边资本流动，还为双方早日全面实现投资便利化提供了政策上的保障。此外，各国也颁布了法律法规为成员间投资便利化提供政策保障。缅甸、文莱、泰国等出台了《投资法》及投资优惠政策和保护性法规。

（三）投资行业领域、合作项目越来越广泛

中国对东盟直接投资的行业主要分布在：电力、热力、燃气及水的生产和供应业，采矿业，批发和零售业，租赁和商务服务业，制造业，金融业，建筑业，交通运输，仓储和邮政业，农、林、牧、渔业，科学研究和技术服务业，房地产业，信息传输、软件和信息服务业，居民服务、修理和其他服务业，住宿和餐饮业，文化、体育和娱乐业等。东盟对中国直接投资的行业领域主要分布在中国的房地产业、制造业、交通运输、宾馆、饭店、住宅、金融、零售、石油化工、旅游、矿产资源开发等各个行业。具体见表5－10。

表5－10　　　　　　　中国对东盟直接投资的领域　　　　单位：百万美元

行业	2010 年	2011 年	2012 年	2013 年	2010～2013 年平均值
农、林、渔业	45	55.4	58.7	88.2	61.8
采矿业	352.1	172.6	285.6	558.1	342.1
制造业	84.9	393.5	342.5	1140.2	490.3
建筑业	−21.4	128	108.1	21.6	59.1
商贸	76.4	877.7	594.5	2711.8	1065.1
金融	1106.6	3704	602.6	1143.9	1639.3
房地产	759.2	1678.5	1903.1	1522.7	1465.9
服务	100.5	−205.1	990.7	576.5	365.7
其他	29	107.8	10.4	87.8	58.7

数据来源：东盟秘书处，FDI 数据库，2014 年 8 月 1 日。

双方大型投资合作项目不断增加。据新华网统计，近年来，中国在东盟等国家1 亿美元重点投资合作项目已超过20 个[①]。广东农垦集团与马来西亚、柬埔寨投资合作建立大型橡胶种植项目；2013 年 10 月中国与东盟签订了镍铁项目投融资协议，中国第二大不锈钢生产商、印度尼西亚大规模的镍矿生产商和中国—东盟投资合作基金共同建设印度尼西亚最大的镍铁冶炼厂；中国与柬埔寨合作建设柬埔寨光纤通信网络公司，开发柬埔寨的数字电信业务及向东盟其

---

① 新华网，http://www.yn.xinhuanet.com/asean/2014－07/09/c_133471164.htm

他国家拓展业务；中国收购泰国唯一的深水码头林查班港的部分股权，林查班港邻近泰国领先的工业和制造业区域，具有极强的战略意义；中国和老挝联手开发老挝的钾盐矿项目，该项目具有高资源储量和低成本的优势，全矿区远景氯化钾资源量可达 4 亿吨以上，两国对此项目的开发给予了高度重视和大力支持。

二、中国与东盟投资便利化进展

（一）投资相关的政策建设进展

中国与东盟多数经济体都制定了与投资相关的法律，与外资相关的法规都在官方报刊（菲律宾、新加坡和越南）或官方网络上（中国、泰国）。大多数经济体设置了贸易、投资促进机构，如中国的中华人民共和国商务部投资促进事务局、印度尼西亚的 BKPM、马来西亚投资发展机构（MIDA）、菲律宾投资局和菲律宾经济区（the Philippine Board of Investment and Philippine Economic Zone Authority）、新加坡经济发展局（the Economic Development Board in Singapore）。各国也在不断借鉴其他国家有关投资便利化政策措施的有利经验，如新加坡就不断留意其他国家的政策改革措施经验，尤其是商业改革的经验。

中国与东盟自由贸易区国家都不同程度地促进了与投资有关政策的透明度和可获得性：中国、新加坡、印度尼西亚、马来西亚、泰国、越南等及时公布法律、法规、司法决定，及时公布其修改和更新，中央法律法规可以在网上获得；建立单一窗口和特殊咨询点，投资相关的法律文件能够用世界通用语言简单清晰地表达，投资者能够较容易获得相关的法规文件。

据联合国贸发会议统计，2009 ~ 2011 年在世界上最吸引 FDI 的 15 个国家中，中国—东盟自由贸易区的成员国有 3 个：中国、印度尼西亚和越南。衡量吸引力大小的标准有很多，如日益增长的市场规模、廉价劳动力、自然资源可获得性等，其中，稳定的商业环境（政府政策的有效性、基础设施质量稳定）也是判断投资吸引力的主要标准。

（二）提高投资环境的稳定性，保护投资及财产安全

1. 完善财产注册制度。目前，中国—东盟大多数经济体实行所有权注册制度。新加坡的土地所有权、国家财产权信息实施网络在线服务。在中国，激烈的市场竞争导致转让费和土地财产注册成本不断下降。

2. 建立有效的机制解决东道国与投资者的争端。菲律宾尝试用多种可替代的争端解决方式解决投资争端，如仲裁、调停、和解、早期中立评估、小型试验或者是将上述方式加以综合。马来西亚的投资担保协议中指出，当投资争端发生时，应通过仲裁解决投资争端。印度尼西亚国家仲裁局提供一系列的仲裁、调停等服务。新加坡建立了国际仲裁中心和新加坡调停中心来解决国际投资争端。越南正在研究《华盛顿公约》①帮助解决母国与外投资商的投资纠纷。这些措施使投资者觉得其在东道国的投资会受到东道国的保护，改善了投资环境，帮助投资者解决很多特殊问题。

3. 提高投资政策的持续性和可预测性。中国坚持赋予外商国民待遇，前提条件是申请者符合法律规定条件。泰国也有类似国民待遇的规定。大部分成员简化法律条款内容，保持法律条款的持续性，政府在解释与投资相关的法律时，尽可能减少歧视性、官僚主义的价值判断。投资管理部门责任明晰，中国、泰国、菲律宾、印度尼西亚、马来西亚正探索评估投资的明确判断标准。

Kearney 于 1998 年建立外商投资信心指数，该指数用来评估政治、经济、规则变化对 FDI 的影响。表 5 - 11 中全球信心指数排名前 25 位的国家里，中国—东盟自由贸易区成员有 6 个。

表 5 - 11　　　　　　　　　　　FDI 信心指数

	2007 年	2011 年	2012 年
中国	1	1	1
印度	2	3	2
巴西	6	4	3
美国	3	2	4
德国	10	5	5
澳大利亚	11	7	6
新加坡	7	24	7
英国	4	10	8
印度尼西亚	21	19	9
马来西亚	16	20	10

---

① 《华盛顿公约》是 1965 年 3 月 18 日在华盛顿达成的开放性公约，又称《解决国家与他国国民之间投资争议公约》，主要是解决国际投资争议的公约。

续表

	2007 年	2011 年	2012 年
南非	18	——	11
俄罗斯	9	18	12
土耳其	20	23	13
越南	12	12	14
阿联酋	8	11	15
泰国	——	——	16
法国	13	13	17
中国台湾			18
韩国	24	——	19
加拿大	14	9	20
日本	15		21
瑞士	——	——	22
波兰	22	6	23
西班牙	——	——	24
荷兰	——	——	25

数据来源：Kearney，"Foreign Direct Investment Confidence Index"，2012.

（三）提高投资程序的效率

各个成员采取各项措施避免政府行政手续对投资的耽搁，便利了投资者。

为了减少申请形式，马来西亚的 MIDA 采取网上申请方式，企业可以申请生产许可、进口税减免等，它们还实施"48 小时"签发生产许可证制度。泰国将与投资有关的机构集中在一个区域，便于投资手续的办理。印度尼西亚在全国建立 130 个一站式服务网点，保证为外商投资办理相关手续提供统一标准的服务；菲律宾实行全国统一的商业注册形式，办理相关手续时间由 20 个工作日缩短到 5 个工作日。

中国在外资市场准入方面将《外商投资产业指导目录》里"鼓励和禁止"投资项目栏里必须由中央政府批准的投资项目金额提高到 3 亿美元。如果外商投资于中国服务部门，其市场准入由地方政府决定。采取网上申请、注册制度，对外商收购兼并东道国企业的评估结果由国家安全部门及时予以公布，这进一步加强了政策的透明度。鼓励外商投资人民币离岸业务，为其业务建立提供便利化。2011 年 11 月 24 日中国修改了《外商投资产业指导目录》，并于2012 年 1 月 30 日生效，引导投资者树立正确的投资意识，鼓励投资者向环保、清洁能源部门投资。

（四）建立建设性的利益攸关者关系

建立共同参与机制使得有关投资的各个利益体都有机会参与对现行拟予公布法规的评价。马来西亚国际贸易和工业部每年邀请私人企业部门代表参与对话，将他们的意见加入政府决策之中。菲律宾为了促进政策开放和透明，邀请公众参与政策提案的旁听，鼓励其陈述意见。中国也积极开展与私企对话，解决投资中所发生的实际问题。

学习 APEC 等政策机制在建立建设性股权利益关系方面的经验。新加坡与APEC 保持紧密的关系，分享 APEC 成功股权协议的经验；印度尼西亚、菲律宾等以产业集聚的方式促进外企和当地企业的联系，通过合作促进高水平公司治理，促进企业行为的国际概念和原则的推广，如推广 APEC 的公司治理、反腐败原则。印度尼西亚还不断更新其在 1999 年建立的《公司治理法》，鼓励在全国实行有效的公司治理惯例。

（五）运用新科技新程序改善投资环境

中国—东盟大多数经济体采用新科技来改善投资环境，促进新科技的推广和运用，以便简化投资手续，提高投资效率。例如，中国、泰国都开始转向网上办理投资申请、注册。菲律宾采用一站式网点注册，将不同投资服务机构在网上连接成一体，减少了投资者到每一个政府机构办理投资手续所需要的实物单据，将企业注册时间从 2 周缩短到 30 分钟。

对知识产权实行有效的保护，尽量采用国际保护知识产权的标准。菲律宾建立了知识产权保护办公机构，确保知识产权保护制度实施的有效性。中国、越南、印度尼西亚、新加坡、菲律宾等国都承诺对知识产权进行保护，很多国家承诺遵守有关知识产权保护的国际公约，如《巴黎公约》、《伯尔尼公约》以及 WTO《知识产权协议》等。2012 年 9 月中国与东盟举办知识产权保护研讨会，在知识产权领域开展广泛交流和合作。知识产权的保护对保障投资的安全具有重要意义。

（六）广泛开展国际合作

尽可能遵循多边、区域投资便利化协议。对现有协议政策进行评估，确保其有效性。适当时候，尽可能运用国际、区域已经形成体系的有关投资便利化的规则，如世界银行、联合国贸易发展会议、经济合作发展会议等提出的有关贸易便利化的规则以及《中国—东盟投资协议》等。菲律宾通过与国际投资公约协商建立一种投资协议模式，并且通过定期的监督和评估，确保各种措施符合协议的承诺。新加坡遵循东盟投资协议，确保增强投资者信心，促进投资自由化。越南为加入TPP，也签署了有关投资促进和保护的协议。

建立合作平台和合作基金。东盟一站式服务中心于2013年4月10日在缅甸首都仰光建立，一站式服务中心分别在2014年4月17日缅甸的曼德勒市和2014年8月18日缅甸的东枝建立。投资协会改革程序，变得更加独立化。建立合作基金，加强投资合作。中国—东盟投资合作基金是2009年由中国政府启动旨在支持中国在东盟的直接投资设立的基金，它对支持中国对东盟直接投资起到十分重要的作用。该合作基金优先支持基础设施投资如能源、交通、通讯、石油和油气管道、社会基础设施等项目。目前基金规模为1亿美元，计划提高到10亿美元。该合作基金于2013年10月支持印度尼西亚与中国上海企业的铁镍冶炼投资项目，2013年9月为泰国生物质发电项目提供基金支持。

三、中国与东盟投资便利化合作存在的问题

（一）投资便利化水平需要进一步提高

从整体上来看，中国—东盟自由贸易区的成员绝大多数是发展中国家和经济转型国家，其经济、科技不发达，投资便利化水平还较低。各成员有关投资的制度建设还不完善，还没有与国际接轨，有关投资便利化的制度还需要明确界定和完善，与国际制度不协调。一些发展中成员刚刚建立与投资相关的法律政策，还达不到国际对投资便利化的有关制度要求。现有投资法律、政策与WTO、APEC等投资便利化制度的接轨还需要一个过程。

各成员基础设施的发展水平还较低，直接影响到投资便利化水平。东南亚金融危机以来，一些亚洲国家在基础设施建设方面的投资较小。新加坡、马来西亚等国家部分基础设施严重老化。柬埔寨、老挝等经济规模较小，基础设施

还不完备。柬埔寨长期以来仅有南北两条铁路线总长 655 公里。中国也加速推进工业化、完善基础设施建设。

（二）各成员政治、经济、技术差距较大，影响对投资便利化的认识

经济差距较大：柬埔寨 2012 年人均 GDP 987 美元，老挝 2012 年人均 GDP 1349 美元，新加坡 2012 年人均 GDP 52051 美元。政治制度差距较大：中国、老挝实行社会主义制度，新加坡实行议会共和制度，柬埔寨实行君主立宪、多党自由民主制。技术差距较大：新加坡在生物医药、环境与水技术、互动与数字媒体技术等多个领域的科技创新能力和创新成果居于世界领先地位，而成员中多数发展中国家的科技还较弱，处于产品生命周期的技术模仿阶段。

从整体上来看，经济、技术水平比较高的国家倡导投资便利化，希望通过投资便利化为本国的对外资本输出扫除障碍。而经济、科技发展水平较低的国家对外直接投资规模较小，更多的是处于引资的地位，对投资便利化的要求与经济发达国家相比并不十分迫切。中国与东盟自由贸易区成员经济、技术水平差异较大，既有经济发达的新加坡，也有中国等新兴转型国家，还有缅甸和柬埔寨等经济与技术水平十分落后、投资便利化水平较低的发展中国家。不同经济、技术水平国家对投资便利化的认识不同，对投资便利化的行动也无法保持一致。例如在缅甸，中国企业的大型水电项目较差的危机控制能力加重了当地政府和公民对中国企业的偏见和不满，认为中国企业只顾商业利益，采取措施阻挠干预中国投资的正常进行。

（三）各成员的政策、标准复杂，协调困难

投资便利化的目标之一是保持各成员有关政策的透明度，促进政策、标准协调。这需要各成员在有关投资的政策、制度、技术标准等方面充分协调和全面改革，但是，由于中国—东盟成员间在政治体制、经济、科技文化等方面存在着较大差距，全面改革和协调政治制度与技术标准面临着较大的困难。尤其是一些发展中成员，经济技术基础较薄弱，市场体制尚未完全形成，涉及投资便利化的各项政策措施的改革和协调很难一蹴而就。

（四）国际投资保护主义抬头阻碍投资便利化

随着国际投资规模的日益扩大，在国际投资自由化成为主流的前提下，母

国（投资国）与东道国（引资国）常常会因为投资利益的分配、资源的配置及政治、文化等问题而产生矛盾。在此情况下，对外直接投资越来越受到东道国的限制或遭受到不平等的、有针对性的歧视，国际投资保护主义应运而生。国际投资保护主义是指东道国对引进的外国直接投资采取各种歧视性、针对性的措施加以限制或阻碍，往往以保护东道国国家安全、维护东道国人民利益以及保护环境和履行社会责任为借口，行投资保护主义之实。

投资保护主义对外资采取苛刻的市场准入审查，实施严格的股权限制，以国家安全、政治利益为借口，破坏投资便利化，阻碍国际资本流动。2012 年缅甸国会提出一项外国投资法案草案，要求外国在缅甸的直接投资者要有 800 万美元的起步资金，采取合资合作方式，外国公司的最高股权份额控制在 49% 以下，限制外国公司在制造业、养殖业、农业和渔业等 13 个领域参加合资。缅甸国家根深蒂固的利益受到外资竞争的威胁，不得不要求国会出台限制外来投资的投资保护主义措施。2011 年 5 月中国中海油公司因遭到印度尼西亚当地石油公司的排挤，最终放弃了参与能源项目的竞购。

四、中国与东盟投资便利化合作路径

（一）继续加强投资便利化制度和能力建设合作

首先，要继续加强基础设施建设合作。中国与东盟进一步明确基础设施建设的重点合作领域，对合作的领域给予税收优惠，取消或放松资本所有权比例限制，降低或取消注册资本数额，简化基础设施投资项目的审批手续，透明公开基础设施招标流程，保护专利、商标、专有技术等知识产权。重点加强互联互通建设，优先推动交通、通讯等基础设施建设项目，实现自由贸易区内基础设施的互联互通。中国要凭借自身的优秀实力积极参与东盟基础设施投资项目，例如，东盟的高铁建设项目，中国与日本是主要的竞争对象，只有依靠先进科技、较高的劳动者素质和良好的售后服务才能打败竞争对手，承接东道国基础设施建设项目。

其次，加强对相关政策法规、技术标准等的协调。积极参与高水平的国际投资规则的制定工作，这样可以结合本国未来投资的定位和发展目标，为国际投资规则的制定提供建议，在平等互惠原则上，申请加入双边、多边投资协定，在扩大本国国内投资开放的同时，也享受到了去国外投资时较为优惠的投资待遇，提高相关政策的稳定性和可预测性；中国与东盟在技术标准化建设方面，要坚持"共融、互通、互认"原则，与大部分东盟国家相比，中国的技术标准化起步较早，起点高、发展快，可以作为东盟一些国家从事标准化改革的范本，中国与70%的东盟国家是国际标准化组织的成员，因此，中国与东盟国家在标准化合作方面易达成共识，进行区域标准化合作。双边国家从事标准化工作的人员要多交流，多接受培训，为减少成本、求同存异，加强各国原有技术标准的相互认可工作，对于拟制定的新技术标准，最好与国际标准化组织等国际先进标准接轨。

最后，加强科技合作，缩小差距。自由贸易区内经济、技术相对发达的国家要积极对发展中成员政府官员进行技术培训，帮助发展中成员选择适合国情的投资便利化行动措施，对发展中成员的相关产业发展提供技术支持。中国与东盟的科技部门应当继续加强交流合作，在农业粮食安全、能源安全、海洋资源开发、医疗卫生、环境管理等方面签订科技合作项目和制定长期科技合作伙伴计划，双方共建联合实验室和科技示范基地，建立卫星数据资源共享平台，开展科技政策信息咨询，共同解决双边的科技难题。

（二）各国加强合作，应对投资保护主义

首先，各国应该联合建立公平、公正的投资环境。成员应自觉遵守中国—东盟《投资协议》的非歧视待遇原则的规定，在投资方面，相互给予对方国民待遇和最惠国待遇，反对各种歧视外资的行为；各国应联合建立有效的争端解决机制，对投资保护主义争端采取具体、有效的解决方案。

其次，投资者应该保护东道国的环境、增加就业、促进其技术进步，承担更多的社会责任，缓解与东道国的矛盾，降低投资保护主义事件发生的频率。例如，在中缅油气管道施工期间，中石油尽最大可能使用当地劳动力，扩大本地采购。累计用工超过290万次，220个缅甸企业参与其中。天津聚龙集团从2006年就开始与印度尼西亚开展棕榈油产业的合作，遵循当地棕榈油可持续发展原则，主动推进"合作种植"的印度尼西亚农业模式，为当地农民提供贷款和技术支持。对外直接投资企业要树立社会责任意识，在不影响直接投资绩效的情况下，尽自己所能为东道国承担一些社会责任义务。

最后，投资者在东道国投资产业指导下，优化对外直接投资产业结构，提高投资的技术含量和竞争力，增加对环保、高科技产业和科技含量高的服务业的投资，尤其是提高制造业的技术含量，对传统领域的投资，也要遵循投资的

可持续性原则，减少污染，降低能耗。投资低能耗、环保产业符合中国与东盟各国引资的根本要求，这类投资企业容易受到东道国的支持和保护，不容易遭受投资保护主义的攻击。

（三）加强各国在金融领域的合作

首先，加强中国与东盟之间的货币合作，防范汇率风险。《清迈协议》的签署，标志着中国与东盟在货币互换领域取得了一定进展，但是，货币互换金额还有限，还需要加大货币互换金额。中国与东盟各国的自由结算制度有待完善，应多与东盟各国签订边贸结算协议，各成员相互建立代理行，方便结算，降低结算成本，促进投资的发展。中国积极扩展在东盟各国的人民币跨境结算业务，人民币要更多地被自由贸易区成员当成官方储备。双方之间还要深化货币合作，今后，中国与东盟货币合作重点是建立自由贸易区内的汇率合作和稳定机制，在稳定汇率的基础上，逐步向统一货币机制发展。

其次，加强与东盟各国银行金融机构的合作，主要加强各国中央银行和商业银行全方位、多层次合作，在东盟国家设立独资、合资银行，为本国投资提供融资和风险担保。加强金融创新，例如，对于一些相对贫穷的国家，提供小额信贷、发展乡村银行等，帮助这些地区减少贫困；建立自由贸易区内金融合作项目的对接，如异地金融业务、金融机构跨区域服务等项目的合作与对接；提高区域内金融政策的协调和合作，金融机构之间定期举办论坛，就自由贸易区内金融项目、金融问题的热点和难点进行讨论，为各国的金融机构决策提供参考。

最后，建立投资保险合作机制。在制度建设方面，可以签订双边投资保护协定，保护双方投资的安全，各国放宽对保险业务市场准入的限制，提高保险业开放的自由化程度；成员还可以联合建立保险机构，规避风险，扩大保险险种范围。为此，要建立中国—东盟保险信息共享及监管协调机制，探索建立中国与东盟保险监管规则的制定及协调机制，增加新兴国家的话语权；建立保险监管合作机制，完善风险预警系统，规避自由贸易区内的保险风险；在市场层面和保险业务合作层面上，可以在业务开发、客户信息互通、服务网络共享方面取得合作；在保险实验区建设方面，应进一步扩大中国—东盟保险实验区的建设范围，如中国可以在广西等与东盟接壤的地区多建立保险合作实验区，积累保险合作经验。

第八节　有力防范中国对东盟直接投资的风险

一、对东盟直接投资面临的风险

（一）政治风险

东盟各国政治体制复杂，政治制度差异很大，我国对东盟直接投资企业存在着较大的政治风险。例如，缅甸政府更迭频繁，军政府与民选政府交替更迭，导致政策制度变化较大。1997 年金融危机爆发以来，印度尼西亚的政局也十分动荡，1998 年 5 月执政 32 年的苏哈托辞职，副总统哈比比接任总统。1999 年 10 月印度尼西亚人民协商会议选举瓦希德为总统，2001 年 7 月又罢免了瓦希德，2004 年印度尼西亚又举行总统直选，苏希洛当选为总统，政府更迭频繁，影响了投资引资政策的连续性。2012 年菲律宾挑起了与中国在黄岩岛海域的纠纷，严重影响了两国的经贸交流。菲律宾还在不断制造南海争端，2013 年 7 月 24 日菲律宾全球反华游行在首都马尼拉举行。

2013 年以来，南海以及东北亚的政治纷争、泰国的政治僵局、印度尼西亚政府选举使得亚洲地缘政治风险提高。根据经济学家情报社的国家风险服务评价，亚洲国家政治风险 C 级居多（由 A—E 级别逐渐提高），部分国家甚至达到 E 级。这些都给中国在这些国家的投资增加了政治上的风险。

（二）社会治安风险

缅甸经济社会深层次矛盾长期存在，一些不安定因素时而对社会造成威胁，各种类型恐怖活动不断，对中国企业在缅甸投资带来不利影响。缅甸北部地区经常发生军事冲突，中国驻当地企业遭受财产损失。2008 年以来由于政局问题，泰国发生多次党派冲突，2010 年 3 月的示威游行活动导致曼谷部分地区交通瘫痪。恐怖主义抬头，2002～2005 年印度尼西亚连续发生了巴厘岛爆炸、雅加达万豪酒店爆炸、澳大利亚驻雅加达使馆爆炸、第二次巴厘岛爆炸等恐怖事件，印度尼西亚积极采取打击恐怖主义的活动，近年来形势有所好转，但是恐怖主义的威胁依然存在。近年来，越南贫富差距不断扩大，社会不稳定因素增加，河内、胡志明等城市的偷盗和抢劫案件增多。新加坡虽然社会治安较好，但最近发生多起中国公民在新加坡租房遭受诈骗的案件。菲律宾的社会治安也很差，绑架、爆炸、抢劫案时有发生，在马尼拉等城市针对富商的绑架案件屡屡发生。

（三）商业风险

以虚假项目信息骗中国企业去东盟各国考察，有的企业邀请中国企业以东道国企业的名义，开展隐性投资，若双方合作中出现问题，将面临资产无法保全的风险。中资企业要慎重选择合作伙伴，有些合作伙伴经济规模较小，抗风险能力较弱，有个别企业与中资企业合作时会出现恶性欺诈行为。商业欺诈手段形式多样，如新兴的网络欺诈也在东盟时有发生。越南一些客户习惯利用电子邮件收发商业信息，这些商业信息被黑客截取后，欺骗盗取货款。

（四）金融汇率风险

由于汇率的波动，中国对东盟直接投资企业存在结算汇兑风险。受到1997 年金融危机的影响，1998 年马来西亚实行固定汇率制，2005 年 7 月马来西亚实行浮动汇率制。马币与人民币不能直接兑换；部分国家实行外汇管制，缅甸还实行外汇管制，中国投资利润的汇回存在一定的限制，缅币也不能与人民币直接兑换。越南也规定旅客出入境时携带超过 5000 美元或相当于 1500 万越南盾现金，必须向出入境口岸海关申报，收汇存在风险。例如，缅甸外汇储备短缺，缅甸政府对外支付工程款项需要一个复杂漫长的审批过程，工程承包方的应得款常常被拖欠。

（五）民族主义风险

近年来，中国对东盟的石油、天然气、电力、能源等资源性投资占据较大比重，由于东盟各成员主要是发展中国家，经济发展不稳定，发展水平较低，部分国家政局不稳，恐怖主义、反政府武装、地方势力矛盾交错，中国对资源性行业的投资极容易成为东道国各种反对势力的攻击对象。另外，中国与东盟各国在语言、文化、制度等方面存在较大差别，中国对东盟的部分投资存在短期行为，部分企业还没有从战略的角度承担东道国的社会责任，与东道国的居民、政府联系不紧密，与东道国政府、居民不能有效地协调和沟通，遇到矛盾无法解决，很容易被排斥在外，遭受民族主义风险。例如在东盟的印度尼西亚、菲律宾等国家就发生了多起中国商品被查收、查扣乃至抢劫的事件，中国在这些国家的企业财产受到损失，投资安全受到威胁。

二、中国防范对东盟直接投资风险的对策

（一）建立投资风险预警机制

1. 信息采集。依托对外投资合作信息服务系统，开发高风险国家对外投资合作人员信息数据库系统，对境外人员信息进行采集，为妥善处理风险提供条件保障。

2. 建立风险预警组织机构，建立风险预警机制指标。根据指标划分风险等级，如设置成风险正常级、风险关注级、风险可疑级、风险障碍级和风险失控级等，依此级别来评价中国对东盟投资的风险程度。风险正常级是指对外直接投资的东道国政治经济状况良好，未对对外直接投资企业产生不良影响；风险关注级是指对外直接投资的不确定因素增加，可能对未来投资产生不利影响；风险可疑级是指对外直接投资内外部可变因素增多，对企业投资产生直接影响；风险障碍级是指风险已经出现，并对企业产生了较大障碍，需要提高警惕；风险失控级是指企业所面对的风险已经无法控制。及时发布风险预警，在商务部网站设立境外风险专栏，公开发布境外经济、政治形势变化以及自然灾害、疾病疫情等风险预警。

中国对东盟直接投资企业开展投资合作前（事前），应赴现场实地考察，全面客观评估证据、安全、治安等方面的潜在的风险，有针对性地建立内部安全防范风险预警机制和突发事件应急处理机制。在选择投资合作伙伴时，也要认真调查合作伙伴的经济实力和背景。中资企业应建立完善的突发事件应急预案，提高驻外人员自我保护意识，加强安全教育培训，防患于未然。

3. 强化安全教育。日常生产经营过程中，加强对员工的教育，强化安全防范和施工安全意识。设立专门人员负责安全生产管理和安全保卫工作，并定期模拟演习突发事件应急处理机制。

（二）参加保险机构投保

中国对东盟直接投资企业开展对外投资合作时，使用中国政策性保险机

构——中国出口信用保险公司提供的商业风险、政治风险保险产品，也可使用中国进出口银行等政策性银行提供的商业担保。中国出口信用保险公司是由国家设立的具有独立法人地位的国有政策性保险公司。该公司为企业对外投资合作提供海外投资保险和融资担保等保险产品。

在没有有效规避风险的情况下，可以通过自身及相关机构依照损失情况追偿损失。通过保险公司承保的业务，则由保险公司核定受损额度进行赔偿。

（三）处理好与当地政府、居民的关系

中国企业要与东道国建立和谐的公共关系，了解政府的换届和议会选举，及时了解当地政府的政策走向，例如缅甸新政府上台后，对环保、新能源项目比较重视，政策上也有所体现，反对破坏资源、污染环境的项目。中国投资企业一定要引起重视。

遵守当地的法律法规，了解政府各部门的主要职责，与当地政府和议会保持联系，及时汇报企业的经营状况、为社会经济发展做出的贡献及经营中遇到的问题，争取取得当地政府的支持，对企业在东道国的重大投资项目可以主动听取东道国政府议员的意见。在柬埔寨，国王具有很高的社会地位，因此，要关注国王的社会活动，了解王室成员对社会经济活动的意见。配合执法人员的工作，警察、税务、海关、交通、移民、劳动、消费等部门都是政府的执行力量，要积极配合其执法工作，保护企业自身合法权益。

与东道国居民形成和睦互助的关系，积极履行社会责任，带动当地居民就业、捐款修路、建学校，得到东道国百姓的认可和保护。

（四）遵守法律，寻求法律保护

中国企业在东盟国家开展直接投资活动时应当认真学习和遵守当地的法律法规，严格遵守东道国有关劳动者雇佣、解聘和社会保障等方面的法律法规，依法签订合同，缴纳税收。熟悉并遵守东道国不同地区的特殊法律规定，例如，2013 年 7 月菲律宾的达沃市将禁止在凌晨 2 点到早晨 8 点销售酒的时间提前到凌晨 1 点，中国公民要遵守当地政府禁酒的特殊时间规定，以免出现违规行为。对外活动中可以聘请当地的律师作为法律顾问，向律师咨询意见。

当企业的合法权益受到侵犯时，中国企业可以依法要求侵害方承担法律责任，必要时可以采取法律诉讼或仲裁。中国公民或企业在东道国的合法权

益遭受侵犯时，中国驻东道国的使馆在国际法和东道国法律允许的范围内对中国公民或企业实施保护。中国企业在投资注册时，应当到中国驻东道国使馆备案，并且保持联系，遇到重大事件应及时向使馆报告，由外交部会同商务部等部门在境外中国公民和机构安全保护工作部际联席会议的统一指导下进行。

参 考 文 献

1. Hymer S, International Operation of National Firms: A Study of Direct Foreign Investment, Cambridge: MIT Press, 1976, pp. 25 – 70.

2. Kindleberger, Charles P., American Business Abroad: Six Lectures on Direct Investment, Yale University Press, 1969.

3. Vernon R, "International investment and international trade in product cycle", Quarterly Journal of Economics, Vol. 80, 1966, pp. 190 – 209.

4. Cantwell J. A, "Technical Accumulation and Third World Multinationals", Paper presented at the annual meeting of the European International Business Association, Antwerp: 1987, Vol. 12, P. 45.

5. Wells Louis, "Third World Multinationals ", Cambridge: MIT Press, 1983, pp. 98 – 104.

6. ［日］小岛清著，周宝廉译：《对外贸易概论》，南开大学出版社 1987 年版，第 423 页。

7. Dunning J. H, International Production and the Multinational Enterprises, London: George Allen and Unwin, 1981, pp. 56 – 78.

8. Wells L and T. Jr, Third World Multinationals, Cambridge, Massachusetts: MIT Press, 1983.

9. Cantwell J. A, "Techical Accumulation and Third World Multinationals", Paper presented at the annual meeting of the European International Business Association, Antwerp: Vol. 12, 1987, P. 45.

10. Bernard, AandJ. Bradford Jensen, R. Lawrence, "Exporters, Jobs, and Wages in U. S. Manufacturing: 1976 – 1987", Brookings Papers on Economic Activity: Microeconomics, 1995, pp. 67 – 119.

11. Meltz and M. J, 2003 "The Impact of Trade on Intra – Industry Reallocations and Aggregate Industry Productivity", Econometric, Vol. 71, 2003, 1695 –

1720.

12. Chen, M. and Moore, "M. Location decision of heterogeneous multinational firms", Journal of International Economics, 2010, Vol. 2, pp. 188 – 199.

13. 谢冰、胡美林:《高新技术企业对外直接投资区位选择研究——基于产业集群的视角》,载《财经理论与实践》2006 年第 5 期。

14. 王方方:《企业异质性条件下中国对外直接投资区位选择研究》,暨南大学博士学位论文,2012 年 6 月。

15. Michael E. Porter, The Competitive Advantage of Nations, New York: N Y Free Press, 1990, pp. 34 – 37.

16. 刘伟全:《对外直接投资在全球价值链升级中的作用》,载《国际经济合作》2011 年第 2 期。

17. Michael E. Porter, The Competitive Advantage of Nations, New York: N Y Free Press, 1990, pp. 22 – 25.

18. Nachum L. and Keeble. D. MNE, " Linkage and Local Clusters: Foreign and Indigenous Firms in the Media Cluster of Central London", Journal of International Management, Vol. 9, 2003, pp. 171 – 192.

19. Teece D. J, "Foreign Investment and Technological Development in Silicon Valley", California Management Review, 2005, Vol. 2, pp. 89 – 100.

20. Bevan & Estrin, "Foreign investment location and institutional development in transition economies", International Business Review, Vol. 13, pp. 43 – 64.

21. Braunerhjelm and Svenson, "Host country characteristics and agglomeration in foreign direct investment", Applied Economics, Vol. 28, pp. 833 – 840.

22. Venables, "Fragmentation and multinational production", European Economic Review, Vol. 43, 1999, pp. 935 – 945.

23. 江小涓:《中国对外经贸理论前沿》,社会科学文献出版社1999 年版。

24. 丁祥生:《发展中国家跨国公司对外直接投资的动因研究》,载《中国经贸导刊》2011 年第 15 期。

25. Dunning J. H, International Production and the Multinational Enterprises, London: George Allen and Unwin, 1981, pp. 92 – 97.

26. 江小涓:《中国对外经贸理论前沿》,社会科学文献出版社1999 年版。

27. UNCTAD, World Report, http://unctad. org/en/Pages/Statistics. aspx, 2006.

28. Deng P, "Outward Investment by Chinese MNCs Motivations and Implications", Business Horizons, Vol. 6, 2004, P. 47.

29. Buckley, P. J, Clegg A. Cross, X Liu, H. Voss, P. Zheng, "The Determinants of Chinese Outward Foreign Direct Investment", Journal of International Business Studies, Vol. 5, P. 38.

30. 邓明:《制度距离、"示范效应"与中国 OFDI 的分布》, 载《国际贸易问题》2012 年第 2 期。

31. Meyer et al, "Institutions, resources, and new strategies in emerging economies", Strategic Management Journal, Vol. 30, 2009, pp. 61 – 80.

32. 柴忠东:《新兴市场跨国企业竞争优势: 企业特定还是母国因素?》, 载《亚太经济》2013 年第 6 期。

33. 宗芳宇、路江涌、武常歧:《双边投资协定、制度环境和企业对外直接投资区位选择》, 载《经济研究》2012 年第 5 期。

34. Spender, C., Grevesen, W, The Multinational Enterprise as a Loosely Coupled System: The Global Integration – Local Respensivenes Dilemma, Managerial Finance, Vol. 25, No. 2, 1999, pp. 63 – 84.

35. Kostova & Zaheer, "Organizational Legitimacy under Conditions of Complexity: The Case of the Multinational Enterprises", Academy of Management Review, Vol. 24, 1999, pp. 64 – 81.

36. Yiu and Makino, "The Choice between Joint Venture and Wholly Owned Subsidiary: An Institutional Perspective", Organization Science, Vol. 13, 2002, pp. 667 – 683.

37. Hofstede, Cultures and organizations: Software of mind, New York: Mc Graw – Hill, 2005.

38. Buckley, P. J, Clegg A. Cross, X Liu, H. Voss, and P., Zheng, "The Determinants of Chinese Outward Foreign Direct Investment", Journal of International Business Studies, Vol. 38, 2007.

39. Scott and W. R, The Changing World of Chinese Enterprises: An institutional perspective, Boston: Kluwer Academic Press, 2002.

40. 胡昭玲、宋平:《中国对外直接投资对进出口贸易的影响分析》, 载《经济经纬》2012 年第 3 期。

41. 何洁:《外国直接投资对中国工业部门外溢效应的进一步精确量化》,

载《世界经济》2000 年第 12 期。

42. 崔校宁、李智：《外商对华直接投资经济效应实证分析》，载《世界经济研究》2003 年第 6 期。

43. 丁翠翠：《外商直接投资对我国经济增长影响的动态效应与区域差异》，载《统计与决策》2013 年第 16 期。

44. 王飞：《外商直接投资促进了国内工业企业技术进步吗?》，载《世界经济研究》2003 年第 4 期。

45. 潘文卿：《外商直接投资对中国工业部门的外溢效应：基于面板数据的分析》，载《世界经济》2003 年第 6 期。

46. 陈洪涛、潘素昆：《外商直接投资对中国产业安全的影响研究——基于溢出效应视角研究》，载《中国管理科学》2012 年第 11 期。

47. 陈涛涛、宋爽：《影响外商直接投资行业内溢出效应的政策要素研究》，载《金融研究》2005 年第 6 期。

48. 项本武：《东道国特征与中国对外直接投资的实证研究》，载《数量经济技术经济研究》2009 年第 7 期。

49. 谢杰、刘任余：《基于空间视角的对外直接投资的影响因素与贸易效应研究》，载《国际贸易问题》2011 年第 6 期。

50. 刘明霞：《中国对外直接投资的逆向技术溢出效应——基于技术差距的影响分析》，载《中南财经政法大学学报》2010 年第 3 期。

51. 赵春明、吕洋：《中国对东盟直接投资影响因素的实证分析》，载《亚太经济》2011 年第 1 期。

52. 王晓蓓、李俊：《中国对东盟直接投资区位选择的影响因素》，载《东南亚纵横》2011 年第 12 期。

53. 金洪、赵达：《中国对东盟直接投资影响因素分析》，载《统计与决策》2012 年第 8 期。

54. 张岩、王丽：《中国对东盟国家直接投资的决定因素研究》，载《经济问题探索》2013 年第 7 期。

55. 李斌、王婷婷：《中国对东盟直接投资的影响因素研究》，载《统计与决策》2012 年第 7 期。

56. 刘志雄、高歌：《CAFTA 框架下中国对东盟投资效应的实证研究》，载《东南亚纵横》2011 年第 1 期。

57. 张宏、蔡彤娟：《中国—东盟自由贸易区的投资效应分析》，载《当代亚太》2007 年第 2 期。

58. 汪占熬、陈小倩：《中国东盟自由贸易区投资效应研究》，载《华东经济管理》2013 年第 6 期。

59. 杜玉兰、常弘、范馨月：《中国对东盟直接投资的区位选择》，载《国际经济合作》2014 年第 10 期。

60. 赖石成、钟伟：《中国与东盟各国间贸易与 FDI 关系实证研究》，载《东南亚纵横》2011 年第 7 期。

61. 广西社会科学院、广西社会科学联合会：《2014 年中国东盟年鉴》，线装书局，2015 年。

62. 商务部：《中国对外直接投资统计公报》，中国统计出版社 2003～2013 年版。

63. APEC Policy Support Unit， "IFAP Implementation in Facilitating Investment for the Asia Pacific Region"，March，2013. 3.

64. ASEAN Secretariat，ASEAN Investment Report 2013 – 2014，Ocotober，2014.

65. 郭力：《中俄直接投资便利化的实施路径分析》，载《俄罗斯中亚东欧市场》2010 年第 12 期。

66. 李文韬：《APEC 贸易投资便利化合作进展评估与中国的策略选择》，载《亚太经济》2011 年第 4 期。

67. 沈铭辉：《APEC 投资便利化进程——基于投资便利化行动计划》，载《国际经济合作》2009 年第 4 期。

68. 商务部：《中国—东盟全面经济合作框架协议投资协议》，中华人民共和国商务部网站（http：//fta. mofcom. gov. cn/dongmeng/dm_wenben. shtml）。

69. The ASEAN Secretariat，ASEAN Economic Community Chartbook，2013.

70. The ASEAN Secretariat，ASEAN Statistical Yearbook，2013.

71. World Economic Forum，The Global Competitiveness Report 2014 – 2015，http：//t www. weforum. org/gcr.

72. 商务部：《中国对外投资合作发展报告》，商务部网站（http：// http：//fec. mofcom. gov. cn/）。

73. UNCTAD，World Investment Report 2011，http：// www. unctad. org/diae.